무극도 연구

대순진리회로의 연속과 변용

아시아종교연구원 총서 07

무극도 연구

대순진리회로의 연속과 변용

박상규 지음

박문사

서문

　20세기 초, 우리 민족은 일제 식민 통치라는 미증유의 격동기를 헤쳐 나가야 했습니다. 기존의 사회 질서와 가치관이 뿌리부터 흔들리는 혼돈 속에서, 새로운 구원과 희망을 모색하는 움직임은 종교의 영역에서 그 어느 때보다 활발하게 전개되었습니다. 이 시기 한반도에 등장한 새로운 종교들은 민족의 자존을 드높이고 시대적 고난으로부터의 구원을 설파하며, 새로운 세계 질서에 대한 비전을 종교의 언어로 설계하고자 했습니다. 그중에서도 증산(甑山) 강일순(姜一淳)의 가르침에서 비롯된 교단들이 중요한 흐름 중 하나였으며, 대순진리회(大巡眞理會)는 그 계보를 잇는 핵심적인 종단으로 자리매김하였습니다.

　그러나 대순진리회의 형성사를 온전히 이해하기 위해 반드시 거쳐 가야 할 관문인 그 전사(前史), 즉 무극도(无極道, 1925~1950)와 태극도(太極道, 1950~1968)의 역사에 대한 우리의 이해는 오랫동안 깊은 안개와 중첩된 서술 속에 갇혀 있었습니다. 그간의 연구들은 비교적 단편적인 자료에 의존하거나, 특정 종단의 시각이 강하게 투영된 내부 서술을 비판 없이 수용하는 경향이 있었습니다. 특히 1980년대 이후 대순진리회와는 종통과 교리를 달리했던 부산 태극도장에서 간행된 경전들이 고증도 없이 무극도에 대한 주요 연구 기반으로 사용되는 일이 발생하면서, 무극도 전통의 창립자인 조정산(趙鼎山)과 그 계승자인 박한경(朴漢慶)이 구축한 사상과 제도의 형성 과정은 왜곡되기 쉬운 양상을 보여왔습니다.

이로 인해 무극도의 정확한 창도 시기와 해산 시점, 그들이 사용했던 핵심적인 주문(呪文)의 구조와 그 변천의 의미, 그리고 신앙 체계 내에서의 위계와 조직 구성 등 교단의 정체성을 규정하는 근본적인 문제들에 대해 명확하고 실증적인 이해가 부족한 실정이었습니다. 이러한 학문적 공백은 대순진리회의 역사와 사상을 그 뿌리부터 정확하게 이해하는 데 적지 않은 장애물이 되어왔습니다.

이 책은 이러한 문제의식 아래 지난 10여 년간 진행해 온 저자의 연구 성과들을 집성한 결과물입니다. 흩어져 있던 과거의 기록들을 한데 모으고, 서로 다른 성격의 문헌들을 교차 분석하며, 신앙의 언어가 시대의 흐름 속에서 어떻게 변주되어 왔는지를 추적하는 과정을 통해, 안개 속에 가려져 있던 무극도의 실체를 복원하고, 이를 통해 대순진리회 신앙 체계가 재구성되는 과정을 단계적으로 서술하고자 하였습니다. 『무극도 연구: 대순진리회로의 연속과 변용』이라는 책의 제목이 말해주듯이, 이 책은 무극도라는 역사적 실체가 대순진리회로 이어지는 과정에서 무엇이 계승되고 무엇이 변용되었는지를 밝히는 데에 그 궁극적인 목표를 두고 있습니다.

연구 방법: 다층적 역사 서술을 위한 시도

이 책이 지향하는 '실증적 복원'과 '다층적 역사 서술'은 다음의 세 가지 핵심 자료군에 대한 종합적인 비교와 고증을 통해 이루어졌습니다.

첫째, 일제강점기 관변 문헌(官邊文獻)입니다. 전라북도 도청과 경찰, 그리고 조선총독부가 식민 통치를 목적으로 조사하고 기록한 『무극대도교개황(無極大道敎槪況)』, 『조선의 유사종교(朝鮮の類似宗敎)』와 같은 자료들은 비록 외부자의 시선과 통제의 목적을 담고 있지만, 특정 종파의 입김에서 비교적 자유로우며 당대의 상황을 생생하게 담고 있다는 점에서 무엇보다 귀중한 1차 사료가 됩니다. 특히 이 문헌들은 무극도의 창도 및 해산 시기를 당시의 종교 정책이라는 정치적·제도적 맥락 속에서 파악할 수 있는 결정적인 단서를 제공합니다.

둘째, 1920~30년대 민간 필사본(民間筆寫本)입니다. 20세기 말 고문서 정리 사업 과정에서 발굴된 의성김씨 천전파 소장 필사본 주문은 그동안 실체를 알기 어려웠던 1920년대 무극도 주문의 원형을 복원하는 데 결정적인 역할을 하였습니다. 또한 『태극도통감(太極道通鑑)』의 활자본과 수서본(手書本)을 비교 고증하는 작업을 통해, 어느 문헌이 더 신빙성 있는 정보를 담고 있는지를 판별하고, 이를 통해 기존 연구의 오류를 바로잡을 수 있었습니다. 이러한 필사본들은 제도권의 기록이 담지 못하는 당시 신앙인들의 살아 숨 쉬는 믿음의 흔적을 보여준다는 점에서 그 가치가 매우 큽니다.

셋째, 1950년대 이후의 교단 문헌들입니다. 『전경(典經)』, 『선도진경(宣道眞經)』, 『진경(眞經)』, 그리고 『증산교사(甑山敎史)』 등을 교차 분석하였습니다. 특히, 특정 종단의 정통성이나 교리적 변화가 과거의 역사를 어떻게 재해석하고 때로는 왜곡하는지를 비판적으로 검토하였습니다. 이를 통해 대순진리회의 『전경』이 다른 문헌들에 비해 무극도 시대의 상황을 비교적 편향성 없이, 가장 이른 시기에 수집된 자료를 바탕으로 기록하고 있음을 입증하고, 이를 무극도 연구의 기본 텍스트로 삼아야 함을 명확히 하였습니다.

이처럼 이질적인 성격의 자료들을 씨줄과 날줄로 삼아 교차 분석하고 종합하는 과정을 통해, 단편적인 사실의 나열을 넘어 사건과 사상이 서로 어떻게 영향을 주고받으며 하나의 역사를 형성해 나갔는지를 입체적으로 재구성하고자 노력하였습니다.

책의 구성과 주요 내용

이 책은 저자가 발표했던 여러 편의 논문을 하나의 통일된 주제의식과 서술 흐름에 따라 엮은 것으로, 그 자체로 교단사와 사상사의 기본 텍스트로 기능할 수 있도록 구성되었습니다. 전체는 총 3부로 이루어져 있습니다.

제1부 「역사의 복원: 문헌 고증으로 본 무극도의 실체」에서는 문헌 고증을 통해 무극도의 역사적 실체를 복원하는 데 집중하였습니다. 기존에 불분명했던 무극도의 창도 시점과 해산 시기에 대한 논의를 일제강점기 종교 정책이라는 역사적 조건과 함께 심도 있게 분석하였습니다. 이를 통해 무극도의 공식적인 창도는 1925년 교단을 외부에 공개하고 일제의 「포교규칙(布教規則)」에 따라 '유사종교단체'로 인정받는 과정과 맞물려 있으며, 그 해산 시 1936년의 탄압이 아니라 1941년 개정된 「치안유지법」의 발효로 국체를 부정하거나 신사참배를 거부하는 이들의 종교적 활동이 불가능해진 시점과 관련이

있음을 밝혔습니다. 또한 『태극도통감』의 수서본(手書本)을 면밀히 고증하여, 그 부록에 실린 팔괘도와 해설이 후대에 첨가된 비공식적 자료일 가능성이 높음을 논증함으로써, 이를 대순 역학(易學)의 공식 텍스트로 사용하는 것의 문제점을 지적하였습니다.

제2부 「신앙의 재구성: 주문과 천계관으로 본 신앙체계의 변화」에서는 무극도에서 대순진리회로 이어지는 과정에서 신앙의 핵심 구조가 어떻게 계승되고 변용되었는지를 추적합니다. 먼저, 새롭게 발굴된 필사본 주문에 대한 분석을 통해, 증산의 원형 주문이 정산에 의해 어떻게 무극도의 신앙 체계에 맞게 재구성되었는지를 실증적으로 보여주고자 하였습니다. 이는 무극도 시기 주문의 변화가 단순히 교리적 차원에 머무는 것이 아니라, 정산이라는 새로운 종통 계승자의 역할과 권위를 확립하는 과정과 깊이 연관되어 있음을 보여줍니다. 다음으로, '천계(天界) 관념'이라는 우주론적 구도를 통해 대순사상의 형이상학적 구조를 분석하였습니다. 도교적 삼계(三界) 사상과 무극도 도장의 건축 구조(영대와 도솔궁의 이원적 배치)를 비교 분석함으로써, 그간 명확히 설명되지 않았던 구천(九天)과 삼십육천(三十六天)의 관계를 새롭게 조명하고, 이것이 대순 신앙의 독특한 천계관을 형성하는 핵심적인 요소임을 밝혔습니다.

제3부 「위상의 정립: 대순사상의 종교사적 위상」에서는 인접 종단 및 민간 사상과의 비교를 통해 대순사상의 독자성과 그 역사적 위치를 명료히 하고자 하였습니다. 먼저, 민중 구원 담론으로서 막대한 영향력을 가졌던 『정감록(鄭鑑錄)』과 증산 사상의 관계를 분석했습니다. 증산이 읊었다고 전해지는 비결시의 출처를 추적하여 그것

이『정감록』이 아닌『서계가장결(西溪家藏訣)』이라는 별개의 비결서임을 밝히고, 증산이『정감록』의 내용을 비판적으로 전복시키고 재맥락화했음을 논증하였습니다. 또한, 최근 일부 증산 종단에서 부상하고 있는『영보국정정편(靈寶局定靜篇)』이라는 수행서와 증산의 관계에 대한 주장을 비판적으로 검토하여, 증산이 이 문헌의 영향을 받았다는 주장이 근거가 희박함을 밝혔습니다. 이러한 작업을 통해, 대순사상이 기존의 여러 사상적 흐름을 단순히 수용한 것이 아니라, 비판적으로 재해석하고 독자적인 체계를 구축하며 스스로의 사상사적 위치를 확보해 나갔음을 드러내고자 하였습니다.

이 책은 '무극도'라는 하나의 종교 운동이 어떻게 형성되고 전개되었으며, '대순진리회'라는 거대한 종교 단체로 이어지는 과정에서 어떻게 연속되고 변화되었는지를 탐색한 지적 여정의 기록입니다. 이 책을 통해 독자 여러분께서 대순진리회의 역사와 사상을 한국 신종교사의 큰 흐름 속에서 보다 깊이 있고 다층적으로 이해하는 데 의미있는 지평을 얻으실 수 있기를 바랍니다. 궁극적으로 이 책이 지향하는 것은, 대순진리회의 내부적 교리 정립 과정과 그것을 둘러싼 외부적 제도 및 환경의 상호작용을 아우르는 역사 서술입니다. 이는 앞으로 대순종학(大巡宗學) 연구가 교단 내부의 신앙 체계에 대한 깊이 있는 탐구와 더불어, 그 신앙이 태동하고 발전해 온 역사적, 사회적 환경을 동시에 고려하는 통합적인 방식으로 진화해 나가야 할 필요가 있음을 제언하는 것이기도 합니다. 부족한 점이 많은 책임에도 불구하고, 이 작은 결실이 향후 대순진리회 연구의 지평을 넓히는 데 미력이나마 보탬이 되기를 소망하며 대순진리회를 신앙하는 분들에게도 종단의 뿌리를 이해하는 데 유익한 실마리가 되기를 희망합니다.

  이 책에 실린 글들은 필자의 연구 여정 속에서 만난 많은 동료 연구자, 자료 제공자, 그리고 학계 선후배들의 조언과 비판, 격려 속에서 완성될 수 있었습니다. 특히 각종 문서와 필사본, 교단 자료의 수집에 도움을 주신 분들께 깊은 감사를 드립니다. 또한, 본서의 출간을 위해 애써주신 출판 관계자 여러분께도 이 자리를 빌어 감사의 뜻을 전합니다.

2025년 6월
박상규 올림

차례

제1부

역사의 복원

문헌 고증으로 본 무극도의 실체

제1장

무극도 관련 문헌 연구

비교 및 고증을 중심으로

Ⅰ. 머리말

과거의 특정 시대 종교 현상을 대상으로 하는 연구에 있어서 그 실상을 정확하게 파악하는 것은 가장 중요한 문제 중 하나라고 할 수 있다. 사실관계를 오인하거나 잘못 해석할 때, 해당 현상에 대한 이해에 있어 치명적 오류를 만들어 내기 때문이다. 이는 현재까지 연속되고 있는 해당 종교 현상에 관한 기술에도 영향을 미쳐 이에 대한 심층적인 이해를 방해할 수 있다.[1]

무극도는 지금으로부터 한 세기 이전에 시작되었다. 따라서 무극

---

1 특히 후대의 맥락에서 과거를 분석하고 해석하는 것이 근대 한국 신종교 이해에 있어 적절하지 않다는 사실은 이미 최종성에 의해 지적된 바 있다. 최종성은 "신학과 의례는 변화하기 마련이고, 후대의 인식으로 전대의 경험이 재해석되는 것은 비일비재한 일이지만, 그렇다고 해서 변화된 후대의 맥락에서 초기의 경험을 부정적으로 혹은 주변적으로 재단하는 것은 온당하지 않다."라고 주장했다. 최종성, 『동학의 테오프락시: 초기동학 및 후기동학의 사상과 의례』(서울: 민속원, 2009), pp.71-72 참조.

도 종교 현상을 기술하고 해석하는 작업 또한 앞서 지적한 문제점들을 다소간 지니고 있다. 이렇게 된 것은 무극도가, 같은 시대에 활동했던 다른 교단과는 달리, 경전을 비롯한 교단 내부 문헌이나 기관지 등을 발간한 적이 없어 역사 기록이 거의 없다는 사실에 기인한다. 1920~30년대 천도교, 보천교, 불법연구회(원불교) 등의 교단 내 기록은 현재까지 다소간 보존되어 있지만, 무극도의 내부 문헌은 사실상 없다. 1920~30년대를 기술한 교단 문헌은 무극도의 후신인 태극도에서 1956년 발간한『태극도통감』이 최초이다. 하지만 이조차 무극도를 창립한 정산의 행적을 간략하게 담은 '도주 약력'에 무극도의 설립, 해산, '태극도'로의 교단 명 변경을 정확한 시점 없이 대략 설명하는 정도이다.[2] 결국 1950년대까지도 1920~30년대 무극도의 종교적 세계를 정확하고 자세히 투영한 내부 기록은 나타나지 않았다.

따라서 단편적인 신문 기사를 제외한다면 무극도를 1920~1930년대에 기술한 문헌은 일제 관변(官邊) 기록이 거의 유일하다. 도청과 경찰, 조선총독부 촉탁 학자가 일제 식민 지배를 위해 조사하고 기록한『무극대도교개황(無極大道教槪況)』,『보천교일반(普天敎一般)』,『조선의 유사종교(朝鮮の類似宗敎)』가 바로 그것이다.[3] 1920~30년대 무극도를 식민 통치자라는 외부인의 관점에서 조사한 자료가 후대의 지평

---

2 『태극도통감』(부산: 태극도본부, 1956), pp.17-18 참조.
3 전라북도,『무극대도교개황』(日本學習院大學東洋文化硏究所所藏資料 請求記號 M2-87, 1925); 전라북도,『보천교일반』(日本學習院大學東洋文化硏究所所藏資料 請求記號 B393, 1926); 村山智順,『朝鮮の類似宗敎』(京城: 朝鮮總督府, 1935) 참조.

이 아닌 당대의 맥락에서 무극도를 분석할 수 있는 거의 유일한 통로가 된 것이다.

하지만 식민 지배자의 관점에서 조사된 1920~30년대의 관변 기록만으로 무극도의 종교적 세계를 파악하는 것은 종교 현상에 관한 학문적 연구로서는 큰 의미를 지니기 어렵다. 종교 현상이 그 세계 내에서 차지하는 의미와 위상을 더욱 정확히 포착하기 위해서는 관련된 종교적 세계의 지평에서 신앙체계와 교단 역사를 서술한 문헌이나 자료를 반드시 참조할 필요가 있다. 무극도의 경우 1960년대까지도 그 종교 현상을 기술한 관련 교단 문헌이 나타나지 않는다. 무극도의 역사와 신앙체계에 대한 본격적인 문헌화는 1960년대 후반에 시작되어 1970~80년대에 결실을 보았다. 따라서 교단 관점에서 생산된 문헌의 경우 1970년대 이후의 기록에 의존할 수밖에 없다.

당대의 관변 기록이나 후대 교단 문헌을 연구에 활용하려면 오류나 왜곡을 교정하는 작업을 반드시 거쳐야 한다. 당대 관변 기록은 생산 주체가 식민 지배자이므로 행정력과 경찰력을 동원하여 소문이나 유언(流言)을 취합하고 각 교단을 강제적이고 비밀스러운 방식으로 조사하여 기술했다는 점을, 후대의 교단 기록을 참조할 때는 반드시 신앙체계의 변동과 종파적 관점을 고려할 필요가 있기 때문이다.

특히 교단의 정통성을 둘러싼 갈등과 분열이 있을 때, 해당 종교 현상은 다양한 관점에서 서술된다는 점을 기억할 필요가 있다. 지도자의 교체나 교리적 분열 등으로 신앙체계가 급격히 변동되거나 파편화되면 연속선상의 교단 문헌조차 과거의 종교적 세계에 대해 왜곡과 굴절을 보이기 때문이다. 따라서 관련 교단의 기록이라고 하더라도 종파 간의 관점과 기술 방향의 차이를 고려하여 보정되어 활용되어야 한다. 신앙체계의 변동과 종파적 관점을 명확히 파악하여 그 변동에 따른 후대의 왜곡을 최대한 피해 사용하여야 한다는 의미이다.

이 글에서는 무극도 연구를 위한 기초적인 인프라 구축을 위해 1920~30년대 일제의 관변 기록을 해제하고 당대의 단편적 기록 및 후대 교단 문헌과 비교 검증하여 그 오류와 한계를 명확히 하여 문헌의 가치를 더욱 세밀하게 평가해 보고자 한다. 또한 후대의 관련 교단 문헌 중 무극도를 서술한 대표적 문헌이 각각 어떤 지평에서 무극도의 세계를 기술했는지를 검토하고 문헌 간 비교를 통해 고증하여 그 자료적 가치를 살펴보고자 한다.

II. 1920~30년대 무극도 관련 관변 기록

1. 문헌 해제

1) 『무극대도교개황(無極大道教槪況)』해제

『무극대도교개황(無極大道教槪況)』은 일본의 가쿠슈인대학(学習院大学) 동양문화연구소 우방문고(友邦文庫)에 소장된 자료로 일제 시기 전라북도 도청이 만든 비밀문건이다.[4] 우방문고에는 전라북도 관련 자료가 세 종류가 있는데 ① 1926~1929년에 전라북도 지사를 역임한

와타나베 시노부(渡邊忍, 1883~1955)가 재임 기간에 수집한 '와타나베 시노부 문서', ② 젠쇼 에이스케(善生永助)의 『조선사회경제사진집』, ③ 전라북도 도세 안내 책자 및 기타자료이다. 『무극대도교개황』은 마지막 ③에 포함되어 있다.[5]

『무극대도교개황』은 대략 1925년에 완성된 것으로 판단된다. 문헌 마지막 항목인 〈무극도간부일람표〉의 시점이 1925년 11월 5일이기 때문이다.[6] 그러나 첫째 항목인 〈무극대도교연혁(無極大道敎沿革)〉에 1923년까지의 사건에 대해서는 명확히 연도를 표기하다가 그 후 연도 표기 없이 '본월 초순(本月 初旬)'과 같이 현재 시점으로 기술한 것은 작성 시작 시점이 1924년이라는 것을 의미한다.[7] 〈무극대도교연혁〉이 무극도 본부 대지의 구매 시기를 '본월 초순(本月 初旬)'이라고 기재하고 있고 1936년에 간행된 『정읍군지』에서도 무극도장의 시공을 1924년 3월로 기록하고 있다는 점은 이를 방증한다.[8]

『무극대도교개황』의 제1~5까지의 항목은 일본어로 된 자료인데, 정보 보고를 위한 감시자료서의 관점이 드러나고 있어 경찰의 탐문

---

4 민병훈, 「일본학습원대학 동양문화연구소 소장 友邦文庫의 전라북도 관련 자료 소개」, 국립전주박물관, 『전북의 역사문물전 Ⅵ : 정읍』 (서울: 통천문화사, 2006), p.256, pp.264-265 참조.

5 같은 글, pp.256-269 참조.

6 전라북도, 『무극대도교개황』, p.37 참조.

7 같은 책, pp.1-8 참조.

8 장봉선, 『井邑郡誌』 (井邑: 履露閣, 1936), pp.20-21 참조. 본부터의 매입 시점은 등기부 등본상 1925년 5월 4일이지만 매입 행위의 법률 문서상 반영은 실제 매입 시점과 차이가 있을 수 있다. 원소유주의 등기도 1925년 6월에 소급하여 이루어진 사실을 본다면 매매와 등기 시점의 편차는 클 것이다. 대순진리회교무부, 『전경』 (서울: 서울대학교출판부, 1974), p.200; 대순종교문화연구소, 「무극도 해산시기에 대한 고찰」, 『대순회보』 85 (여주: 대순진리회 출판부, 2008), pp.23-25 참조.

및 정보 수집을 통해 작성된 것이다.[9] 그에 비해 후반부 제6〈강령 및 도규(道規)〉, 제7〈무극도취지서〉, 제8〈무극도간부일람표〉는 한글 및 한자로 된 자료이며, 단순히 탐문 등으로 알기 어려운 내부 정보 가 상세히 기재되어 있다. 따라서 교단 내에서 정리한 문서로 추정 할 수 있다. 이렇게 추정하는 것은 1920년대에 이르러 조선총독부가 신종교에 대한 표면적인 유화 전술로 교단 공개를 유인 또는 강제하 여 신종교를 이용하거나 기술적으로 탄압을 가해 해체하려고 한 정 황이 보이기 때문이다. 즉 1915년〈포교규칙〉제정, 1920년〈포교규 칙〉개정, 1920년 법인·조합 설립 허가 등을 통해 조선총독부는 표 면적으로 신종교에 대한 정책 전환을 표방하여 교단 공개를 유인· 강제하고, 교단이 공개되면 기존의 강력한 통제 법령을 적용하여 신 종교를 탄압한 것이다.[10] 관변 기록인『무극대도교개황』에서 보천교 가 1920년 말 종교유사단체로 공인되었다고 기술된 것도 조선총독

9 당시 도청의 자료가 주로 경찰 자료를 인용했고, 종교유사단체를 경찰에서 관리 했다는 사실로 본다면『무극대도교개황』의 전반부는 경찰의 조사 결과로 보는 것 이 합리적이다.『大正十五年六月 高等警察ニ関スル管内状況』와『大正十五年三 月 管内状況』이 각각 전라북도와 전북고등경찰과가 편저자로 되어 있지만, 종교 유사단체 부분의 내용은 거의 같다는 사실이 이를 방증한다. 전라북도,『大正十五 年六月 高等警察ニ関スル管内状況』(日本學習院大學東洋文化研究所所藏資料 請求記號 B244, 1926), pp.46a-48b; 전북고등경찰과,『大正十五年三月 管内状況』 (日本學習院大學東洋文化研究所所藏資料 請求記號 B246, 1926), pp.81-85 참조.
10 여기에 대한 자세한 설명은 박상규,「근대 한국 신종교의 조직 연구 : 연원제를 중 심으로」(한국학중앙연구원 박사학위 논문, 2022), p.78 참조. 일제의 신종교 정책 에 관해서는 다음의 연구를 참조할 필요가 있다. 고병철,『일제하 종교법규와 정 책, 그리고 대응』(서울: 박문사, 2019), pp.62-64, pp.107-121, pp.130-166, pp. 524-551; 윤이흠,『일제의 한국 민족종교 말살책 : 그 정책의 실상과 자료』(서울: 모시는사람들, 2007), pp.43-48; 김철수,『잃어버린 역사 보천교』(대전: 상생, 2017), p.38 참조.

부가 통차원에서 신종교의 신고와 등록을 강요했다는 점을 잘 보여준다.[11] 이러한 맥락에서 『무극대도교개황』 후반부의 한국어를 기반으로 하는 부분은 1925년 교단 내부에서 작성된 것으로 볼 수 있다. 이와 관련해, 무극도가 1924년~25년 강한 탄압을 받았고, 이에 대응하여 조선총독부의 공인을 받기 위해 활동하면서 교단 관련 문서를 만들었다는 추론을 뒷받침하는 1925년 3월과 5월의 《조선일보》기사 역시 참고할 필요가 있다.[12]

결국 종교유사단체 인정을 조건으로 신종교 교단의 신고와 등록을 유도하고 이를 통해 신종교를 이용, 통제, 해체하려 한 조선총독부의 정책은 신종교 교단이 그 내부 정보를 일정한 수준에서 식민지 관청에 제출하도록 강제하거나 유도했다는 것은 분명하다. 이러한 문헌 대부분은 신종교를 탄압, 해체하는 용도로 활용되었을 가능성이 크다.[13] 『무극대도교개황』의 후반부도 이러한 유도와 강제의 과정을 통해 관에서 입수한 내부 문서로 볼 수 있다.

일제 시기 신종교가 탄압으로부터 자신을 보호하기 위해 종교적이거나 체제를 부정하는 것으로 해석될 수 있는 용어나 내부 정보의 노출을 지양했으리라는 추론은 합리적이다. 『무극대도교개황』의 교

---

11 『무극대도교개황』에 나타난 종교유사단체 공인이 의미하는 바가 정확히 무엇인지는 알 수 없지만, 보천교 교단 공개 논의가 1921년 10월부터 진행되어 1922년 초에 이루어졌음을 본다면 1921년 말의 보천교의 종교유사단체 신고와 등록을 의미할 가능성을 배제할 수는 없다. 전라북도, 『무극대도교개황』, p.3 참조.

12 「无極敎解散命令」, 《조선일보》 1925. 3. 27; 「無極敎徒속혀 사긔한자피소」, 《조선일보》 1925.5.28 참조.

13 이러한 사례를 1922년 보천교의 교단 공개와 그 후의 탄압에서 볼 수 있다. 이에 관해서는 안후상, 「식민지시기 보천교의 '공개'와 공개 배경」, 『신종교연구』 26 (2012), pp.166-176 참조.

리 관련 내용에 종교적으로 비칠 수 있는 용어가 대부분 삭제되고 수행 단체로서의 정체성을 강조하고 있는 것은 이 때문으로 보아야 한다. 취지에는 신앙의 대상인 증산이나 상제라는 표현이 전혀 없으며, 신앙 대상도 천(天)이나 도(道)로 표현되고 있을 뿐이다. 종지와 목적은 수록되지 않고 '사강령'과 '삼요체' 일부만이 강령으로 종합되어 요약되어 있다. 또한 도규에 성직자를 직원으로 지칭하고 있어 마치 법인의 사원(社員)과 같은 형식을 보인다. '무극도 간부일람표(無極道幹部一覽表)'도 직원이라는 용어를 사용하고 있다.[14] 후반부가 사실상 교단 공개의 압력 속에서 탄압의 명분을 주지 않기 위해 내부에서 작성된 문서임을 추측할 수 있다.

이상을 통해 본다면 고등 경찰의 탐문과 정보원을 통해 수집 작성되었다고 보이는 일본어로 기재된 전반부(제1~5항)는 일부 사실이 부정확하고 왜곡될 가능성이 있기에 여러 다른 문헌을 교차 검증하여 활용할 필요가 있다. 하지만 내부에서 만들어져 외부로 유출되었다고 보이는 후반부(제6~8항)는 1925년 당시의 무극도 실정에 관해 내부에서 생산된 문헌으로 볼 수 있어 무극도 세계의 이해를 위해 적극적으로 활용할 수 있는 문헌으로 평가할 수 있다.

2) 『보천교일반(普天敎一般)』 해제

보천교에 관한 비밀문건인 『보천교일반(普天敎一般)』은 전라북도 도청이 1926년 6월 만든 『관내 최근 상황설명자료(管內最近ノ狀況說明

---

14 전라북도, 『무극대도교개황』, pp.19-52 참조.

資料)』의 60번째 항목이 별책이 된 것으로, 당시까지 조사된 보천교에 대한 모든 자료를 종합한 문헌이다.[15] 무극도에 관한 내용은 약 두 쪽에 불과하며,『무극대도교개황』의 연혁 부분을 일부 요약한 것이다.[16] 무극도의 장래를 상당히 예의 주시해야 한다고 기술하면서 따로 기록을 작성할 필요가 있다고 마무리한 정도라는 점에서 무극도 연구에 직접적으로 큰 도움은 되지 않는다.[17]

하지만 이 자료는 증산의 종교활동이 그의 서거 후 어떠한 과정을 거치면서 계승 변화되었는지, 그리고 보천교 등 여러 교단이 무극도에 어떠한 영향을 주었는지를 확인하는 데에 도움이 된다는 점에서 무극도를 살펴보는 데에 참고할 필요가 있다. 특히 당시의 시점에서 보천교의 내부 조직과 교단의 분열상, 교헌과 각종 규정까지 자세히 수록하고 있어 식민 지배자의 시각으로 인한 왜곡을 교정하면 교단의 성립, 변동, 특징 등을 분석해 볼 수 있는 자료이기 때문이다.[18] 또한 교단 문헌인『보천교연혁사』와『증산교사』가 각각 1948년과 1977년에 간행되었다는 점을 고려할 때『보천교일반』은 당대의 보천교 역사 기록의 가치를 지닌다.[19] 아울러『보천교일반』에 수록된

---

15 민병훈, 앞의 글, pp.259-261 참조.

16 전라북도,『무극대도교개황』, pp.1-8; 전라북도,『보천교일반』, pp.23-25 참조.

17 전라북도,『보천교일반』, p.25 참조.

18 보천교와 관련하여 중요하다고 평가되는 자료로는 1924년 6월 평안남도에서 작성된『洋村及外人事情一覽(양촌 및 외인 사정 일람)』이 있지만, 이 문헌에는 무극도 관련 내용이 없다. 두 문헌은 그 내용상 유사하지만 상세한 부분이 다소 차이가 있기에 상호 보완적으로 사용할 필요가 있다. 평안남도,『洋村及外人事情一覽』(日本學習院大學東洋文化硏究所所藏資料 請求記號 M2-100, 1924) 참조.

19 1935년 월곡(月谷) 차경석(車京石, 1880~1936)에 의해『보천교연혁사』가 직접 진술되고 교정되었다는 저자 이영호의 주장이『보천교연혁사 속편』에 있다는 것

일부 자료가 보천교 교단 공개 과정에서 내부적으로 만들어진 것이라는 점에도 주목할 필요가 있다. 따라서 보천교가 무극도를 둘러싼 종교 지형의 상당 부분을 차지했다는 관점에서, 『보천교일반』은 일제 공문서와 신문 자료 등과 교차 검증하여 검토된다면 무극도 연구에 참고문헌으로 활용할 수 있는 자료이다.

3) 『조선의 유사종교(朝鮮の類似宗敎)』 해제

『조선의 유사종교(朝鮮の類似宗敎)』는 1935년에 조선총독부가 발행한 조사자료 42집으로 조선총독부 촉탁이었던 무라야마 지준(村山智順)이 편찬한 문헌이다. 『조선의 유사종교』는 총 13장으로 구성되어 있는데, 신종교를 유사종교로 취급하여 동학계, 훔치계, 불교계, 숭신계, 유교계, 계통불명 등으로 분류하고 교조의 약력, 기본 교의, 교단 연혁, 그리고 분파 등을 소개하고 있으며, 교단 분포와 교세, 의식, 영향, 교도, 교적(敎跡) 등을 종합하여 다루고 있다.[20] 그 가운데 무극도 관련 내용은 『무극대도교개황』, 『보천교일반』과 차이가 있는데, 『조선의 유사종교』가 1933~34년 무렵의 조사를 바탕으로 작성되었기 때문이다.[21] 이러한 차이가 나는 내용 대부분은 부정확한데, 이는 1920년대의 무극도 관련 문헌이 대외비로 폐기되었거나 이

을 근거로 『보천교연혁사』를 동시대의 문헌으로 주장할 수 있다. 하지만, 이 주장을 인정하더라도 『보천교연혁사』는 1935년의 보천교의 세계에서 1920년대의 보천교를 기술한 것이라는 한계를 지닌다. 이영호, 『보천교연혁사 속편』(정읍: 보천교중앙총정원, 1958), pp.13a-13b.

20 村山智順, 앞의 책 참조.
21 일부 자료의 기준이 1934년 8월 말을 기준으로 하고 있다는 점에서 본다면 그 이전의 조사로 볼 수 있다. 같은 책, pp.293-340 참조.

미 일본으로 반출되어 참고하지 못했기 때문일 것이다.[22]

무라야마와 함께 '조선민속학회'에서 활동한 민속학자 손진태(孫晉泰, 1900~?)는 무라야마의 조사를 각지의 경찰에 의뢰하여 수행된 것으로 평하고 학술 자료로서의 가치를 인정할 수 없다고 주장한 바 있다.[23] 무라야마는 『조선의 유사종교』 서언(緒言)을 통해 "기록과 정보가 부족하여 당시 성황을 이루는 단체에 대해서 외부적 관찰에서 유래하는 세평에 의존하였고, 교세와 내력에 대해 경무국의 출판물을 참고하고 각 도 경찰부에 의뢰해 조사하였다."라고 하여 공권력에 의한 조사 방법을 인정하고 있다. 그렇지만 손진태의 비판을 의식한 듯 현지 조사도 일부 병행한 듯하다. 실제 교단 본부에 가서 지방 교구의 실상을 거듭 조사한 내용도 적지 않다고 서술했기 때문이다.[24]

주목할 점은, 이 문헌에 1925년 이후의 무극도 신앙체계와 도장의 구조에 대한 설명이 있다는 점이다. 그러므로 『무극대도교개황』으로는 알 수 없었던 1926년~1934년의 무극도의 세계를 조망하는 데 어느 정도 도움이 된다. 또한 본문 뒤에 부록으로 '무극도취지'와

---

22 부정확한 대표적인 예를 든다면 무극도 도장의 건립을 1922년으로 기술하고 있는 부분이다. 무극도 관련 자료는 모두 1924년부터 도상 건립이 시작되었다고 기술하고 있다. 1920년대의 자료를 참조할 수 없었음을 시사한다. 같은 책, p.332 참조.

23 손진태, 「書評, 村山智順氏の民間信仰四部作お読みて」, 『民俗学』(1933), p.11 참조. 다른 관점에서 이루어진 부정적 평가로는 김홍철의 지적을 참고할 수 있다. "이 책은 일제가 우리 민족을 말살시키기 위한 그들의 식민정책을 보다 철저하게 수행하는 책략으로 이루어진 연구물이다. 그러기 때문에 이 책에 흐르는 전반적인 사상은 한국에서 새로 창립된 모든 신종교는 종교 비슷하나 실은 종교가 아닌 유사종교(類似宗敎)라 본 것이다. 책 이름이 보여주고 있는 바와 같이 일고의 가치가 없는 미신 사교라는 평가를 바닥에 깔고 엮어지고 있다." 김홍철, 「한국 신종교 연구의 현황과 과제」, 『한국종교』 36 (2013), p.20.

24 村山智順, 앞의 책, はじがき pp.1-2 참조.

'무극도강령'을 일본어로 첨부하였는데, 이는 『무극대도교개황』의 〈무극도취지서〉, 〈강령 및 도규〉와 상응한다. 취지서와 강령은 한국 어와 일본어라는 점 외에 차이가 없지만, 도규에는 많은 차이가 있 다. 도규에서 보이는 차이는 1934년 8월 이전에 무극도의 도규가 개정되어, 조직체계가 일부 변동되었음을 알 수 있다는 점에서 중요 하다.

『조선의 유사종교』는 단편적 기록을 제외하면 1926~34년의 무극 도에 대한 거의 유일한 문헌이다. 또한 동학계 신종교와 보천교에 대한 1930년대의 정보를 부분적으로 획득할 수 있다는 점에서 유용 한 비교 자료로 활용할 수 있다. 다만, 이 문헌은 무라야마가 스스로 시인했듯이 '외부적 관찰에서 유래한 세평'에 의존한 데서 오는 부 정확성과 경찰 조직을 활용한 조사, 그리고 지금까지 학계에서 지적 된 무라야마의 한국 신종교에 대한 시각 등을 고려하면서 다른 문헌 과의 교차 검증을 통해 신중하게 활용되어야 한다.[25]

2. 문헌 비교 고증

무극도 성립 시기를 1918~25년으로 본다면 『무극대도교개황』, 『보 천교일반』은 무극도 설립 시기의 종교활동, 『조선의 유사종교』는 무 극도 발전기의 신앙체계를 기술한 당대의 기록이다.[26] 모두 무극도

---

25 강돈구는 학자들의 연구 경향이 『조선의 유사종교』의 범위를 크게 벗어나고 있지 못하다고 비판하며 무라야마의 연구 목적이 식민지 정책 수립을 위한 유사종교 파악에 있었다는 점을 반드시 고려하면서 그의 연구를 수용해야 함을 지적했다. 강돈구, 「신종교연구 서설」, 『종교학연구』 6 (1987), p.184, pp.201-202 참조.

당대의 기록이라는 점에서 중요하다. 특히『무극대도교개황』은 탐문 정보와〈도규〉,〈간부일람표〉 등이 수록되어 있어 조직 구성 원리와 작동방식까지도 대략 살펴볼 수 있기에 교단 이해에 있어 많은 시사점을 준다. 하지만 세 문헌은 모두 참여관찰에 의해 정보를 얻지 않았고, 그 생산 의도에 따른 왜곡과 해석이 존재하므로 문헌에 대한 면밀한 고증이 필요하다.

무극도는 당대의 교단 내 문헌이 존재하지 않기에 세 자료의 정확성이 고증되고 평가되지 않는 다면 사실상 이를 활용한 연구는 그 토대가 무너질 수 있다. 따라서 이들을 여러 자료와 비교하여 그 기록의 정확성을 평가하는 작업은 중요하다. 세 자료 중 문헌 간 비교를 통해 더욱 엄밀하게 정확성을 검토해야 하는 대상은『무극대도교개황』과『조선의 유사종교』이다.『보천교일반』에 기록된 무극도 관련 내용이 극히 적고 대부분『무극대도교개황』과 대략 동일하기 때문이다.

『무극대도교개황』은 행정력과 경찰력을 활용해 자료를 수집하고 기록하였기에 종파적 편향성은 없다고 볼 수 있다. 특히 해제에서 살펴보았듯이『무극대도교개황』의 제6~8항목은 일본어로 기록된 제1~5항목과 달리, 내부에서 작성된 1차 문서 또는 그 필사본으로

---

26 태극도『수도요람』에 따르면, 무극도의 창립은 1918년 4월이며,『대순진리회요람』에 따르면 1925년 4월이다. 두 문헌 모두 우당(牛堂) 박한경(朴漢慶, 1917~1996, 이하 우당)이 최고 지도자로 해당 교단을 영도할 당시에 편찬된 문헌임에도 역사적 해석이 달라져서 차이가 나타난다. 하지만 나머지 연혁 대부분은『무극대도교개황』,『보천교일반』과 일치한다. 교화부편찬실,『수도요람』 재판 (부산: 태극도교화부, 1967), p.15;『대순진리회요람』 (서울: 대순진리회교무부, 1969), p.12 참조.

한문과 한글로 기록되어 있고 일본인을 위하여 한글 조사 옆에 일본어 조사를 부기하였다.[27] 『조선의 유사종교』역시 제6~8항목과 상응하는 부록을 지니고 있지만 모든 자료가 일본어로 되어 있다는 점에서 그 원본을 교단이 생산한 1차 자료라 보기는 어렵다.

두 문헌이 공통으로 지니는 기사를 비교할 때, 정확한 쪽은 『무극대도교개황』이다. 앞서 살펴보았듯이 『조선의 유사종교』는 무극도 도장의 건립을 1922년으로 기술하고 있는 등 1920년대의 사실에 대해서 잘못 기술한 부분이 많다. 두 문헌이 가장 큰 차이를 보이는 부분은 〈도규〉인데, 정확성과 차이가 지니는 의미를 검토하기 위해서는 다른 문헌과 비교해야 한다. 『무극대도교개황』과 『조선의 유사종교』에 실린 도규를 다른 문헌과 비교할 경우, 활용할 수 있는 기록은 당대의 신문 기사나 판결문 등이다.[28] 1925~31년의 신문 기사와 판결문에는 무극도 조직의 중요 직책으로 도주(道主), 도장(道長), 주선원(周旋元), 주선가(周旋家), 찰리(察理), 순동(巡動), 종리(從理), 연락(聯絡), 부

---

27 원본이 정보 보고용이 아니었다는 것을 알 수 있다.

28 무극도 도규가 수록된 문헌은 『무극대도교개황』, 『조선의 유사종교』, 『증산교사』, 『진경』 등 네 가지이다. 이 가운데 『무극대도교개황』의 도규는 나머지 세 기록과 많은 차이를 보인다. 이 때문에 『조선의 유사종교』에 수록된 도규가 더 정확하다고도 쉽게 결론지을 수 있다. 하지만, 교단 문헌인 『증산교사』와 『진경』이 각각 1977년과 1989년에 발행된 점을 고려하면 이 결론은 섣부른 것이다. 두 문헌이 오히려 『조선의 유사종교』를 활용하였다면 『증산교사』와 『진경』의 도규는 『조선의 유사종교』의 내용과 일치할 수 있기 때문이다. 따라서 교단 문헌과의 비교를 통해 정확성을 판단하는 것은 잘못된 방법이다. 태극도편찬위원회, 『진경』 (부산: 태극도출판부, 1989), pp.418-420; 이정립, 『증산교사』 (전북: 증산교본부, 1977), pp.138-141 참조. 『증산교사』의 경우는 저자인 이정립이 친형인 이상호와 자신의 보천교, 동화교 및 대법사 활동을 정통으로 전제하고 이를 중심으로 증산계 교단 전반의 역사를 기술하였기에 교단 자료라고 할 수 있다. 같은 책, p.90, pp.95-96, pp.136-141, p.169, pp.191-192, p.328 참조.

분(部分), 포덕(布德), 운동원(運動員), 운동가(運動家) 등의 명칭이 나타난
다.[29] 이 명칭들은, '도주'와 '포덕'을 제외하면, 『무극대도교개황』에
만 수록되어 있다. 이러한 사실은 『무극대도교개황』의 도규 및 조직
관련 기록이 1931년까지의 실제 상황과 일치했음을 의미하여 상당
한 정확성을 가졌음을 알 수 있다.[30]

여러 직책 중 특히 '도장(道長)'에 주목할 필요가 있다. 1926년의
기사와 1927년의 판결문은 정산의 부친인 조용모(趙鏞模, 1877~1951)가
도장의 직위에 있음을 분명히 하고 있다. 그 명칭이 지니는 의미나
관련 기사 및 판결문 등을 보더라도 도장인 조용모는 1920년대에 도
주인 정산을 대리하여 활동하였다.[31] 『무극대도교개황』의 무극도 도
규 4조에 "본도(本道)의 도장(道長)은 도중내외사무(道中內外事務)를 총할
(總轄) 함"이라는 내용과 일치한다.[32] 이는 『무극대도교개황』의 도규
가 상당히 정확함을 잘 보여준다.

『조선의 유사종교』의 도규에는 『무극대도교개황』의 직책에 상응
하는 직위의 명칭이 모두 변경되어 나타난다. 그러나 도장(道長)의 직
책에 상응하는 것은 없다. '도장'에 상응하는 직책이 『조선의 유사종

---

29 「無極으로統一天下」, 《동아일보》 1925.2.25; 「無極道本部를 檢事隊가 大搜索」,
《동아일보》 1926.9.21; 「判決文」 (大邱地方法院 安東支廳, CJA0001575, 1927),
pp.1018-1019; 최용환, 「伏魔殿을 차저서(8) 無極敎正體」, 《동아일보》 1929.7.26;
「無極道敎主 二名 또 拘引 교주는 잠적?」, 《동아일보》 1931.6.11 참조.
30 전라북도, 『무극대도교개황』, pp.9-11, pp.14-16, pp.20-23, pp.37-52 참조.
31 같은 책, p.7; 「無極道本部를 檢事隊가 大搜索」, 《동아일보》 1926.9.21; 「判決文」
(大邱地方法院 安東支廳, CJA0001575, 1927.6.21), p.1018; 배문준, 「復宇公 鏞
模 墓碣銘」, 『咸安趙氏 斗巖公派世譜』 1 (咸安趙氏 斗巖公派宗中, 1996), pp.178-
179 참조.
32 전라북도, 『무극대도교개황』, p.20 참조.

교』에 나타나 있지 않다는 점은 이 문헌의 기초자료가 『무극대도교개황』에 비해 후대의 것임을 보여준다. 따라서 1920년대의 도규가 1932년 이후 개정되어 『조선의 유사종교』에 게재된 것이라 보아야 한다. 『조선의 유사종교』에만 나타나는 무극도 간부 직책 중 1925~31년 신문 기사와 일치하는 것은 없기 때문이다.

『무극대도교개황』과 『조선의 유사종교』를 비교해보면 1925년까지는 『무극대도교개황』이 더 상세하고 정확하며, 1925년 이후의 경우에는 조사 시점상 『조선의 유사종교』의 내용이 당연히 더 많다. 물론 『무극대도교개황』의 경우에도 일본어로 기술된 제1~5항의 연혁, 조직, 주문, 치성, 간부이름(幹部氏名) 등의 부분에서 소문에 의존한 정보를 활용하여 명확한 사실관계를 잘못 기술하고 있고, 한자 사용 부분에서 동음이자(同音異字)나 유사 한자를 잘못 사용하고 있다. 그 예로 무극도 창설자인 정산의 탄생지를 밀양으로, 증산의 몰일을 생일로 기재하면서 6월 24일이 아니라 23일로, 주선원(周旋元)이라는 직책을 주시원(周施員)으로, 연락(聯絡)을 연락(連絡)으로, 부분(府分)을 부분(部分)으로 오기한 점 등을 들 수 있다.[33] 하지만 내부 문서에서 기원한 제6~8항까지의 〈강령 및 도규〉, 〈무극도취지서〉, 〈무극도간부일람표〉 등은 다른 문헌과 비교하면 그 정확도가 높다. 1925~26년

---

33 조정산의 탄생지는 경상남도 함안군 칠서면 회문리이다. 연락(聯絡)은 『무극대도교개황』의 조직 부분에는 연락(連絡)으로 되어 있지만, 도규와 간부일람표에는 연락(聯絡)으로 되어 있다. 연락(聯絡)이 연락(連絡)으로 오기되었을 가능성이 크다. 부분(部分)은 도규와 간부일람표에는 부분(府分)으로 되어 있다. 부분(府分)이 전달 과정에서 부분(部分)으로 오기되었을 가능성이 크다. 전라북도, 『무극대도교개황』, pp.9-13, p.16, p.20-23, p.37, p.40, p.47, p.52; 대순진리회교무부, 앞의 책, p.190 참조.

무극도가 공산주의 단체라는 오해를 받기도 하고 본부가 수색받기도 했다는 점에서 본다면, 당시에 교단 내부자가 아닌 외부자가 도규나 간부일람표에 접근하는 것은 어려웠을 것이다.[34] 이러한 점들은 이 자료가 내부 문건이라는 사실을 방증한다.

이상의 문헌 고증의 결과는 1925년 이전의 무극도를 이해하는 데에는 『무극대도교개황』 제6~8항의 후반부, 1926~1934년의 무극도를 이해하는 데에는 『조선의 유사종교』를 활용하는 것이 적절하다는 것이다.

Ⅲ. 1970~80년대 무극도 관련 교단 기록

무극도를 연구함에 있어, 관련 교단의 문헌을 면밀히 검토하는 일은 필수적이다. 특히 증산의 종교운동에 뿌리를 둔 교단의 시각에서 무극도의 신앙 체계와 교단사를 어떻게 서술하고 있는지를 주의 깊게 살펴볼 필요가 있다. 당시 무극도 내부의 1차 기록이 존재한다면 그것이 가장 신뢰할 만한 자료가 되겠지만, 무극도의 경우 1960년대까지도 그 신앙 체계나 교단사에 대한 체계적인 기술이 이루어지지 않았기에, 보다 후대의 기록에 의존할 수밖에 없는 실정이다. 무극도의 역사와 교리 체계를 본격적으로 정리하는 작업은 1960년대 후반에 이르러 비로소 시작되었고, 1974년에 처음으로 공식적인 출판

---

34 「惑世誣民하는 無極大道團」,《동아일보》 1925.7.6; 「無極道本部를 檢事隊가 大搜索」,《동아일보》 1926.9.21 참조.

물이 발간되었다. 이에 이 글에서는 1970년대 이후 증산계 종단에
의해 작성된 무극도 관련 문헌, 즉『전경』,『증산교사』,「태극진경」
의 세 문헌을 중심으로 검토하고자 한다.

1. 문헌 해제

1)『전경』의 무극도 기록

『전경』,『증산교사』,「태극진경」의 세 문헌 중 가장 앞서 출판된
것은 대순진리회의 경전인『전경』이다. 초판은 1974년 4월 1일 발행
되었는데, 대순진리회 교무부가 편찬하고 서울대학교 출판부에서
발행하였다.[35] 대순진리회 초기에 간행되어 대순진리회의 역사를
담고 있지 않아 대순진리회 역사 연구에는 활용되지 않았다. 하지만
증산과 정산의 행적을 모두 다룬 최초의 경전이기에 무극도와 태극
도 연구에는 중요한 문헌이다.

무극도에서 기원한 교단의 최초 경전은 태극도 교화부가 편찬한
『선도진경(宣道眞經)』이다. 초판은 1965년 12월 1일 청문사(靑文社)에
서 발행되었다.[36] 대순진리회 설립자인 우당 박한경(이하 우당)이 도전
(都典)으로 태극도를 총괄하던 시기였으므로 이는『전경』과 동일하게
우당의 기획이다. 신앙 대상인 증산의 행적을 주제별로 총 9장으로
서술하였지만, 무극도 창립자인 정산에 관해 기술한 내용은 없다.[37]

---

35 대순진리회교무부, 앞의 책, p.341 참조.
36 태극도교화부,『선도진경』(부산: 청문사, 1965), p.283 참조.
37 강세(降世), 삼계공사(三界公事), 율령(律令), 법론(法論), 암시(暗示), 풍유(諷
諭), 인연방편(因緣方便), 제중(濟衆), 화천(化天)의 9개 장으로 증산의 행적과 언

그 연유는 경전 제목의 '선도(宣道)'라는 개념을 통해 알 수 있다.

선도라는 개념이 처음 등장하는 문헌은 1963년에 간행된 태극도 『수도요람』이다. 이에 따르면 태극도의 역사는 선도기(宣道期), 창도 기(創道期), 수도기(修道期)로 나뉜다. 증산의 탄생(1871년)부터 화천(1909년) 까지를 선도기(宣道期), 정산이 만주로 망명한 1909년 이후부터 무극 도의 설립 및 해산을 거쳐 회문리로 귀향하여 홀로 수도하던 1945년 해방 전까지를 창도기(創道期), 그리고 해방 후 정산이 종교활동을 재개 한 후부터 부산 감천에 수도장을 건설하고 우당에게 도의 운영 전반 을 맡기고 화천 하기까지를 수도기(修道期)로 구분하고 있다.[38] 1960년 대 태극도의 세계에서 증산은 이 세상에 도를 펼친 선도주(宣道主)이 고, 정산은 증산이 펼친 도를 이어 교단을 세운 창도주(創道主)이기에 증산의 행적을 기록한 경전이 『선도진경』으로 명명된 것이다.[39]

우당은 정산의 생애를 기록한 『창도진경(創道眞經)』을 편찬할 계획 을 지니고 있었다. 이것은 1967년 2월 발행된《태극도월보》(구) 제2 호의 「국문판 선도진경 발간; 창도진경도 금년에 발간계획」 기사를 통해 알 수 있다.[40] 이 기사는 1967년 2월 이전에 『창도진경』의 편찬 이 시작되고 있었고 정산의 행적을 정리한 일단의 문헌이 있었음을

행을 수록하고 있다.

38 교화부편찬실, 앞의 책, pp.12-20 참조.

39 증산을 선도주, 정산을 창도주로 지칭한 기록은 1966년의 『태극도안내서』이다. 『태극도안내서』(부산: 태극도본부교화부, 1966), pp.3-4 참조.

40 「국문판 선도진경 발간; 창도진경도 금년에 발간계획」,《태극도월보》(구)2 (1967), p.14 참조.《태극도월보》는 1967년 1월호부터 5월호까지 발행되었지만, 그 후 공 보부 정식 등록을 마친 후 새롭게 1호부터 다시 발행하였다. 공보부 등록 전 월보 는 호수 앞에 (구)를 표기한다. 「편집후기」,《태극도월보》(구)4 (1967), p.16 참조.

알려준다. 태극도가 분열되기 이전 이미 정산의 행적에 관한 자료가 수집되어 정리되고 있었음을 잘 보여준다.『창도진경』 편찬 작업은 1968년에 시작된 태극도 내홍과 분열 때문에 진척되지 못한 것으로 추측된다. 20년 가까이 흐른 1987년이 되어서야 부산의 태극도장(태극도 구파)에서 정산의 행적이 기록된『진경전서』의「태극진경」이 출판되었던 사실은 이를 잘 보여준다.[41]

그에 비해 대순진리회는『창도진경』 편찬 작업을 위해 정리된 문헌을 활용하여 증산의 행적과 언행을 중심으로 한『전경』에 정산의 행적을 한 장(章) 할애하여 교단사에 해당하는 교운에 배치하였다.[42] 이는 앞서 살펴 보았듯이 애초 계획한『창도진경』을『선도진경』과 함께 모아 발간하려던 계획을 완료한 것으로 볼 수 있다.

이상의 여러 사실은『전경』의 무극도 기사가 대순진리회 창설(1969년)부터『전경』 출판(1974년) 시기까지 새롭게 자료를 수집하여 편집된 것이 아니라, 1968년의 분열 이전 결집된 것임을 의미한다. 이것은『전경』 편찬위원의 인터뷰 자료로도 확인할 수 있다.[43] 인터뷰에 따르면 정산의 행적에 관한 기록인『전경』 교운 2장의 경우, 대부분 우당으로부터 전달받은 문헌을 그대로 정리한 것이다. 결국

---

41 『진경전서』는 증산의 생애를 다룬 '무극진경'과 정산의 생애를 다룬 '태극진경'으로 구성되어 있으며 각각 연도순으로 9개의 장이 배정되어 있다. 태극도편찬위원회,『진경전서』(부산: 재단법인 태극도, 1987) 참조.
42 교운 1장은 증산의 행적이고 2장이 정산과 관련된 기록이다. 대순진리회교무부, 앞의 책, pp.152-220 참조.
43 1980년대 대순진리회 교무부장과 여주수도장 소장을 역임한 이순범(이학녕) 2011년 6월 16일 인터뷰 참조. 이순범은 1956년 태극도에 입도하고 호장을 역임한 후 태극도 분열 이후 우당을 보좌하였다.

『전경』의 정산 관련 기록은 1960년대의 태극도의 종교적 세계에서 바라본 무극도의 역사임을 알 수 있다.[44]

『전경』 편찬에서 가장 주목할 것 중 하나는 교단 외의 학자와 관계자가 참여한 편찬위원회의 구성이다. 이는 객관성과 정확성의 제고(提高)를 추구한 것으로서 타 증산 종단의 역사 기록과 차별성을 띠어 『전경』의 무극도와 태극도 관련 기록의 객관성을 높였다는 점에서 중요하다.[45]

2) 『증산교사』의 무극도 기록

『증산교사』는 동화교 및 대법사 활동을 정통으로 전제하고 이를 중심으로 증산 종단 전반의 역사를 기술하고 무극도를 비정통적 종파로 분류하여 비판적으로 기술한 문헌이다. 정리한 총 37개의 장(章) 중에 무극도 관련 기록이 5개의 장에 실려있어 무극도 연구에 활

---

44 대순진리회의 세계에서 바라본 무극도와 태극도의 역사는 1960년대의 관점과 크게 다르지 않다. 하지만 태극도 분열의 한 원인이 되었던 도전의 위상에 대해서는 다른 입장을 지닌다. 이는 대순진리회의 시기 구분으로 알 수 있다. 대순진리회에서는 선도기, 창도기, 수도기로 교단의 시대를 구분하지 않는다. 대신 구천대원조화주신(승산), 도주 조정산, 도전(우당)의 종통 계승으로 시기를 구분하여 증산, 정산, 우당의 종통 계승을 중심으로 교단사를 정리하고 있다. 또한 정산을 창도주로 칭하기는 하지만 증산을 선도주로 칭하지는 않는다. 이는 증산과 정산의 위상을 더욱 확실하게 구분하는 변화라고 할 수 있다. 물론 이러한 변화들이 무극도와 태극도에 대한 기록에 미친 영향은 제한적이었을 것이다. 『대순진리회요람』, pp. 9-13; 『도헌』(서울: 대순진리회, 1972), 제2조 참조.

45 증산의 사후양자(死後養子)인 강석환이 그 대표를 맡음으로써 증산 관련 기록에 대한 분쟁의 소지를 없애면서 증산의 문중 자료가 추가될 수 있었고, 서울대학교 종교학과의 장병길 교수가 편찬위원으로 참여함으로써 기존 자료들이 지닌 종파적 입장에서의 해석이 배제될 수 있었다. 강석환, 「『전경』 발간에 즈음하여」(1974) 참조.

용되었다.[46] 1977년에 출간되었지만, 원고는 1968년 이전에 탈고가
된 것으로 추측된다. 저자인 이정립(李正立, 1895~1968)이 사망한 후 그
유고가 1977년에 출판되었기 때문이다.[47] 1949년까지의 기사가 수
록되었다는 점에서 본다면 1949년 이후에 편집된 것이다. 1장에서
증산이 중요시했던 주자의 무이구곡가를 교단의 미래에 대한 비결
로 보면서 계사년(1953)까지의 증산 종단의 교단사로 해석한 점에서
보면 1953년 이후에 편집되었다고 보아야 한다.[48]

　이정립은 1919년 보천교에 입교하여 1922년 교경 편찬위원으로
임명되어 월곡 차경석(車京石, 1880~1936)으로부터 증산의 일화를 듣고
기록한 바 있고, 보천교에서 축출된 이후 친형인 이상호(李祥昊, 1888~
1967)와 함께 『대순전경』의 편찬에 참여하였으며, 1930년대에 동화
교(東華敎), 1940년대에 동아흥산사(東亞興産社) 및 대법사의 주요 간부
로 활동하였다.[49] 따라서 해당 교단에 관한 기록은 비교적 정확하나
이 외의 교단에 대한 기록은 정확성이 떨어지며 증산 종단의 역사를
편파적으로 기술한다. 따라서 보천교와 무극도 관련 기록에 대해서
는 이정립의 종파적 입장을 고려하여 활용할 필요가 있다.[50] 즉 무극

46　10장의 '신기도난사건', 15장의 '성묘도굴사건', 20장의 '무극대도교', 28장의
　　'무극대도교의 말로', 31장의 '일정의 대폭압과 신도들의 투쟁' 등 5개 장에 정산
　　과 무극도 관련 내용이 있다. 이정립, 앞의 책 참조.
47　『증산교사』의 책 앞에는 이정립의 아들 이영옥이 쓴 글이 있는데 유고임이 밝혀져
　　있다.
48　같은 책, p.35 참조.
49　이상호, 이정립의 종교활동에 대해서는 『증산교사』 외에도 박인규의 논문을 참조
　　할 수 있다. 같은 책, p.90, pp.95-96, pp.136-141, p.169, pp.191-192, p.328; 박인
　　규, 「일제강점기 증산계 종교운동 연구 : 차월곡의 보천교와 조정산의 무극도를
　　중심으로」 (서울대학교 박사학위 논문, 2019), pp.140-162 참조.

도 관련 기록이 여러 장에 걸쳐 존재하지만, 그 종파적 당파성을 고려하여 타 문헌과의 비교를 통해 자료를 활용해야 한다.

3) 「태극진경」의 무극도 기록

「태극진경」은 태극도의 경전인 『진경전서』(1987)와 『진경』(1989)의 후반부로 정산의 행적과 언행에 대한 기록이다. 『진경전서』와 『진경』은 1965년의 『선도진경』 이후 20여 년만에 간행된 부산 태극도장의 경전으로, 교단이 분열되고 20여년이 지난 후 출판되었다.[51] 증산 관련 기록은 「무극진경」으로 전반부에, 정산 관련 기록은 「태극진경」으로 후반부에 있으며 모두 연대순으로 배치되어 있다.

「태극진경」을 살피기 전에 이 경전에서 먼저 주목해야 할 부분은 교리적 변화의 부분이다. 이는 그 경전의 명칭에서도 드러나는데, 바로 1960년대의 『선도진경』, 『창도진경』이라는 명명법이 「무극진경」과 「태극진경」으로 변화된 것이다. 1980년 출판된 『태극도요람』에서 증산과 정산이 각각 선도주와 창도주로 명명되고 있고, 1983년

---

50 『증산교사』의 당파성은 이정립의 연원이면서 종교적 동지인 친형 이상호가 편찬한 『증산천사공사기』(1926)와 『대순전경』 초판(1929)~6판(1965)이 지닌 증산의 제자에 대한 기록변경으로도 어느 정도 그 개연성이 입증된다. 이상호가 처한 종파적 상황에 따라 차경석, 박공우, 김형렬, 고판례 등에 대한 기록이 추가되거나 변경되기 때문이다. 여기에 관해서는, 김탁, 『증산교학』 (서울: 미래향문화, 1992), pp.203-222 참조.

51 『선도진경』은 1967년 2판, 1983년 3판이 발행되었다. 2판은 한글판이라는 차이 이외에는 초판과 내용 대부분이 같다. 하지만 3판의 경우 주제 별로 장을 구분하지 않고 연대순으로 배열하여 순서가 초판과 아주 다르다. 또한 초판과 재판에 수록되지 못한 기사들이 일부 추가되었다. 그러나 교리상의 중요한 변동은 발견되지 않는다. 태극도편찬원, 『도학원론』 재판 (부산: 태극도출판부, 1992), p.289; 태극도교화부, 『선도진경』; 태극도교화부, 『선도진경』 재판 (부산: 동아대학교출판사, 1967); 태극도편찬위원회, 『선도진경』 3판 (부산: 재단법인태극도, 1983) 참조.

에 『선도진경』 3판이 출판되었기에 1983년까지 1960년대의 교리체계에 특별한 변화는 없었다.[52] 그렇지만 1987년의 『진경전서』는 그 제목에서부터 증산을 선도(宣道) 대신 무극(無極)으로, 정산을 창도(創道) 대신 태극(太極)으로 연결하고, 그 관계를 '이도일체(以道一體)'로 설정하여 변화를 보인다. 1989년 『진경』에서는 증산과 정산의 신격 앞에 각각 무극주(無極主)와 태극주(太極主)를 부가하여 교리적 변화를 공식화한다.[53] 증산과 정산의 관계가 선도(宣道)와 창도(創道)라는 역사적 역할에서 무극(無極)과 태극(太極)이라는 형이상학적 본체론 및 무극주와 태극주라는 신학의 영역으로 확장되어 변경되었다.

이는 태극도의 '기원(起源)' 부분에서 증산의 신격인 구천응원뇌성보화천존에 관한 서술 내용이 변경되었다는 사실에서도 명확히 알 수 있다. 즉 1956년 『태극도통감』 초판과 1980년 『태극도요람』의 '기원(起源)'에서는 구천응원뇌성보화천존이 '관령주재태극지천존[管領主宰太極之天尊; 태극을 관령주재하는 천존]'이었지만, 『진경전서』(1987)와 『진경』(1989)의 '기원(起源)'에서는 '관령주재무극지천존[管領主宰无極之天尊; 무극을 관령주재하는 천존]'이다.[54] '모든 것의 근원인 태극을 구천응원뇌성보화천존상제가 주재한다'라는 태극도 교리체계는 1987년에 이르러 무극과 태극을 분리하면서 크게 변질된 것이다.[55]

---

52 『태극도요람』 (부산: 태극도신도회, 1980), pp.38-39; 태극도편찬위원회, 『선도진경』 3판 참조.
53 태극도편찬위원회, 『진경』, p.229; 태극도편찬위원회, 『진경』, p.1, p.315 참조.
54 1966년에 간행된 『태극도안내서』에도 태극이 우주 진리의 원천이며 우주 생명의 주이고 구천상제가 태극의 주재임이 기술되어 있다. 『태극도통감』, p.7; 『태극도안내서』 (태극도본부교화부, 1966), pp.8-9; 『태극도요람』, p.27; 태극도편찬위원회, 『진경전서』, p.406; 태극도편찬위원회, 『진경』, p.584 참조.

이 교리적 단층이 발생한 원인을 정확히 분석하기는 어렵지만, 그 중심에 '이도일체(以道一體)'라는 새로운 교리체계가 있음은 쉽게 알 수 있다. 이 용어는 1980년 이전의 문헌에 나타나지 않는다. 증산과 정산의 관계에 대한 '이도일체(以道一體)' 교리는 결과적으로 증산과 정산을 대등하게 놓음으로써 정산과 우당을 명확히 차별화하여 우당이 교단을 총괄한 시기였던 1958~68년의 종교활동을 부정하는 데에 효과적으로 활용된다. 핵심 교리 변경이 우당의 흔적을 지우려는 의도였음을 시사한다.[56]

주지 한바와 같이, 이 이 교리 변동은 창도주인 정산이 남긴 중요 문헌의 수정으로까지 이어졌다. 태극도의 '기원'에만 자구 수정이 가해진 것이 아니라 '취지서'에도 기존에 없던 글자를 추가해 수정이 이루어졌다. 즉 "… 사도로써 내세 하신 분은 공자, 석가, 노자이고 이제 우리 증산성사이시다.[… 以師道而來者는 釋迦孔子老子而今我甑山聖師也시라.]"를 "… 사도로써 내세 하신 분은 공자, 석가, 노자이시며 무극으로 내세 하신 분은 이제 우리 강성(증산)상제이시다.[… 以師道而來子는 釋迦孔子老子也요 以無極而來者는 今我姜聖(甑山)上帝시라]"로 변경한 것이다.[57] 무극과 태극을 구분하여 증산과 정산을 각각 무극주와 태극주

---

55 교학적 입장에서 이를 다룬 연구는 차선근의 연구를 참고하라. 차선근, 「대순진리회 상제관 연구 서설(Ⅰ) : 최고신에 대한 표현들과 그 의미들을 중심으로」, 『대순사상논총』 21 (2013), pp.128-131 참조.

56 우당을 추종하던 태극도 교인 모임인 태극도 정신회를 비롯하여 간부들의 상당수가 1971년 대순진리회로 대거 이탈하자 태극도의 우당에 대한 비난은 첨예해졌고, 결국 경전에도 우당에 대한 부정적 평가와 비난을 수록했다.

57 『태극도통감』, p.2; 태극도편찬위원회, 『진경전서』, p.405; 태극도편찬위원회, 『진경』, p.582 참조.

로 설정한 교리 변경을 명확히 확인할 수 있다. 신앙 대상에 대한 신학적 변화는 신앙과 의례의 체계 전반에 변화를 동반할 것이 틀림없었고, 이는 「태극진경」에 수록된 정산의 행적과 언행 기록에도 영향을 미쳤음이 분명하다.[58] 「태극진경」의 기록이 1980년대 후반에 급격하게 변동된 신앙체계를 기반으로 서술된 무극도와 태극도의 역사라는 것을 의미한다.

이에 더하여 1970년대와 80년대에 수집 정리된 자료들의 신빙성 문제에도 주목해야 한다. 1968년 출판을 계획했던 정산 관련 기록은 1974년 대순진리회의 『전경』에 대부분 수록되었다. 「태극진경」을 『전경』과 비교하면 차이가 존재하며 추가된 부분도 적지 않다. 이것은 「태극진경」이 1970~80년대 발굴 수집 정리된 자료를 중심으로 한 문헌임을 의미한다.[59] 1967~68년에도 1차 자료의 부족으로 어려움을 호소하던 상황이었던 점을 고려한다면 「태극진경」에 추가되거나 수정된 부분은 1차 자료를 기반으로 했다기보다 대부분 구전과 전승에 따른 2차 자료를 기반으로 했을 가능성이 크다.[60] 따라서 「태

---

58 특히 「태극진경」이 우당 관련 기술에서 대순진리회의 『전경』이나 『대순진리회요람』과 반대 관점에서 서술되었음을 주목해야 한다. 교리적 변화가 우당에 대한 견해와 관련되어 있기에 「태극진경」의 우당 관련 기록에서는 그 역할과 위상에 대한 비판적 입장에서 사실관계를 해석하고 정리하였다는 것을 고려해야 한다.

59 이것은 1968《태극도월보》편집인으로, 『진경전서』 및 『진경』 편찬을 주도한 황○○의 2006년 12월 2일 인터뷰에서 확인할 수 있다. 황○○는 태극도에서 공식적으로 1981년에 편찬위원회를 구성하고 3~4년간 안면도를 비롯한 유적지 답사를 통해 자료를 확보했다고 진술하고 있다. 이 인터뷰에서 주목할 점은 『전경』 출판 이후 황○○가 대순진리회 측에 공동으로 정산의 역사에 대해 출판할 것을 제안하였지만 대순진리회 측에서 『전경』의 내용은 고증된 것이므로 공동 출판의 의사가 없음을 알린 것이다. 인터뷰 자료는 대순진리회교무부에서 받았다.

60 2006년 12월 2일 황○○ 인터뷰에 따르면 「태극진경」은 윤금현의 자료를 근거로

극진경」의 기록은 여러 다른 문헌들과 교차 검증하여 참고자료 정도로 사용되어야 한다. 다음 단락에서는 이상에서 언급한 여러 문헌을 교차 검증하여 그 신빙성에 대해 간략하게 평가해 보고자 한다.

2. 문헌의 비교 고증

세 문헌의 무극도 관련 기록을 비교하면, 『증산교사』와 「태극진경」 사이에 유사도가 높다. 『전경』의 기록은 1920년대 문헌인 『무극대도교개황』과 유사하다. 그에 비해 『증산교사』와 「태극진경」의 기록은 1930년대 문헌인 『조선의 유사종교』와 유사하다.[61] 앞서 분석했듯이 1920년대의 무극도에 관해 가장 정확한 정보를 제공하는 『무극대도교개황』과 『전경』의 일치도가 높다는 것은 『전경』에 서술된 1920년대 기록의 신빙성이 높다는 것을 의미한다. 이와 관련해, 대표적으로 세 가지 사례를 들 수 있다.

한 것이다. 윤금현은 1952년경 정산을 처음 대면한 것으로 알려져 있으며, 1968년 12월 전도부 차장, 1969년 8월 전도부장에 임명된 인물이다. 1968년 말 우당을 추종하던 태극도 정신회가 대순진리회로 옮겨가기 시작하면서 태극도 집행부가 모두 우당 반대파에 의해 장악되었으므로 윤금현 역시 우당 반대파에 속한다. 그가 1969년 《태극도월보》에 기고한 글에는 무극도 당시의 사건을 기록하고 있다. 그 내용이 「태극진경」 내용과 유사하지만, 연대와 사실관계에 오류가 있다. 증언을 고증 없이 기록하였음을 알 수 있다. 이 부분은 후술할 것이다. 「국문판 선도진경 발간; 창도진경도 금년에 발간계획」, 《태극도월보》 (구)2 (1967), p.14; 「창도진경 발간에 최선을 다하기로」, 《태극도월보》 3 (1967), p.23; 「창도진경 편찬에 서광; 무극도당시 자료를 얻게 돼」, 《태극도월보》 10 (1968), p.14; 「1968년 재단 종단은 무엇을 했나」, 《태극도월보》 18 (1968), p.9; 윤금현, 「도주님을 믿는 뜻 5호」, 《태극도월보》 25 (1969), pp.4-5; 윤금현, 「도주님을 믿는 뜻 6호」, 《태극도월보》 26 (1969), pp.4-5; 대순종교문화연구소, 앞의 글, p.28 참조.

61 대표적인 것은 무극도 도규의 일치도를 예를 들 수 있다.

첫째, 『전경』에 나타난 '주선원(周旋元)'과 '주선원보(周旋元補)'의 직책이다. 정산이 1923년 전교(傳敎)의 임무를 담당하기 위해 두었다는 이 직책은 『무극대도교개황』의 무극도 도규에 나타난 '주선원(周旋元)'과 '주선보(周旋補)'와 유사도가 높다.[62] 이에 비해 『증산교사』와 「태극진경」에는 이와 같거나 유사한 직책이 나타나지 않는다. 주선원(周旋元)과 주선보(周旋補)는 도주와 도장 다음의 상급 직위로 당대의 신문 기사에도 등장하는 공식적인 명칭이다. 따라서 이 명칭의 수록 여부는 문헌의 근거 자료가 1차 자료였는지 그렇지 않은지를 판단하는 기준이 될 수 있다. 『전경』의 편찬 시점인 1974년 당시, 『무극대도교개황』이 공개되거나 알려지지 않았기에 『전경』이 이 문헌을 참고했을 가능성은 없다.[63] 우당이 태극도를 이끌던 1963년에 간행된 태극도 『수도요람』의 연혁에 주선원(周旋員)의 직책이 무극도의 간부로 나타난다는 점 등은 『전경』의 무극도 관련 전승이 교단 내에서 이어져 온 것이고 다른 계열의 전승에 비해 신빙성이 높다는 것을 시사한다. 1970~71년 대순진리회로 합류하는 '태극도정신회'가 1970년에 발행한 태극도 『수도요람』 3판에도 주선원(周旋員)의 기록

---

62 『무극대도교개황』에는 주시원(周施員), 주시가(周施家), 주시보(周施補), 주선원(周旋元), 주선보(周旋補) 등의 명칭이 있지만, 주시원(周施員), 주시가(周施家), 주시보(周施補)의 경우 주선원(周旋元), 주선가(周旋家), 주선보(周旋補)의 오기이다. 대순진리회교무부, 앞의 책, p.197; 전라북도, 『무극대도교개황』, pp.9-11 참조.

63 우방협회와 학교법인 가쿠슈인(학습원)의 우방문고 위탁계약의 체결은 1983년, 그 자료목록이 간행되어 연구자에게 이용되기 시작한 해는 1985년, 마이크로필름 촬영을 시작하여 귀중본들의 열람이 가능하게 된 시기는 1997년 이후이다. 우홍법, 「한국근대사 관련사료의 수집·편집현황과 전망 : 우방문고 조선총독부 관계자자료를 중심으로」, 『사학연구』 70 (2003), pp.126-127 참조.

이 초판과 동일하게 유지되고 있다는 점은 태극도에서 수집된 무극도 관련 전승이 대순진리회까지 이어졌음을 방증한다.[64]

둘째, 증산의 종도 문공신(문남용)에 의해 발생한 강도 사건 기록이다. 이 사건의 발생 시점에 대해『무극대도교개황』은 1923년 3월 9일(음력 1월 22일),『전경』은 1923년 2월 15일(음 1922년 12월 30일)로, 두 문헌 모두 1923년 초로 기록되어 있다. 이에 비해『증산교사』와「태극진경」은 이 시점을 음력 1922년 정월로 기록하고 있다.[65] 이처럼 양자 사이에는 약 1년의 차이가 있다. 『무극대도교개황』의 기록이 1924년의 경찰 정보를 바탕으로 작성되었음을 고려한다면 이 사건의 발생 시점은『무극대도교개황』에서 명시한 1923년 3월(양력)이었을 가능성이 높다.[66]

다만, 사건 발생 시점에 대해『전경』이 1923년 2월 15일(음 1922년 12월 30일)로,『무극대도교개황』이 3월 9일로 기록하여 약 20여 일의 간극을 보이는데, 이것은『전경』과『무극대도교개황』이 사건을 각각 발생 시점과 입건 시점을 기준으로 기록했기 때문이다. 1936년 이 사건에 대해 자세히 기술한 기사로도 이를 확인할 수 있는데, 사

---

64 『수도요람』 3판 (부산: 태극도정신회, 1970), p.16 참조.

65 대순진리회교무부, 앞의 책, p.197; 전라북도,『무극대도교개황』, p.5; 이정립, 앞의 책, p.96; 태극도편찬위원회,『진경전서』, pp.286-287; 태극도편찬위원회,『진경』, p.393 참조.

66 1926년 9월 11일의 동아일보 기사를 통해서도 사건이 발생한 시점을 추리할 수 있는데, 이 기사에 따르면 증산의 유족과 정산에 의한 증산 유골 수습사건과 강도 사건의 시차는 2년이다. 증산 유골의 발굴은『무극대도교개황』에 따르면 1921년 말이므로 강도 사건은 1923년에 일어났다고 보아야 한다. 이 기사는 당시 도난당한 금전이 3,000여 원이라고 했는데『무극대도교개황』은 이를 3,800원으로 특정하고 있어 상당히 정확한 정보를 참조했음을 알 수 있다. 「太乙敎徒强盜 경찰에잡히여」,《동아일보》 1926.9.11 참조.

건은 계해년에 정읍군 감곡면 통사동에서 1차 발생한 후 시차를 두고 대전에서 2차로 발생하여 경찰에 입건된 것으로 되어있다.[67] 1차는 문공신이 원평의 통사동에서 증산의 유골과 금전 3,000원을 탈취한 것이고, 2차는 피신한 정산을 추적하여 대전에서 증산의 좌완 유골과 금전을 요구하다 경찰에 입건된 사건이다.[68] 결국, 이 사건에 대한 1970년대 이후의 기록 중 『전경』만이 1923년 2월(양력)로 사건 시점을 기록하고 있다는 점은 『전경』의 무극도 관련 기록이 다른 기록과 달리 상당히 정확성을 지니고 있음을 입증한다.

이와 관련하여 한 가지 더 주목해야 할 점은 「태극진경」이 이상우의 관점으로 사건을 기록하고 있다는 점이다.[69] 태극도에서 1968년 안면도에 생존해 있던 이상우를 만나 그의 기억과 증언을 '창도진경' 편찬에 활용하려고 한 기록에 비추어 본다면, 「태극진경」의 해당 기사는 1968년 이후 채집된 정보에 근거했음을 알 수 있다. 문제

---

67 해당기사는 당시 도난당한 금전이 3000원이었다고 기술하여 『무극대도교개황』이 정확하다는 것을 잘 보여준다. 문공신 대신 강일수를 주범으로 사건을 기술하고 있으며 이후의 상황에 대해서도 자세히 기술하고 있다. 「(三) 所謂無極道妖怪相」, 《매일신보》 1936.2.4 참조.

68 경쟁 종파의 입장에서 문공신 사건을 상세히 기록하고 있는 『증산교사』 역시 시점에는 오류가 있지만 사건이 시차를 두고 두 차례에 걸쳐 이루어졌다고 기록하고 있다. 이정립, 앞의 책, pp.96-97 참조.

69 『전경』, 『진경전서』, 『진경』의 기록을 종합하면 이상우는 정산이 귀국 후 처음 정착한 안면도에서 교도가 된 이정율의 아들로 1925년 무극도 창도 이전 정산을 보좌한 기록이 다수 있다. 이상우가 1924년 12월 정산을 고발했다는 신문 기사가 있음을 본다면 그가 정산의 측근으로 활동한 시기는 1918~1924년경이라고 볼 수 있다. 「태극진경」은 문공신에 의한 강도 사건 외에도 많은 기사가 이상우의 시각에서 기록되어 있는데 그 신빙성을 철저히 검토하여 사용해야 한다. 「無極敎가 詐欺敎化」, 《조선일보》 1924. 12. 2; 대순진리회교무부, 앞의 책, pp.192-197; 태극도편찬위원회, 『진경전서』, p.254, pp.285-293; 태극도편찬위원회, 『진경』, pp.392-401 참조.

는 이상우가 1924년 무극도를 이탈하여 정산을 고발했었다는 사실이다.[70] 이는 「태극진경」의 편찬에서 전혀 고려되지 않았다. 또한 이상우의 증언이 사건 발생 시점으로부터 40여 년이 지난 후에 채집되어 정확성을 지니지 못했다는 점도 주목해야 한다.

이상우의 증언이 지녔던 정확성의 문제는 「태극진경」 편찬 시 관련 자료를 제공한 윤금현의 글에서 명확히 확인할 수 있다. 윤금현은 태극도 분열 이후인 1969년에 정산과 관련된 글을 《태극도월보》에 게재하면서 해당 사건 시점을 1924년으로 기술하고, 문공신이 그 사건으로 투옥되어 사망하였다는 잘못된 사실을 게재한 바 있다.[71] 이는 이상우의 증언을 기존에 수집된 정보와 비교하지 않고 고증 없이 활용하면서 발생한 문제이다. 1987년에 편찬된 「태극진경」은 사건 시점을 1922년으로 수정하고, 문남용이 당시 옥사했다는 기록을 삭제하였지만, 이 수정 역시 결과적으로 사실과 다르다. 이는 「태극진경」이 『증산교사』를 참고하여 관련 기록을 고증하였을 가능성을 시사한다. 결국 「태극진경」의 내용 전반에 대해 제기되는 신빙성 문제는 무시하기 어렵다.[72]

---

70 「無極敎가 詐欺敎化」, 《조선일보》 1924.12.2 참조.

71 사건 발생 시점이 1923년 2~3월이었음은 앞서 밝힌 바 있다. 문남용은 1954년 사망하였다. 윤금현, 「도주님을 믿는 뜻 5호」, 《태극도월보》 25 (1969), pp.4-5; 홍범초, 『범증산교사』 (서울: 한누리, 1988), p.268 참조.

72 태극진경의 신빙성에 대해 다음의 주장을 참고할 필요가 있다. "「태극진경」 즉 『진경』의 저자인 황진규의 진술에 따르면 윤금현의 기록을 참조해서 썼다고 한다. 윤금현은 1952년에 도주님을 처음 뵈었고, 당시 직위가 호령(지금의 교정)이었다고 한다. 따라서 일단 1952년 이전의 내용은 알 수가 없는 상황이었고, 1952년 이후도 도주님을 계속 가까이서 시봉할 위치는 아니었다." 대순종교문화연구소, 앞의 글, p.28.

셋째, 증산의 유골 발굴 시점이다. 『전경』은 정산이 1921년 9월(양력 10월) 증산의 유골을 수습하였다고 기록하고 있다.[73] 그에 비해 『증산교사』는 그 발굴 시점을 1921년 2월로 기록하고 있다.[74] 『무극대도교개황』이 이 시점을 보천교의 공인과 관련하여 1921년 말로 기록하고 있음을 본다면 『전경』의 기록이 정확하다.[75][76]

교단 문헌에 대한 해제와 고증 결과는 『증산교사』와 「태극진경」의 무극도 관련 기록이 당대보다 최소 30~40년이 지난 후대의 증언이나 간접 자료에 의존하여 집필되었음을 보여준다. 이에 비해 『전경』의 기록은 그 내용이 간략하지만 사건 관련자들의 직접적인 진술을 기록한 전승 자료에 근거하여 집필되었음을 시사한다. 따라서 무극도 연구에 있어서 주로 활용해야 하는 교단 문헌은 『전경』이며 나머지 문헌은 고증을 거쳐 보조적인 자료로 활용할 수 있을 것이다.

73 대순진리회교무부, 앞의 책, p.196; 태극도편찬위원회, 『진경전서』, p.254, pp. 285-293; 태극도편찬위원회, 『진경』, pp.392-401 참조.

74 이정립, 앞의 책, p.95 참조.

75 전라북도, 『무극대도교개황』, p.3 참조. 이 사건에 관한 1927년의 판결문은 유골 발굴 시점을 1922년 음력 8, 9월경으로 기록하고 있지만 이는 잘못된 진술에 기반한 오류로 보아야 한다. 『무극대도교개황』이 더욱 사건 발생 시점과 가까운 1924년에 경찰 정보를 기반으로 쓰여졌기 때문이다. 「태극진경」의 기록도 『전경』의 기록과 같지만, 그 편찬 시점이 『전경』보다 15년 늦은 1989년이다. 이 기록으로 그 신빙성을 평가하기는 어렵다.

76 「判決文」(大邱地方法院 安東支廳, CJA0001575, 1927), p.1018 참조.

Ⅳ. 맺음말

무극도는 대순진리회와 대순사상에 대한 연구가 활성화되면서 주목을 받는 교단이다. 하지만 그 종교적 세계를 조망할 수 있는 자료가 후대의 교단 문헌 등에 제한되어 기존의 연구성과는 단편적이거나 정확성을 담보하기 어려웠다. 1997년 우방문고가 공개되고 일제의 관변자료가 소개된 이후 상황은 개선되었지만, 무극도 관련 문헌에 대한 해제나 고증 작업은 거의 진전이 없었다. 그렇기 때문에 연구 인프라는 새롭게 구축될 필요가 있었다.

이 글에서는 무극도 연구의 토대를 새롭게 정립하기 위해 관련 문헌을 해제하고 고증하여 그 정확성을 평가하고 활용 방법을 제시하여 연구 기반을 확보하는 데에 그 목적을 두었다. 고증된 내용을 모두 제시하기에는 분량의 문제가 이를 허락하지 않았기에 싣지 못한 고증 내용은 추후에 소개할 것이다.

무극도 연구에 있어서 1918~1925년 시기는 『무극대도교개황』의 후반부와 『전경』을, 1926~1934년 시기는 『조선의 유사종교』와 『전경』을 기본 텍스트로 삼고, 나머지 문헌은 참고자료 정도로 활용해야 한다. 또한 이 기본 텍스트에 나타나지 않은 부분을 다른 문헌을 통해 기술하는 것은 주의를 요한다. 왜곡된 관점, 또는 후대에 변경된 종교적 세계와 신앙체계의 관점에서 빈 퍼즐의 그려낸 것이기 때문이다. 빈자리가 전체의 극히 일부라면 문제가 없겠지만 그렇지 않다면 이는 실제로는 존재하지 않았던 종교 현상에 대한 상상일 가능성이 크다.

무극도 연구의 인프라를 더욱 명확히 구축하기 위해서는 무극도 관련 문헌의 목록을 단편적 기록까지 모두 망라하여 종합하고 이에 대한 번역과 고증을 체계화할 필요성이 있다.[77] 본 연구는 이를 위한 기초 작업으로서의 가치가 있을 것이다.

참고문헌

교화부편찬실, 『수도요람』 재판, 부산: 태극도교화부, 1967.
대순진리회교무부, 『대순진리회요람』, 서울: 대순진리회교무부, 1969.
_____, 『전경』, 서울: 서울대학교출판부, 1974.
태극도교화부, 『선도진경』, 부산: 청문사, 1965.
_____, 『선도진경』 재판, 부산: 동아대학교출판사, 1967.
태극도편찬원, 『도학원론』 재판, 부산: 태극도출판부, 1992.
태극도편찬위원회, 『선도진경』 3판, 부산: 재단법인태극도, 1983.
_____, 『진경』, 부산: 태극도출판부, 1989.
_____, 『진경전서』, 부산: 재단법인태극도, 1987.
『도헌』, 서울: 대순진리회, 1972.
『수도요람』 3판, 부산: 태극도정신회, 1970.
『태극도안내서』, 부산: 태극도본부교화부, 1966.
『태극도요람』, 부산: 태극도신도회, 1980.
『태극도통감』, 부산: 태극도본부, 1956.
전라북도, 『大正十五年六月 高等警察ニ関スル管内状況』, 1926.
_____, 『무극대도교개황』, 1925.
_____, 『보천교일반』, 1926.
전북고등경찰과, 『大正十五年三月 管内状況』, 1926.
평안남도, 『洋村及外人事情一覽』, 1924.
村山智順, 『朝鮮の類似宗敎』, 경성: 朝鮮總督府, 1935.

---

77 일제강점기의 무극도 관련 신문기사는 김탁에 의해 번역 정리되어 있다. 김탁, 『일제강점기의 예언사상』 (성남: 북코리아, 2019), pp.412-458 참조.

「判決文」, 大邱地方法院 安東支廳 CJA0001575, 1927.

강돈구, 「신종교연구 서설」, 『종교학연구』 6, 1987.

강석환, 「『전경』 발간에 즈음하여」, 1974.

고병철, 『일제하 종교법규와 정책, 그리고 대응』, 서울: 박문사, 2019.

김철수, 『잃어버린 역사 보천교』, 대전: 상생, 2017.

김탁, 『증산교학』, 서울: 미래향문화, 1992.

___, 『일제강점기의 예언사상』, 성남: 북코리아, 2019.

김홍철, 「한국 신종교 연구의 현황과 과제」, 『한국종교』 36, 2013.

대순종교문화연구소, 「무극도 해산시기에 대한 고찰」, 『대순회보』 85, 여주: 대순진리회 출판부, 2008.

민병훈, 「일본학습원대학 동양문화연구소 소장 友邦文庫의 전라북도 관련 자료 소개」, 국립전주박물관, 『전북의 역사문물전 VI : 정읍』, 통천문화사, 2006.

박상규, 「근대 한국 신종교의 조직 연구: 연원제를 중심으로」, 한국학중앙연구원 박사학위 논문, 2022.

박인규, 「일제강점기 증산계 종교운동 연구: 차월곡의 보천교와 조정산의 무극도를 중심으로」, 서울대학교 박사학위 논문, 2019.

배문준, 「復宇公 鏞模 墓碣銘」, 『咸安趙氏 斗巖公派世譜』 1, 咸安趙氏斗巖公派宗中, 1996.

손진태, 「書評, 村山智順氏の民間信仰四部作お読みて」, 『民俗学』, 1933.

안후상, 「식민지시기 보천교의 '공개'와 공개 배경」, 『신종교연구』 26, 2012. https://doi.org/10.22245/jkanr.2012.26.26.145

우홍범, 「한국근대사 관련사료의 수집·편집현황과 전망: 우방문고 조선총독부 관계자자료를 중심으로」, 『사학연구』 70, 2003. http://uci.or.kr/G704-001261.2003.,70 007

윤이흠, 『일제의 한국 민족종교 말살책: 그 정책의 실상과 자료』, 서울: 모시는 사람들, 2007.

이정립, 『증산교사』, 전북: 증산교본부, 1977.

이영호, 『보천교연혁사 속편』, 정읍: 보천교중앙총정원, 1958.

장봉선, 『井邑郡誌』, 履露閣, 1936.

차선근, 「대순진리회 상제관 연구 서설 (Ⅰ): 최고신에 대한 표현들과 그 의미들을 중심으로」, 『대순사상논총』 21, 2013. https://doi.org/10.25050/jdaos.2013.21.0.99

최종성, 『동학의 테오프락시: 초기동학 및 후기동학의 사상과 의례』, 서울: 민속원, 2009.

홍범초, 『범증산교사』, 서울: 한누리, 1988.

윤금현, 「도주님을 믿는 뜻 5호」, 《태극도월보》 25, 1969.

_____, 「도주님을 믿는 뜻 6호」, 《태극도월보》 26, 1969.

최용환, 「伏魔殿을 차저서 8. 無極敎正體」, 《동아일보》 1929.7.26.

「국문판 선도진경 발간; 창도진경도 금년에 발간계획」, 《태극도월보》 (구)2, 1967.

「無極敎徒속혀 사긔한자피소」, 《조선일보》 1925.5.28.

「無極敎가 詐欺敎化」, 《조선일보》 1924.12.2.

「无極敎解散命令」, 《조선일보》 1925.3.27.

「無極道敎主 二名 또 拘引 교주는 잠적?」, 《동아일보》 1931.6.11.

「無極道本部를 檢事隊가 大搜索」, 《동아일보》 1926.9.21.

「(三) 所謂無極道妖怪相」, 《매일신보》 1936.2.4.

「無極으로統一天下」, 《동아일보》 1925.2.2.

「창도진경 발간에 최선을 다하기로」, 《태극도월보》 3, 1967.

「창도진경 편찬에 서광; 무극도당시 자료를 얻게 돼」, 《태극도월보》 10, 1968.

「太乙敎徒强盜 경찰에잡히여」, 《동아일보》 1926.9.11.

「편집후기」, 《태극도월보》 (구)4, 1967.

「惑世誣民하는 無極大道團」, 《동아일보》 1925.7.6.

「1968년 재단 종단은 무엇을 했나」, 《태극도월보》 18, 1968.

제2장

무극도 창도와 해산 시기

대순진리회의 관점을 중심으로

Ⅰ. 머리말

대순진리회의 전신은 무극도와 태극도이다. 이 세 단체는 연속된 종단이라는 점에서 대순진리회의 역사를 서술하기 위해서는 무극 도에서부터 시작할 수밖에 없다. 그런데 지금까지의 무극도 서술에 있어서 그 설립과 해산에 대한 상이한 관점이 나타난다. 현재까지 이 상이한 관점에 대한 세밀한 검토 없이 무극도에 대한 서술이 이루 어져 그 역사 기술의 일관성이 흔들리는 문제가 발생하기도 하였다. 무극도의 창도와 해산에 대한 상이한 관점은 교단사 기술에 있어서 일관성의 부재라는 문제를 일으키는 데 그치지 않는다. 관점의 차이 는 보다 근본적으로는 서로 다른 전승과 교리에 기반한 역사 해석의 차이에서 연유하기 때문이다.

이를 가장 잘 보여주는 예는 교단의 해산 시기에 대한 역사적 관점 이다. 1936년 유사종교단체해산령에 따라 정산이 무극도를 해산했다는 전승에 따른다면 종단 무극도는 1936년 해산되었으며 정산은 1936~45년까지 10년간의 기다림 끝에 종단 무극도의 활동을 재개한 것이 된다. 하지만 정산이 1941년 무극도를 해산했다고 보는 관점에서는 정산은 1936년의 해산 조치에 불복하고 비밀결사로서 활동을 계속하다 1941년에 이르러 종단을 해산하였으며 해방 후에 다시 무극도 활동을 재개한 것이 된다.

1936년의 무극도 탄압을 중요한 교단사적 사건으로 보는 전자의 관점은 1936~45년간의 10년을 잠룡회룡도수로 보는 전승과 해석에 관련되어 있다.[1] 이에 반해 1936년의 탄압보다는 이차대전에 따른 종교단체해산령, 즉 일제의 종교정책 변화를 중요한 사건으로 보는 후자의 관점은 1941~1945년의 5년이 인덕도수와 잠복도수라는 전승과 해석에 기반하고 있다.[2]

위와 같이 중요한 문제임에도 불구하고 무극도의 창도와 해산에 대한 서술을 역사적으로 고증하고 교리 해석의 관점에서 검토한 연구는 거의 없다. 무극도의 창도와 해산이 교단사 기술의 중요한 기준이라는 점에서 본다면 이해하기 어려운 일이다. 일제 강점기의 종교 결사의 설립과 해산에 있어서 종교정책이 거의 절대적인 조건으로 작용했기에 창도와 해산 시기를 확인하기 위해서는 일제의 종교

---

1 1980년까지 태극도는 무극도 해산을 이차대전(1939~1945) 시기로 보고 있었다. 『태극도요람』(부산: 태극도신도회, 1980), p.43 참조. 1936년을 무극도 해산 시기로 보는 관점은 1987년에 간행된 『진경전서』부터 나타났고 1989년에 명문화되었다. 태극도편찬위원회, 『진경전서』(부산: 재단법인태극도, 1987), p.319; 태극도편찬위원회, 『태극도통감』 재판 (부산: 태극도출판부, 1989), p.27 참조.

2 대순진리회교무부, 『전경』 초판 (서울: 서울대학교출판부, 1974), p.211 참조.

정책을 살펴볼 필요가 있었지만 이 역시 간과되었다.[3]

무극도 창도와 해산에 대한 기존의 상이한 관점과 해석이 나타난 것은 일제의 종교 정책을 비롯한 역사적 사실에 대한 전승과 그 해석의 차이에서 비롯되었을 가능성이 크다. 권동우의 연구는 이에 대해 시사하는 바가 크다. 유사종교단체해산령에 대한 고병철의 문제 제기에 기반하여 일괄적인 유사종교단체해산령이 존재하지 않았다는 사실을 입증하고 역사적 사실에 기반하여 1935년 말부터 시작된 무극도 탄압과 해산 과정을 새로운 관점에서 바라보았기 때문이다.[4]

무극도 창도와 해산에 관한 역사적 서술은 재정립될 필요가 있다. 이를 위해서 본 연구는 창도와 해산에 시기에 대한 기존의 전승, 서술, 해석을 분석하여 이에 관한 기술이 대순종학에서 어떻게 이루어져야 하는지를 제시하고자 한다.

Ⅱ. 무극도 설립 시기

종단 무극도의 태동과 창도에 관한 서술은 크게 세가지로 나타난다. 첫째, 정산이 만주로 망명을 한 1909년 4월 28일(음력), 즉 봉천명(奉天命)의 날을 종단의 태동으로 보는 견해로 『대순진리회요람』에

---

3 무극도의 해산과 관련되어 역사적 관점에서 객관적으로 이 문제를 연구한 이는 권동우가 거의 유일하다. 권동우, 「'유사종교해산령'의 실체에 관한 연구: '무극도' 사례를 중심으로」, 『한국학』 44-4 (2021), pp.41-78 참조.
4 같은 글, p.42, pp.65-72; 고병철, 『일제하 종교 법규와 정책, 그리고 대응: 종교 법규와 종교 범주의 관계, 그리고 남긴 숙제들』 (서울: 박문사, 2019), p.390 참조.

나타난다. 『대순진리회요람』은 대순진리회를 '60여 년간의 발전사를 가진 종단의 명칭'으로 정의하는데, 종단의 시작점을 '정산이 강성상제, 즉 증산으로부터 종통계승의 계시를 받은' 사건으로 보고 있다.[5] 『대순진리회요람』의 발행일은 1969년 4월이고 그 연혁에서 대순진리회의 창설을 1969년 4월로 기록하고 있다.[6] 따라서 종단이 60여년의 발전사를 지니기 위해서는 1910년 이전에 종통계승의 계시가 있어야 한다. 1910년 이전에 정산이 계시를 받았다는 사실은 대순진리회의 『전경』에는 기록되어 있지 않지만 우당은 대순진리회를 창설한 이후 4월 28일을 창도일이 아니라 봉천명일로 기념했고,[7] 1993년의 봉천명 치성일에는 '1909년 4월 28일 종통계승의 계시가 정산에게 있었음'을 말한 바 있다.[8] 이것은 우당이 대순진리회 창설 이후 1909년 4월 28일에 정산이 계시를 통해 천명을 받들면서 종통을 계승했다는 것을 공식화했음을 의미한다. 결국 『대순진리회요람』은 1909~58년의 정산의 "오십년공부(五十年工夫)"라는 대순 신앙의 교리 체계를 기반으로 오십년공부의 시작점인 1909년 4월 28일을 종단의 태동으로 보면서 1925년 4월을 종단 무극도의 창도, 즉 탄생

---

5 1969년을 요람의 발행년도로 기록하고 있는 요람의 조직도에는 학교법인 대진학원과 연구위원회가 처음 나타난다. 학교법인 대진학원이 1984년에 인가를 득하였고, 교무부 산하의 연구위원회가 1985년에 설치되었으므로 그 인쇄년도는 1985년으로 추측된다. 대순진리회교무부, 『대순진리회요람』 (서울: 대순진리회 교무부, 1985), p.5 참조.

6 같은 책, p.13 참조.

7 1972년 2월 16일 대순진리회의 초대 교무부장으로 임명된 김하정이 1971~72년 쓴 일지는 성제일지라는 제목으로 현재 사본이 남아있다. 『성제일지』, 1972.2.16, 참조. 여기에는 1971년 5월 22일(음력 4월 28일)을 '도주님(정산) 봉천명 62회 기념치성일'로 기록하고 있다. 『성제일지』, 1971.5.21, 1971.5.22 참조.

8 「봉천명치성 봉행」, 『대순회보』 37 (1993), p.8 참조.

으로 해석하고 있다고 할 것이다.[9]

둘째, 정산이 24세가 되는 1918년, 자신의 연원이 증산임을 명확히 하면서 본격적인 전도(傳道)를 시작하는 시점을 종단의 탄생으로 보는 관점은 태극도의 『수도요람』(1963), 『태극도안내서』(1966), 『태극도월보』(1967), 『대순회보』(1983) 등에 나타난다. 『수도요람』은 그 연혁에서 정산이 24세가 된 1918년 4월 무극도가 창도되었다고 서술하고 있고, 『태극도안내서』도 동일하다. 1967년 1월의 『태극도월보』의 연두사에서 우당은 유명으로 자신이 도의 운영을 맡은지 10년이며, 정산이 도를 창립한지 50년이 되었다고 말하고 있다.[10] 우당이 종통을 계승한 시점은 1958년이기에 정산이 무극도를 창립한 시점은 1918년이 된다. 이는 1968년 5월 발간된 『태극도월보』 11호에 1968년 5월 24일(양력)이 창도 50주년이고, 1918년 4월 정산이 무극도를 창도했다는 기사가 있다는 사실로도 방증된다.[11] 1918년을 창도로 보는 관점은 대순진리회가 창설되고 15년이 지난 1983년까지도 나타나는데 대순회보 창간호에서 1983년까지를 '진법구현 66년사'로 정의하고 있다.[12] 결국 1960~1980년대 초까지 종단의 탄생을 1918년으로 보는 견해가 대순 신앙 내에 남아있었음을 알 수 있다.[13]

---

9 정산은 증산이 남긴 '치천하 오십년(治天下 五十年)', '포교오십년공부종필(布教五十年工夫終畢)', '오십년 공부(五十年 工夫)' 등을 자신의 일로 해석했다. 여기에 관해서는 대순진리회교무부, 『전경』 초판, p.41, p.146, p.163, p.220 참조.

10 박한경, 「연두사」, 『태극도월보』 (구)1 (1967), p.2 참조.

11 김해구, 「전인류를 구원할 수 있는 기틀: 창도 오십주년을 맞으면서」, 『태극도월보』 11 (1968), p.4; 「창도일 기념치성 성대」, 『태극도월보』 11 (1968), p.14 참조.

12 「진법구현 … 66년사」, 『대순회보』 1 (1983), p.15 참조.

13 부산 태극도의 경우 1980년까지는 1918년 4월 무극도가 창도되었다는 『수도요람』(1963)의 기록을 수용했다, 하지만 1987년 『진경전서』 간행 이후 1921년 4월

셋째, 태인도장이 이룩되면서 도장을 중심으로 한 공개적인 종교 활동이 시작되는 1925년 4월을 종단의 탄생, 곧 시작점으로 보는 관점은 대순진리회의 경전에 나타난다. 『전경』에는 1924년 4월 도장 부지 조성, 1925년 무극도 창도, 해방 이후의 부산 보수동과 감천을 중심으로 한 정산의 종교활동, 우당의 종통 계승 기사가 수록되어 있다.[14] 『대순진리회요람』 연혁에는 1925년 4월 종단 무극도 창도, 1948년 도본부 부산 설치, 1958년 도전 박한경(우당) 종통계승, 1969년 우당의 기구 개편과 대순진리회 창설이 기록되어 있다.[15] 본부의 이동 및 조직 개편을 중심으로 한 『전경』, 『대순진리회요람』의 종단사 서술은 태극도와 대순진리회를 무극도의 후신으로 보고 무극도에서 시작된 교단이 대순진리회로 연결되었다는 점을 명확히 하고 있다. 증산을 봉안한 도장과 이를 중심으로 한 공개적이며 공식적인 종교활동의 시작을 종단 무극도의 탄생으로 보는 관점이라고 할 수 있다.

이상을 요약한다면 첫째는 종단의 태동을 정산의 '오십년공부종필'이라는 교리적 관점에서 1909년 4월 28일로 해석하고, 종단의 탄생을 1925년 4월의 무극도 창도로 보면서 태동과 탄생을 분리하는 관점, 둘째는 정산이 자신의 연원이 증산임을 확인하고 원평(구태인)을 본부로 하여 종교활동을 시작하는 1918년을 종단의 탄생으로 보

28일을 무극도 창도일로 주장하고 있다. 이는 1921년 정신이 스스로를 무극도주로 선포했다는 전승에 근거한다. 태극도편찬위원회, 『진경전서』, p.282; 태극도편찬위원회, 『태극도통감』 재판, p.26 참조.

14 대순진리회교무부, 『전경』 초판, p.201, pp.211-220 참조.

15 대순진리회교무부, 『대순진리회요람』 1985년판, pp.12-13 참조.

는 관점, 셋째는 종단의 탄생을 정산이 도장을 이룩하고 공개적인 종교활동의 시작하는 1925년 4월로 보는 관점이 될 것이다. 이 세 가지 중에서 서로 모순되는 관점은 두 번째와 세 번째로 종단의 창도가 1918년인지, 1925년인지가 문제가 된다.

1918년에 무극도가 창도되었다는 관점은 정산이 24세가 되던 1918년에 계시에 따라 태인에 자리를 잡고 증산을 연원으로 한 종교활동을 시작했다는 전승을 기반으로 한다. 『전경』에 따르면 정산이 "태인에 가서 나를 찾으라"는 계시를 따라 만주를 떠난 시점은 1917년 4월이다.[16] 이후 정산은 자신을 태운 배가 도착한 태안을 태인으로 알고 안면도에 머무르다가 1918년 가을에 이르러 원평을 거쳐 동곡 약방에 도착하고 10월에는 대원사까지 오게 되었다. 또한 이때 원평 황새마을에 가족들을 이주시키면서 근거지를 안면도에서 원평으로 옮기게 된다.[17] 이후 무극도 창도 시기인 1925년 4월까지 이곳이 종교활동의 본부로 역할하였다는 사실은 입증된 바 있다.[18]

원평과 황새마을이 1914년 이전에는 태인군에 속해 있었다는 점에서 본다면 결국 정산은 태인으로 가서 자신을 찾으라는 증산의 계시를 1918년 10월에 완료하면서 자신의 연원이 증산임을 명확히 했으며 이를 기반으로 본부를 마련하고 포교를 비롯한 조직적인 종교

---

16 같은 책, p.12 참조.
17 대순진리회교무부, 『전경』 초판, pp.192-193 참조.
18 종단역사연구팀, 「황새마을을 찾아서」, 『대순회보』 191 (2017), pp.22-29 참조. 『무극대도교개황』은 정산이 황새마을, 즉 감곡면 계룡리로 이주한 시기를 1921년으로 기술하고 있지만 1936년 1월의 매일신보 기사는 1918년의 일로 기록하고 있다. 全羅北道, 『無極大道教概況』 (1925), p.3; 「民衆을 茶毒한 無極道의 極惡相 (一)」, 《매일신보》 1936.1.26.

활동을 시작했다고 볼 수 있다. 따라서 1918년을 종단 탄생, 즉 창립의 시기로 보는 관점은 일견 합리적이다.

하지만 1960년대의 문헌인 『수도요람』, 『태극도안내서』, 『태극도월보』에 있는 1918년 4월 구태인에서 정산이 무극도를 창도했다는 기사는 개연성이 없다. 1918년 4월에 무극도를 창도했다는 사실을 입증할 만한 기록이나 전승이 전혀 없기 때문이다. 1918년 2월에 정산의 부친인 조용모의 본적지가 만주에서 안면도로 이전된 사실은 정산이 1918년 4월에 구태인에서 무극도를 창도했다는 주장이 개연성이 없다는 것을 잘 보여준다.[19] 무극도에 대한 가장 정확한 기록으로 평가되는 『전경』 역시 1918년 10월 이후에 정산이 원평(구태인)으로 본거지를 옮겼다고 기술하고 있다.[20] 1918년의 구태인에서의 종교활동 개시와 1925년 4월의 무극도 창도라는 전승이 뒤섞이면서 1918년 4월의 무극도 창도라는 오류가 나타났다고 추측된다.[21]

우당은 1960년대에 1918년이 무극도 창도 시점이라는 견해를 표명하고 이를 용인했지만 4월로 시점을 특정한 사실이 없고 대순진리회 창설 이후에는 경전을 통해 1925년 4월에 무극도가 창도되었음을 명확히 했다. 또한 태극도에서 종통계승일로 지칭되던 1917년

---

19 종단역사연구팀, 앞의 글 p.24 참조.
20 대순진리회교무부, 『전경』 초판, pp.192-193 참조.
21 이 오류를 우당이 알고 있었는지는 불확실하지만 우당의 입장은 아니라고 추측된다. 우당은 1956년 『태극도통감』 편찬에는 주도적으로 참여했지만, 1960년대의 『수도요람』, 『태극도안내서』, 『태극도월보』의 편찬 실무에는 참여하지 않았기 때문이다. 1960년대 태극도 문헌 기록이 1970년대 대순진리회의 것과는 다른 부분이 있다는 사실은 이를 방증한다. 대순진리회 창설 이후 우당에 의해 태극도 문헌의 오류가 수정되었다고 볼 수 있다.

2월 10일을 감오득도일로, 창도일로 지칭되던 4월 28일을 봉천명일로 변경했다.[22] 이는 종통계승의 시작점이 1917년 2월 10일이 아니라 1909년 4월 28일이라는 해석을 통해 정산의 오십년공부라는 교리가 교단사 서술의 기준이 되어야 함을 명확히 한 것이다. 또한 4월 28일이 창도일로 불려지게 된 이유가 1918년이나 1925년 4월에 정산이 무극도를 창도했기 때문이 아니라, 정산이 1909년 4월 28일의 봉천명을 통해 종통을 계승함으로써 종단이 태동되었기 때문임을 밝힌 것이다. 결국 대순 신앙에서 종단 무극도는 1909년 4월 28일 정산의 봉천명에 의해 태동되었고 1925년 4월 탄생, 즉 창도되었다고 보는 관점이 올바른 것이다.

교단 공개의 기준으로 공식적인 무극도 창도 시점을 검토해 본다면 1925년이 더욱 분명해 진다. 즉 공식적 창도를 교단 공개와 포교 합법화로 본다면 1925년일 수밖에 없다. 일제의 종교 정책과 관련하여 무극도의 교단 공개 시점을 검토해 보면 이는 명확하게 드러난다.

전라북도에서 무극도에 관한 비밀문서로 작성한 『무극대도교개황』(1925)의 후반부에는 강령, 도규, 취지서, 간부일람표 등이 있다. 이들은 전반부와 달리 일본어가 아닌 한국어 및 한자로 되어있는데, 내부 정보가 자세히 기재되어 있다. 노출되면 교단 전체를 위험에 빠트릴 수 있는 문헌이지만 이를 전라북도에서 입수할 수 있었던 것은 1920년대에 이르러 조선총독부가 신종교 특히 보천교를 비롯한 증산 종단에 대해서 교단 공개를 유인 또는 강제하였기 때문이다.

---

22 『규정』(부산: 태극도, 1963), 「의식규정」, p.2; 태극도본부교화부, 『태극도안내서』 (부산: 태극도본부교화부, 1966), p.14; 『성제일지』, 1971.5.22, 1972.3.23 참조.

이를 이해하기 위해서는 1915년의 일제 종교정책의 변화부터 살펴볼 필요가 있다. 1915년 일제의 〈포교규칙(布敎規則)〉은 1906년의 〈종교선포에 관한 규칙〉과 달리 종교선포자에 대한 인가제를 신고제로 전환하여 그 절차를 간소화했다는 점에서도 중요하지만, 종교유사단체 인정을 공식화했다는 점에서 중요하다. 즉 〈포교규칙〉 제15조 1항에서 '총독은 필요한 경우 종교유사단체로 인정한 단체에 본령을 준용할 수 있음'이라고 하여 종교유사단체로 인정되면 〈포교규칙〉을 준용하여 종교와 같이 취급할 수도 있음을 명확히 한 것이다.[23]

이는 첫째, 종교 행정의 소관 밖에 놓인 단체라는 범주에 속하면서, 결사로서의 존재를 허가받은 단체(종교적 결사)를 종교행정상의 '종교유사의 단체'로 인정하는 규정이 성립했다는 점에서 중요하다. 즉 '종교유사의 단체'는 종교행정의 관리를 받는 회유의 대상이 되었고 존재를 허가받지 못한 비밀결사는 단속의 대상이 된 것이다.[24] 둘째, 신종교들이 종교행정의 관리를 받는 공인단체가 될 수 있는 가능성을 부여했다는 점에서 중요하다. 즉 '종교유사의 단체'가 종교와 동등하게 취급될 수 있다는 것을 공식화한 것이다.[25] 물론 총독의 결정에 따른 조건부에 해당하고 강한 법적 규제를 받을 수 있다는 점에서 본다면 교단 공개의 유인책으로는 부족했다. 하지만 대종교가 1915년 12월 21일 포교규칙에 의거 신청서를 조선총독부에 제출하

23 고병철, 앞의 책, pp.107-109 참조.
24 아오노 마사아키, 『제국신도의 형성』, 배귀득 · 심희찬 옮김 (서울: 소명출판, 2017), pp.388-389 참조.
25 같은 책, p.389 참조.

고 기각된 일이 있다는 사실은[26] 〈포교규칙〉 15조가 신종교에는 교단 공개를 시도할만한 유인책으로 작용했음을 잘 보여준다.

〈포교규칙〉은 1919년 3·1운동의 영향으로 1920년 개정되었는데, 종교시설의 설립 허가제가 신고제로 전환되고 엄격한 여러 신고 조항도 축소되었다.[27] 따라서 〈포교규칙〉 15조가 신종교 교단의 교단 공개에 대한 강한 유인책이 되었음은 틀림없다. 물론 〈포교규칙〉에는 '안녕질서를 문란하게 할 우려가 있을 경우 종교시설의 사용을 금지시킨다'는 새로운 규정이 있었지만, 불교와 기독교 등의 종교와 동등하게 인정받으면서 조선총독부의 간섭을 피할 수 있는 길이 열렸다는 점에서 큰 유혹이었을 것이다.[28]

1915년의 〈포교규칙〉 제정, 1920년의 〈포교규칙〉개정 등을 통해 조선총독부는 신종교에 대한 정책 전환을 표방하여 교단 공개를 유인하고, 교단이 공개되면 기존의 통제 법령을 적용하여 신종교를 회유 및 단속하고자 했다.[29] 조선총독부가 비밀결사로 활동했던 신종교의 공개를 유인 및 강제하면서 증산 종단에서는 보천교가 처음으로 교단을 공개했다. 보천교 교단 공개 논의가 1921년 10월부터 진행되어 1922년 초에 이루어졌기에 보천교가 비밀결사에서 공개

---

26 윤이흠, 『일제의 한국 민족종교 말살책』 (서울: 모시는사람들, 2007), p.45 참조.

27 고병철, 앞의 책, pp.119-120; 김철수, 『잃어버린 역사 보천교』 (대전: 상생출판, 2017), pp.37-38 참조.

28 1920년 5월 종교유사단체에 해당됐던 숭신인조합이 허가를 신청하고 활동하기 시작한 점은 이러한 분위기를 방증한다. 김철수는 이 신청이 허가된 것으로, 고병철은 허가되지 않았을 가능성이 크다고 주장하고 있다. 같은 책, p.38; 고병철 앞의 책, p.547 참조.

29 이러한 가장 명확한 예를 1922년 보천교의 교단 공개에서 볼 수 있다. 안후상, 「식민지시기 보천교의 '공개'와 공개배경」, 『신종교연구』 26 (2012), pp.166-176 참조.

된 종교적 결사로 인정된 시기는 1921년 말~1922년 초였을 것이다.[30] 이에 대해서 전라북도는 1921년 말 보천교가 종교유사단체로 공인되었다고 파악하고 있었다.[31] 여기에서 '공인'은 보천교가 해산의 대상이 되는 비밀결사에서 존재를 허가받은 종교적 결사로 전환하면서 그 포교가 법적 테두리안에서는 인정되었다는 사실을 의미한다.[32]

이러한 맥락에서 본다면 『무극대도교개황』 후반부에 있는 '강령', '도규', '취지서', '간부일람표' 등도 무극도가 존재를 허락받은 종교적 결사로 전환하기 위해 교단을 공개하려는 목적에서 내부에서 작성되어 관에 제출된 것임을 알 수 있다.[33] 『무극대도교개황』의 마지막에는 1925년 11월 5일을 기준으로 작성된 무극도의 '간부일람표'가 있다.[34] 이를 통해 추론해 본다면 무극도의 교단 공개와 종교적 결사로서의 인정은 1925년 말에 완료되었을 가능성이 크다.

30 박상규, 「근대 한국 신종교의 조직 연구: 연원제를 중심으로」 (한국학대학원 박사 학위 논문, 2021), p.79 참조.

31 전라북도, 앞의 책, p.3 참조.

32 이에 대해서는 아오노 마사아키, 앞의 책, pp.387-395, pp.401-406 참조.

33 신종교들은 위험 상황에서 자신을 보호하려고 종교적인 부분이나 체제를 부정하는 것으로 해석될 수 있는 내부 정보나 교리의 노출을 지양한다. 『무극대도교개황』의 후반 부분은 이를 잘 보여준다. 강령이나 취지에 종교적으로 비칠 수 있는 용어들이 대부분 삭제되고 수행 단체의 정체성이 강조되고 있기 때문이다. 그에 따라 『무극대도교개황』의 교리 관련 기록은 전승되어 내려오는 당시의 교리체계와 편차를 보인다. 취지에는 신앙의 대상인 증산이나 상제라는 표현이 전혀 없으며, 신앙 대상도 천(天)이나 도(道)로 표현되고 있을 뿐이다. 종지와 목적은 수록되지 않고 '사강령'과 '삼요체' 일부만이 강령으로 종합되어 요약되어 있다. 또한 도규에 성직자를 직원으로 지칭하고 있어 마치 법인의 사원(社員)과 같은 형식을 보인다. '무극도 간부일람표(無極道幹部一覽表)'도 직원을 대상으로 하고 있다. 전라북도, 앞의 책, pp.19-52 참조.

34 같은 책, p.37 참조.

다음의 두 기사는 1924~25년에 무극도가 비밀결사에서 벗어나 합법적인 '종교유사의 단체'로 인정 받기 위해 관과 교섭을 하려고 했다는 사실을 잘 보여준다.

시내 도염동에 사는 조모(某)라는 사람이 교주가 되여잇는 무극교라 하는 종교 단톄는 이미 창설된지가 오래인 것이나 창설 이래 그 포교 수단이 치안방해가 되는 덤이 만타하야 경무당국에서는 교주 조모를 불러가지고 그 교단의 해산을 명하고 일절 그 존재를 업새고자 하얏든 바 이 무극교인 일동은 당시에 경무당국에 향하야는 해산을 하게다 연 명하고 그 간판까지 떼어 표면으로 보면 과연 무극교는 업서진 것가티 보히나 사실 그리면에잇서 디당의 어리석은 사람들을 꼬여가지고 아 즉도 성히 포교와 선뎐을 하는 것이 다시 경무국의 귀에 드러가게 되여 경무국에서는 각도경찰에 비밀한 통렵을 발하고 무극교의 박멸책을 엄명 하얏는대 …. [35]

경인선 오류동역 압해 사는 일인 소봉원작(小峰源作)이란 자는 그 성 명 김재현이라고 고처 조선 사람 행세를 하고 … 시내 도염동 칠십번디 에 있는 무극교 간부 조용모와 리우형을 작년 십월에 차저보고 자기네 는 경북경찰부장과 총독부 당국자와는 절친한 터인데 그들로부터 들 은즉 무극교는 혹세무민과 치안방해 등의 혐의가 잇서 오래지 아니하 야 해산을 명할 터미라 함으로 과연 해산이 될는지도 모르게스니 만일

---

35 「无極敎解散命令」, 《조선일보》 1925. 3. 27.

그대들이 우리의 려비와 운동비만 당하여 주면 당국자에게 교섭을 원
만히 하야 해산이 되지 안토록 하여 주겠으며 ….[36]

무극도는 1925년에 교단을 공개하면서 비공인종교단체이지만 법
적으로는 종교적 결사로서 '종교유사의 단체', 즉 '유사종교'의 범주
에 포괄되었고 법적 테두리 내에서의 포교 등 결사로서의 활동이 인
정되었다고 보아야 한다. 따라서 무극도의 공식적인 창도는 교단 공
개를 통해 종교적 결사로서 인정 받은 1925년이었다고 보는 것이 합
리적이다.

Ⅲ. 무극도 해산 시기

무극도 해산에 대한 교단 기록 중 가장 앞선 것은 1956년 간행된
『태극도통감』의 "대동아전쟁당시 종교단체 해산령에 의하여 도인
의 행동연락을 중지하시고"라는 내용이다.[37] 이 기록은 정산의 명에
따라 서거하기 전 출판된 것이므로 정산에 의해 검수되었다고 볼 수
있다. 따라서 정산은 무극도의 해산 시기를 대동아전쟁 당시로 기억
하고 있었음을 알 수 있다.

---

36 「無極敎徒속혀 사긔한자피소」,《조선일보》1925. 5. 28 참조. 기사에 등장하는 김
   재현은 1919년 제세교, 1920년 제화교를 만들어 동학과 태을교 신도들을 유인하
   다가 1920년 숭신인조합을 결성하여 경무국에 허가를 신청하였다. 고병철, 앞의
   책, p.547 참조.
37 『태극도통감』(부산: 태극도본부, 1956), p.18 참조.

1963년 발행된『수도요람』은 '1941년경 이차대전 당시의 종교단체 해산령에 의하여 도인과의 연락을 일단 중단'했다고 기술하고 있다.[38] 이는 정산의 입장을 계승한 것으로 대동아전쟁이 이차대전으로 변경된 것은 1950년대의 대동아전쟁 개념이 이차대전과 동일했다는 것을 의미한다. 따라서 정산의 무극도 해산은 이차대전 시기인 1939~1945년 중에 이루어졌다고 볼 수 있다. 엄밀하게 대동아전쟁(태평양전쟁)이 1941년 12월 시작되었다는 점에서 본다면『태극도통감』에서 주장하는 무극도 해산 시기는 1941년보다는 1942년일 가능성이 크다. 하지만 우당이 일관되게 1941년이 무극도 해산의 시점임을 명확히 했다는 사실로 본다면『수도요람』의 '이차대전 당시'라는 기술이 보다 정확한 기술로 보인다.

1941년에 무극도가 해산되었다는 우당의 견해는 1969년 대순진리회 창설 이후에도 동일하게 유지되었다.『대순진리회요람』과『전경』은 정산이 1941년 이차대전 당시 '종교단체해산령'에 따라 종교활동을 중지하였으며 이것을 잠복도수와 인덕도수라 하였다고 기술하고 있다.[39] 1941년의 무극도 해산은 태인도장의 소유권 이전 서류로도 그 개연성이 입증된다. 1925년 5월 매입한 태인도장 터를 매입한 조주혁은 1940년 5월 김진염에게 매매했고 김진염은 1942년 4월 아카키 마사오(赤木正男)에게 다시 매매했다.[40] 조주혁과 김진염은 주소지와 그 행적으로 본다면 무극도의 간부 또는 신도였을 가능

---

38 교화부편찬실,『수도요람』(부산: 태극도교화부, 1963), p.17 참조.
39 대순진리회교무부,『전경』초판, p.211 참조.
40 대순종교문화연구소,「무극도 해산시기에 대한 고찰」,『대순회보』85 (2008), p. 24 참조.

성이 크다.[41] 결국 태인도장의 총독부 기증은 1942년 4월로 추측된다. 이는 태인도장 내의 건축물 매매가 1943년에 이루어졌다는 사실로 방증된다.[42] 도장의 소유권 변동 과정은 1941년 무극도 해산 이후 도장이 총독부에 기증되었다는 『전경』의 기록과 논리적으로 부합하고 있는 것이다.

우당을 따르지 않고 부산에 남았던 태극도 구파는 1980년까지는 이차대전 당시의 종교단체 해산령으로 정산이 종교활동을 중단했다는 견해를 계승했다. 하지만 1941년에 정산이 도인과의 연락을 중지했다는 기존의 기록을 수정하여 오히려 연락을 부활했다고 주장했다.[43] 이후 1987년 『진경전서』를 발간하면서 1935년 12월 29일(음력) 정산이 낙화도수와 잠룡도수가 시작되었음을 선언하였고 1936년 1월 1일부터 종교활동을 중단했다고 기록했다.[44] 새롭게 수집된 전승을 통해 정산이 '종교단체해산령'에 따라 1936년 무극도를 해산하고 1945까지 10년간의 잠룡회룡도수를 밟았으며 1940년부터는 도인과의 연락을 부활했다는 등 교단사를 수정한 것이다.[45]

1936년의 종교단체해산령에 따라 정산이 무극도를 해산했다는 전승은 당시 1935~36년 법령에 '종교단체해산령'이나 이와 유사한 효력을 지닌 법령이 발효된 바가 없었다는 사실로 본다면 근거가 없

---

41 종단역사연구팀, 앞의 글, p.27; 대순종교문화연구소, 앞의 글, p.25, p.28 참조.
42 같은 글, pp.24-28 참조.
43 1970년대 부산 태극도는 정산과 관련된 전승을 수집했고 정산으로부터 연락이 1941년에 있었다는 전승을 확보했다고 보여진다. 『태극도요람』, pp.43-44 참조.
44 태극도편찬위원회, 『진경전서』, pp.319-320 참조.
45 태극도편찬위원회, 『태극도통감』 재판, p.27 참조.

다.[46] 일제의 용어로는 '종교유사의 단체', 즉 신종교로 범위를 국한하여 살펴보더라도 개별 교단에 대한 취체(取締), 단속, 금지 명령을 통해 해산을 유도하는 방침은 있었지만 일괄적인 유사종교해산령은 없었음을 확인할 수 있다.[47]

일제는 1935년 신종교, 즉 '종교유사의 단체'를 해산하기 위해 철저한 취체와 적극적인 탄압을 실행할 방침을 세웠고, 1936년부터는 그 방침에 따라 각 지역 경찰은 신종교에 대한 강력한 제재를 실행했다.[48] 즉 지역 경찰이 개별 교단의 본부나 지부를 상대로 포교, 수금, 집회를 금지하는 명령을 내려서 교도들의 탈교, 전교, 개종을 유도하는 방식인 것이다.[49] 정산이 이러한 명령을 실제 받은 시기는 1936년 6월 16일로 다음의 기사를 통해 확인할 수 있다.

> 정읍군 태인면 태흥리에 있는 무극도는 … 도주 조철제를 지난 十六日 오전 十一時경에 정읍경찰서에 호출하야 포교, 성금, 집회를 폐지함과 동시에 조철제 자신의 단발을 엄명한 바 조는 황공한 태도로 명령에 복종할 것을 서약하였다 한다.[50]

이후 각 지역의 무극도 지부로 압력과 해당 지역 경찰서의 조치가 내려졌다.[51] 따라서 정산이 종교단체해산령, 또는 유사종교해산령

---

46 고병철, 앞의 책, p.390 참조.
47 권동우, 앞의 글, pp.44-49 참조.
48 같은 글, pp.56-61 참조.
49 같은 글, p.59, pp.68-69 참조.
50 「無極道에도 鐵鎚」,《매일일보》1936.6.18.

으로 1936년 1월 무극도를 해산했다는 전승은 신빙성이 크지 않다. 이는 1936년 연초를 전후로 한 시기에 정산이 입건되어 정읍경찰서에 출석하는 일이[52] 있었음에도 전북경찰은 무극도의 해산을 적극적으로 유도할 생각이 없었다는 사실로도 방증된다. 전북경찰의 공식적 입장은 무극도의 교지에는 법적인 저촉점이 없고 내부 분규로 와해되고 있어서 적극적인 조치가 필요없다는 것이다.[53]

결국 1936년 무극도를 해산했다는 주장은 1936년 1~2월에 본격적으로 시작되어[54] 1936년 6월 포교, 성금, 집회 금지 조치로 정점에 이른 탄압에 대응하여 정산이 종교활동을 지하화하기 위해 태인도장을 떠난 것을 무극도 해산으로 해석한 것이다. 이러한 역사 해석은 1936~45년까지의 10년을 잠룡회룡도수로 보는 전승 및 교리 해석

---

51 「安東無極教도 切集會禁止」,《매일신보》1936.6.30; 「無極大道教徒의 心田開發 第一步」,《매일신보》1936.7.7 참조.
52 「(十) 所謂無極道妖怪相」,《매일신보》1936.2.13 참조.
53 「愛慾과 物慾의 生活로 瓦解될 無極大道教」,《동아일보》1936.1.16 참조.
54 《매일신보》는 1936년 1월 26일부터 2월 14일까지 총 11회에 걸쳐 무극도의 부정적 이미지를 대대적으로 보도했다. 권동우는《매일신보》가 당시 총독부 기관지의 성격을 지녔다고 평가하고 당시에는 유래가 없었던 연속보도를 통해 총독부와 언론이 무극도에 대한 포위망을 좁히면서 탄압을 강화했다고 보았다. 권동우는 총 11회의 보도 중 3회는 보도된 바가 없고 7회와 10회는『한국역사정보통합시스템』(www.koreanhistory.or.kr)에서 내용을 확인할 수 없다고 했는데 3, 7, 10회 모두 국립도서관의 마이크로필름으로는 확인할 수 있으며 1회의 제목은 "民衆을 茶毒한 無極道의 極惡相"으로 다른 회차와 차이가 있다. 권동우, 앞의 글, p.68 참조; 「民衆을 茶毒한 無極道의 極惡相 (一)」,《매일신보》1936.1.26; 「[二] 所謂無極道妖怪相」,《매일신보》1936.1.31; 「[三] 所謂無極道妖怪相」,《매일신보》1936.2.4; 「[四] 所謂無極道妖怪相」,《매일신보》1936.2.5; 「[五] 所謂無極道妖怪相」,《매일신보》1936.2.6; 「[六] 所謂無極道妖怪相」,《매일신보》1936.2.7; 「[七] 所謂無極道妖怪相」,《매일신보》1936.2.8; 「[八] 所謂無極道妖怪相」,《매일신보》1936.2.9; 「[九] 所謂無極道妖怪相」,《매일신보》1936.2.11; 「[十] 所謂無極道妖怪相」,《매일신보》1936.2.13; 「[十一] 所謂無極道妖怪相」,《매일신보》1936.2.14 참조.

과 깊이 연관되어 있다. 10년간의 잠룡회룡도수라는 전승과 해석이 등장하면서 1935년말 이루어진 무극도 탄압과 이에 대한 정산의 대응을 '종교단체해산령'에 의한 무극도 해산으로 보는 서술이 나타나기 때문이다. 10년의 잠룡회룡도수는 1980년대까지 나타나지 않았던 전승이며 1987년 새롭게 등장했다.

문제는 이 역사 해석이 정산에 의해 감수된『태극도통감』(1956)의 무극도 해산 시점과 모순된다는 점이다. 따라서 1936년 무극도에 가해진 폭압과 이에 대한 정산의 대응이라 할 수 있는 교단의 비밀결사 전환을 무극도 해산으로 보는 관점은 정산을 연원으로하는 대순 신앙체계에서는 용인되기 어렵다. 정산은 1936년 태인도장을 떠났지만 종교활동을 중지한 바 없으며 교단을 다시 비밀결사 조직으로 전환하여 1941년까지 유지했다.[55] 이 시기 무극도는 비밀포교를 행하는 비밀종교유사단체로 분류되어 단속의 대상이었다고 볼 수 있다.[56]

---

55 1936년 정읍본부에의 출입이 금지된 후에도 각 지방에서 일부교도들이 활동을 지속한 것은 확인된다. 권동우, 앞의 글, pp.71-72 참조.『태극도요람』이나『태극도통감』재판에는 1940년, 1941년 정산이 도인과의 연락을 부활했다는 기사가 있다. 이는 오히려 1941년까지 정산이 비밀결사로서 종교활동을 지속했다는 전승이 존재했음을 잘 보여준다.『진경전서』에는 신빙성이 없는 전승들이 많이 수록되어 있지만 1936~41년의 기사를 분석해 본다면 정산이 일부 간부나 신도들의 도움으로 비밀결사로서 종교활동을 지속했다는 사실을 알 수 있다.『태극도요람』, pp.43-44; 태극도편찬위원회,『태극도통감』재판, p.27; 태극도편찬위원회,『진경전서』, pp.320-324 참조. 대순회보의 다음 기사도 도장폐쇄 이후 정산이 교단을 지하운동으로 전환했다는 전승이 있었음을 알려준다. "일제때 조정산께서는 민족의 얼을 전승시킬 수 있는 민족종단을 창도하시고 종교활동을 전개하시던중 일제의 민족종교 말살정책에 따라 그 해산령에 의거 도장의 문이 닫히고 강제로 폐쇄당함에 종교운동은 지하운동으로 화하고 수난의 역사가 지속되었다." 「숙원의 「大眞高校」가 道峰區에 세워진다」,『대순회보』2 (1984), p.3.
56 아오노 마사아키, 앞의 책, pp.417-419 참조.

우당에 의해서 확립된 1941년의 무극도 해산 기사는 정산에 의해 감수된 것으로 신빙성이 크다. 하지만 해산의 원인으로 지목된 '종교단체해산령'이 실재하지 않았다. 그렇다면 '종교단체해산령'이 의미하는 바에 대해서는 새로운 관점에서 이해해 볼 필요가 있다. 만약 1941년 정산과 무극도 교인에게 모든 종교단체에 대한 해산령으로 인식될 수 있었던 일제의 법령 변화가 있었다면 사실상 '종교단체해산령'은 존재했다고 볼 수 있다. 다시말해 1941년에 조선의 모든 종교활동에 영향을 미치면서 비밀결사로서의 무극도 종교활동조차도 중지해야할 정도로 치명적이고 위협적인 법령이 새롭게 발효되었다면 이는 '종교단체해산령'으로 전승되었을 가능성이 크다는 의미이다. 이를 확인하기 위해서는 1940년대에 이루어진 종교 관련 법령을 확인해 볼 필요가 있다.

1940년 4월 일본에서는 종교결사제도를 도입하는 내용을 담은 〈종교단체법〉이 시행되었지만 조선총독부는 이를 조선에 적용하지 않고 기존 〈포교규칙〉을 계속해서 적용했다. 조선에 일본 본토의 〈종교단체법〉을 적용한다면 이는 3·1운동 이후에 조선에 전개된 회유의 방침으로 돌아가는 상황이 되었기 때문이다. 오히려 총독부는 〈포교규칙〉을 일부 개정하여 유사종교와 공인종교 양자 모두에 대한 단속을 강화하려는 의지를 지니고 있었다.[57] 이러한 상황에서 1941년 3월 종래 7개조였던 〈치안유지법〉이 65개조로 확장 개정되고 5월에 시행 발효되었다. 〈치안유지법〉으로도 조선의 모든 종교

57 같은 책, p.396, pp.422-423 참조.

에 대한 단속과 통제가 가능했기에 이후 〈포교규칙〉은 개정되지 않았다.[58]

　개정된 〈치안유지법〉의 특징은 치안유지 위반 범위의 확대였다. 즉 '국체를 부정하고 신궁이나 황실의 존엄을 모독할 수 있는 사항의 유포'를 목적으로 한 결사에 연관된 이들까지 그 적용 범위가 확장된 것이다.[59] 기존의 〈치안유지법〉이 '국체의 변혁이나 사유재산제도의 부인을 목적으로'한 결사에 대해 적용되었다면 새롭게 들어간 법령 7조는 '국체의 변혁'이 아니라 '국체의 부정'을 강조하고 있다. 이 경우 고사기나 일본서기의 신들과는 이질적인 신을 모시는 종교 단체는 필연적으로 국체를 부정하는 결사가 되며 치안유지법의 적용을 받는다.[60] 결국 개정된 〈치안유지법〉은 모든 종교의 교의에까지 엄격한 잣대를 들이대게 된 것이다.

　더불어 신궁과 황실의 존엄을 모독하는 사항을 유포할 목적을 지닌 결사로까지 그 대상을 확장했기에 신사나 천황에 대한 의례를 거부하거나 비판하는 이들까지 〈치안유지법〉의 처벌 대상이 되었다고 볼 수 있다. 결과적으로 치안유지법 7조는 치안유지를 명분으로 '조선인의 이상적 일본인화'를 추진하려던 법적 장치였으므로[61] 신앙과 사상의 자유를 제한했고, 일본의 국가 신도 체계를 수용하지 않는 종교 신앙과 언동을 처벌할 수 있었고[62] 이와 관련된 결사를 해산

58　같은 책, p.423 참조.
59　고병철, 앞의 책, p.164 참조.
60　아오노 마사아키, 앞의 책, p.398 참조.
61　고병철, 앞의 책, p.165 참조.
62　포교수단으로서의 언동이 국체를 부정하는 행위로 인식되었을 가능성에 대해서

할 수 있는 법령이었다.

따라서 이 법령이 시행된 1941년 5월 이후 일본의 국체와 국가신도 체계에 동조할 수 없었던 종교 단체의 활동은 중지될 수밖에 없었다. 또한 비밀결사로 활동하던 신종교 활동은 포교시의 교인의 언동만으로도 처벌 대상이 되어 상당히 위험한 상황으로 내몰릴 수 있었다. 정산과 무극도의 교인이 이를 일제의 전면적인 '종교단체해산령'으로 인식했을 가능성은 크다.

이상의 논의를 종합한다면 무극도는 1936년까지 합법적인 종교적 결사로 인정되었지만 일제의 탄압에 따라 1936년 비밀결사로 전환되어 1941년까지 비밀리에 종교활동을 지속하였고, 1941년 사실상 사상 검증에 해당하는 치안유지법이 개정 발효되자 신도들을 보호하고자 비밀결사 활동까지 중지하면서 해산했다고 할 수 있다.

IV. 맺음말

무극도 역사에 대한 서술은 종단사의 기초를 정립하는 작업으로 큰 의의를 지니고 있지만 종단의 창립과 해산 시점에 대한 상이한 서술이 나타나는 문제점을 보여왔다. 본 연구는 상이한 서술에 대한 검토를 통해 그 원인을 세밀하게 분석하고 어떠한 서술이 대순종학의 관점에서 채택되어야 하는지를 확인했다는 점에서 의의를 지

는 아오노 마사아키, 앞의 책, p.424 참조.

닌다.

상이한 서술의 가장 큰 원인은 무극도의 역사, 즉 정산의 행적에 대한 부정확한 전승과 이에 기반한 역사 해석이 면밀한 고증이나 검증없이 자료화된 것을 들 수 있다. 1950~60년대 수집된 정산의 행적을 기반으로 작성된『전경』은 다른 교단 자료들에 비해서 앞서고 정확하지만[63] 무극도 역사의 정보 기반으로는 거의 활용되지 않았다. 오히려 1970~80년대에 수집된 정산 관련 전승을 집성하고 새롭게 해석한 1980년대 후반의 태극도 경전이 무극도 역사의 정보 기반으로 자주 활용되었다. 일반적으로 무극도와 태극도의 관련성이 무극도와 대순진리회의 관련성보다 더 깊다고 이해되었기 때문일 것이다.

하지만 1968년의 태극도 분열과 1969년 대순진리회 창설 및 전개 과정을 보다 깊이 천착한다면,[64] 대순진리회가 무극도와 태극도의 후신으로서의 정체성을 명확히 했고, 이에 따라 1950~60년대에 수집된 정산 관련 전승을 1974년에 가장 앞서서 경전으로 문헌화했다는 것을 확인할 수 있다.[65] 또한 무극도 서술에 있어서도 정산의 견

---

63 여기에 관해서는 박상규,「무극도 관련 문헌 연구: 비교 및 고증을 중심으로」,『대순사상논총』41 (2022), pp.43-45, pp.50-54 참조.

64 1968년 7월 우당이 감천도장을 떠난 후 태극도는 정산의 아들인 조영래를 중심으로 한 구파와 우당을 추종하는 신파, 즉 태극도정신회(태극도정신대책위원회)로 분열되었는데 태극도정신회는 1970년까지 부산의 태극도내에서 활동하다가 1971년 대순진리회에 합류했다. 대순진리회 측의 자료이지만 1968년의 분열 당시 지방포장부터 포령까지 총 189명 중 정신회 소속은 136명으로 실제 포교활동을 했던 간부들 중 우당을 추종하는 이는 2/3를 넘었던 것을 확인할 수 있다. 따라서 대순진리회는 태극도의 조직 및 인적 자원 대부분을 충실하게 승계했다고 볼 수 있다.『성제일지』, 1971.3.26, 1971.4.9, 1971.4.10, 1971.4.11, 1971.4.12 참조.

65 박상규,「무극도 관련 문헌 연구: 비교 및 고증을 중심으로」, pp.43-45 참조.

해를 수정 없이 계승했음을 확인할 수 있다. 이는 부산 태극도장의 80년대 경전과는 달리 대순진리회『전경』은 정산이 정립한 신앙체계를 변경하지 않았다는 사실로 방증된다.[66]

그럼에도 불구하고 일부 대순종학 연구자들의 경우『전경』보다 1980년대에 발간된 부산 태극도장 문헌을 참고한 사전이나 논문을 무극도 서술에 활용했고, 이로 인해 대순종학 내에서 무극도와 관련된 상이한 기술이 지속적으로 나타나고 있다. 대순종학의 무극도 연구에 있어서 대순진리회의 경전인『대순진리회요람』과『전경』을 활용한다면 상이한 서술은 더 이상 나타나지 않을 것이다.

대순 신앙체계와 부합하면서도 일제의 종교 정책 및 여러 문헌 정보와도 모순되지 않는 무극도 창도와 해산 시기 등이 본 연구를 통해 고증되었다. 고증된 핵심 사항을 다음과 같이 정리하면서 최종적인 결론을 대신하고자 한다. 첫째, 종단 무극도의 태동은 1909년 4월 28일 정산의 봉천명이다. 둘째, 종단 무극도의 창도, 즉 탄생은 정산이 태인도장을 이룩하고 이곳을 중심으로 공식적인 종교활동을 시작하는 1925년 4월이다. 셋째, 종단 무극도는 1925년 교단을 공개하고 '종교유사의 단체'로 인정받았다. 넷째, 1936년 일제의 유사종교 단체 해산 방침으로 탄압이 강화되자 정산은 태인도장을 떠나면서 종단을 비밀결사로 전환하고 1941년까지 은밀하게 종교활동을 전개한다. 다섯째, 정산이 무극도를 해산하는 시기는 강화된 〈치안유지법〉이 발효되어 일본의 국체를 인정하지 않는 모든 종교 결사와

---

66 같은 글, pp.47-50 참조.

종교적 언동의 처벌이 가능해진 1941년 5월 이후이다. 여섯째, 도장이 총독부에 기증되는 시기는 1942년 4월이다.

참고문헌

대순진리회교무부, 『전경』 초판, 서울: 서울대학교출판부, 1974.

_____, 『대순진리회요람』 1985년판, 서울: 대순진리회교무부, 1985.

교화부편찬실, 『수도요람』, 부산: 태극도교화부, 1963.

태극도본부교화부, 『태극도안내서』, 부산: 태극도본부교화부, 1966.

태극도편찬위원회, 『진경전서』, 부산: 재단법인태극도, 1987.

_____, 『태극도통감』 재판, 부산: 태극도출판부, 1989.

『규정』, 부산: 태극도, 1963.

『태극도통감』, 부산: 태극도본부, 1956.

『태극도요람』, 부산: 태극도신도회, 1980.

『성제일지』

고병철, 『일제하 종교 법규와 정책, 그리고 대응: 종교 법규와 종교 범주의 관계, 그리고 남긴 숙제들』, 서울: 박문사, 2019.

권동우, 「'유사종교해산령'의 실체에 관한 연구: '무극도' 사례를 중심으로」, 『한국학』 44-4, 2021.

김해구, 「전인류를 구원할 수 있는 기틀: 창도 오십주년을 맞으면서」, 『태극도월보』 11, 1968.

김철수, 『잃어버린 역사 보천교』, 대전: 상생출판, 2017.

대순종교문화연구소, 「무극도 해산시기에 대한 고찰」, 『대순회보』 85, 2008.

박상규, 「무극도 관련 문헌 연구: 비교 및 고증을 중심으로」, 『대순사상논총』 41, 2022.

_____, 「근대 한국 신종교의 조직 연구: 연원제를 중심으로」, 한국학대학원 박사학위 논문, 2021.

박한경, 「연두사」, 『태극도월보』 (구)1, 1967.

아오노 마사아키, 『제국신도의 형성』, 배귀득 · 심희찬 옮김, 서울: 소명출판, 2017.

안후상, 「식민지시기 보천교의 '공개'와 공개배경」, 『신종교연구』 26, 2012.

윤이흠,『일제의 한국 민족종교 말살책』, 서울: 모시는사람들, 2007.

종단역사연구팀,「황새마을을 찾아서」,『대순회보』191, 2017.

「봉천명치성 봉행」,『대순회보』38, 1993.

「숙원의「大眞高校」가 道峰區에 세워진다」,『대순회보』2, 1984.

「진법구현 … 66년사」,『대순회보』1, 1983.

「창도일 기념치성 성대」,『태극도월보』11, 1968.

全羅北道,『無極大道敎槪況』, 1925.

「無極敎徒속혀 사긔한자피소」,《조선일보》1925.5.28.

「无極敎解散命令」,《조선일보》1925.3.27.

「無極大道敎徒의 心田開發第一步」,《매일신보》1936.7.7.

「無極道에도 鐵鎖」,《매일신보》1936.6.18.

「民衆을 茶毒한 無極道의 極惡相 (一)」,《매일신보》1936.1.26.

「[二] 所謂無極道妖怪相」,《매일신보》1936.1.31.

「[三] 所謂無極道妖怪相」,《매일신보》1936.2.4.

「[四] 所謂無極道妖怪相」,《매일신보》1936.2.5.

「[五] 所謂無極道妖怪相」,《매일신보》1936.2.6.

「[六] 所謂無極道妖怪相」,《매일신보》1936.2.7.

「[七] 所謂無極道妖怪相」,《매일신보》1936.2.8.

「[八] 所謂無極道妖怪相」,《매일신보》1936.2.9.

「[九] 所謂無極道妖怪相」,《매일신보》1936.2.11.

「[十] 所謂無極道妖怪相」,《매일신보》1936.2.13.

「[十] 所謂無極道妖怪相」,《매일신보》1936.2.13.

「[十一] 所謂無極道妖怪相」,《매일신보》1936.2.14.

「安東無極敎도 切集會禁止」,《매일신보》1936.6.30.

「愛慾과 物慾의 生活로 瓦解될 無極大道敎」,《동아일보》1936.1.16.

제3장

『태극도통감』 수서본(手書本) 고증

팔괘도와 해설을 중심으로

Ⅰ. 머리말

대순종학에 있어서 『태극도통감』은 귀중한 문헌이다. 대순진리회 전통, 즉 무극도, 태극도, 대순진리회라는 연속된 전통의 역사상 공식 출판된 최초의 문헌이며 경전적인 성격을 지니고 있기 때문이다.[1] 현재 남아있는 『태극도통감』은 활자본과 수서본(手書本) 두 종류이다.[2] 활자본의 경우 서지사항에 간행 시기가 없다. 전승에 따른다

---

1 무극도 시기 종단에서 생산된 문헌은 『무극대도교개황』(1925), 『朝鮮の類似宗教』(1935) 등의 관변문서에 일부가 남아있는 것으로 보인다. 하지만 문헌의 제작그 정확한 기원이 밝혀진 바 없어 공식 출판으로 보기는 어렵다. 박상규, 「무극도 관련 문헌 연구 - 비교 및 고증을 중심으로 - 」, 『대순사상논총』 41 (2022), pp.32-42 참조.

2 본 글에서는 출판본을 활자본으로 필사본을 수서본으로 표기한다. 연구의 목적이 필기된 문헌이 초고본인지 필사본인지를 구별하는데 있어서 개념을 보다 세밀하게 할 필요성이 있기 때문이다. 연구에 활용된 활자본과 수서본 모두 서울 중곡동에 소재한 대순진리회 종무원에 보관되어 있었던 문헌의 사본을 활용했다. 우당을 따르면서 부산에서 활동하던 태극도정신회가 1971년경 서울의 대순진리회에 합류하면서 산에서 지니고 올라왔던 문헌의 하나이다.

면 간행 년은 1956년으로 전해진다. 이는 근초인(謹抄人)으로 기재된 '도인대표 박경호', 즉 우당(牛堂, 1917~1995)이 수포감(首布監)이 되어 도인대표의 지위에 오르는 시점이 1955년 하반기이고,[3] 서지사항의 발행소인 태극도 본부의 주소가 "부산시 보수동 1가 21번지"로 되어 있다는 점에서도 어느 정도 입증된다. 1956년 11월(음력)에 태극도 본부는 부산의 보수동에서 감천으로 옮겨지기 때문이다.[4]

활자본의 경우 편찬자와 발행인을 의미하는 근초인과 발행자가 명확하기에 사실 특별한 고증이 필요하지 않다. 하지만 수서본의 경우 근초인만 있고 필사년이나 필사자는 없어서 언제 어디서 제작되었는지 알 수 없다. 이러한 이유로 수서본의 경우 초고본(草稿本)일 수도 있다는 주장이 제기되었다. 출판된 『태극도통감』활자본을 필사(筆寫)한 것이 아니라 『태극도통감』의 근초인인 우당이 직접 출판을 위해 쓴 원고본(原稿本)이라는 주장이다. 이 주장은 수서본의 필체가 근초(謹抄)를 맡았던 우당의 필체와 유사하다는 이유에서 개연성을 지니면서 확산되기도 하였다. 하지만 필체의 유사성은 과학적으로 입증된 바가 없다.[5]

만약 수서본이 활자본과 내용상 현격한 차이가 없다면 수서본이

---

3 우당의 포감 임명은 1955년 5월이다. 「대구고등법원 판결문」, 檀紀4293 刑控公 第988호, 1961년 3월 31일, p74.

4 "보수동 일대 야산에는 6·25사변 후 도인 마을이 형성되었고 그로부터 9년만인 병신년(丙申年, 1956년)에 감천으로 옮겨가게 되었다." 『우당 훈시』〈1988. 10.27.〉; "도주님께서 병신년(1956) 음력 11월 초하룻날 보수동에서 감천으로 넘어오셨다. 그 당시 지방에 있는데 도주님께서 나(도전님)를 부르셔서 내(도주님)가 이젠 감천으로 옮겨야겠다고 하셨다." 『우당 훈시』〈1989.5.22.〉 참조.

5 현재 우당의 필체를 확인할 수 있는 공식적인 문헌은 확인할 수 없다.

초고(草稿)인지 필사(筆寫)인지는 사실 중요하지 않다. 이 경우 수서본이 수고본(手稿本), 즉 집필자나 편찬자가 직접 쓴 원고인지를 밝히는 것이 중요하다. 수고본은 집필자나 편찬자와 관련된 역사적 유물로서의 가치가 크기 때문이다. 반대로 수서본이 활자본과 내용상 의미 있는 차이를 보인다면 수서본이 초고인지 필사인지는 중요한 문제가 된다. 일반적으로 초고에 집필자나 편찬자의 사유가 보다 정확하게 반영되었다고 평가되기 때문이다.

『태극도통감』 활자본과 수서본을 비교하면 본문 내용은 크게 차이를 보이지 않는다. 글자의 누락이나 문단 구성 등을 제외한다면 대부분의 내용이 동일하다. 사실 큰 차이를 보이는 곳은 본문이 아니라 부록이다. 활자본의 경우는 부록이 없지만 수서본의 경우는 부록이 있는 것이다. 수서본의 본문 뒤에는 부록이라 명기하진 않았지만 모두 4쪽의 문헌이 첨부되어 있는데 복희팔괘방위도(이하 복희팔괘도), 문왕팔괘방위도(이하 문왕팔괘도), 정역팔괘도의 도상 및 관련 해설, 그리고 무이구곡가로 구성되어 있다. 즉 희역, 주역, 정역 그리고 무이구곡가 등 대순사상 연구에 있어서 중요한 자료를 다루고 있다.

만약 『태극도통감』 수서본을 초고본으로 본다면 부록이 세 가지 팔괘도와 해설은 내순 종단 공식 문헌 중 거의 유일하게 체계화된 역학(易學) 텍스트라는 위상을 지니게 된다. 복희팔괘도, 문왕팔괘도, 정역팔괘도와 이와 관련된 해석이나 기술은 수서본을 제외하고는 지금까지 대순 종단의 문헌에서 독립적으로 자세하게 다루어진 바가 거의 없기 때문이다. 필자가 『태극도통감』 수서본에 대한 고증을 통해 문헌의 가치를 엄밀하게 평가하려고 본 논문을 기획한 것은 바로 이러한 연유에서이다. 수서본 부록의 팔괘도와 해설이 대순역학(大巡易學)의 공식 텍스트로 활용될 수 있는가의 문제에 대한 답을 구하는 것이다. 실제 수서본 부록을 공식 텍스트처럼 활용한 대순역학 연구가 2023년 이봉호에 의해 이루어졌다는 사실도 본 연구가 시급히 필요하다는 것을 잘 보여준다.[6]

『태극도통감』 수서본의 부록에 기재된 세 가지 팔괘도와 관련 해설의 자료로서의 가치는 수서본 고증 결과에 좌우될 수밖에 없다. 수서본이 초고본이라면 세 가지 팔괘도와 관련 해설은 정산이나 우당의 사유를 반영하고 있다고 평가되어 대순역학의 텍스트로 자리매김할 수 있다.[7] 하지만 필사본이라면 활자본을 필사한 뒤에 개인적 필요에 따라 비공식적 자료를 첨부했다고 볼 수 있어 부록의 팔괘도와 해설은 당시 태극도에서 유행하고 있었던 여러 역학 담론 중 하나로 평가될 수밖에 없다. 수서본 부록은 대순 역학의 텍스트가 아니라 참고 자료로서의 위상만을 지니게 되는 것이다.

이글의 목적은 『태극도통감』 수서본이 '초고본'인지 '필사본'인지를 고증하는 것이다. 이 고증 작업은 활자본과 수서본 본문을 비교한 뒤 확인되는 차이를 통해 두 문헌 간의 선후 관계를 규명하고,

---

6　이봉호, 「『태극도통감』의 도상을 통해 본 대순사상의 '선ㆍ후천' 개념」, 『대순사상논총』 47 (2023), pp.65-103 참조.

7　『태극도통감』은 '도인대표 박경호 등'이 근초했다고 되어 있다. 도인 대표로 통감 편찬의 책임을 맡은 이가 박경호라는 의미이다. 박경호는 우당의 자(字)이기에 『태극도통감』은 정산의 명에 따라 우당의 책임 아래 초(抄)되고 편찬되었으며 최종적으로 정산이 감수를 했다고 보아야 한다. 집필자는 정산이고 우당은 '도주약력'만을 초(抄)했다는 전승도 있다. 『태극도통감』의 편찬에 정산과 우당이 모두 관여했음은 분명하다.

지금까지의 대순역학 연구에서 텍스트로 사용된 문헌과 수서본 부록의 팔괘도와 그 해설을 비교 분석하여 그 차이를 통해 수서본 부록의 정확성을 평가하는 순서로 진행할 것이다.

Ⅱ. 활자본과 수서본 본문 비교

먼저 1956년 『태극도통감』의 활자본과 수서본의 본문을 비교하여 문헌 간의 차이가 시사하는 바를 밝히고자 한다. 활자본 『태극도 통감』은 공식 출판물로 정본(正本)이다. 따라서 활자본을 기준으로 하여 수서본이 어떠한 차이를 보이는지를 서술하는 방식이 적절하다.

구성면에서 본다면 활자본은 '태극도취지서', '태극도 종통과 강령', '기원', '신조(사강령, 삼요체)', '도인의 수칙', '지도체계', '도주약력', '서지사항'의 순서로 되어 있다. 수서본 역시 유사한 구성을 지니고 있지만 몇 가지 의미 있는 차이를 보인다. 첫째, '도인의 수칙'과 '지도체계' 항목이 없다. 둘째, '태극도취지서'는 '취지서'로, '대극도 종통과 강령'은 '도 종통과 강령'으로 제목이 축약되어 있다. 셋째, 서지사항에서 활자본은 근초인을 '도인대표 박경호 등' 복수로 표기한 반면, 수서본은 '도인대표 박경호'의 단수로 기재하면서 발행소와 그 주소를 생략하고 있다.

이와 같이 구성면에서 보이는 차이는 수서본이 내부인을 대상으로 한 필사본임을 가정할 때 쉽게 설명될 수 있다. 차이를 보이는 부분이 태극도의 신도에게는 잘 알려져 있거나 생략해도 오해의 소지가 없는 항목이나 단어에 국한되어 있기 때문이다. 특히 서지사항의 차이는 1956년 11월 이후 태극도 본부가 부산 보수동에서 감천으로 옮겨졌고, 1958년 3월 정산의 화천과 우당의 종통계승이 이루어졌다는 사실에 비추어 본다면 자연스러운 귀결로 볼 수 있다. 태극도 본부의 주소를 '보수동 1가 21번지'로 기재한 활자본은 감천에 영대를 모신 1957년부터는 수정되어야 했고, 우당이 종통을 계승한 1958년부터는 근초인을 우당 단독으로 하는 것이 종단의 상황에 더 부합하기 때문이다. 물론 초고본에서 '도인의 수칙'과 '지도체계'를 생략했다가 활자본 출판 전에 추가했을 가능성을 완전히 배제할 수는 없지만 제작 시기에는 이미 '도인의 수칙'이나 '지도체계'가 명확히 확립되어 있었기에 정산이나 우당이 종단에서 처음 공식적으로 발행하는 문헌 초고에 이를 누락했다는 추측은 신빙성이 떨어진다.

이러한 관점에서 본다면 수서본은 1958년 이후 내부에서 개인적으로 활용하기 위해 활자본을 축약하고 수정해서 만든 필사본일 개연성이 크다. 이는 수서본이 정산의 명으로 편찬된 원고로 보기에는 전반적인 구성에서 많은 문제를 지니고 있다는 점에서도 방증된다. 대표적인 것으로는 단락 표시의 차이를 지적할 수 있는데, 활자본에서 줄 바꿈을 통해 단락을 나눈 곳 대부분을 수서본에서는 공백을 늘인 띄어쓰기로 대체하고 있다. 수서본이 초고본이라면 이는 활자화 과정에서 집필자나 편집자의 의도를 정확하게 반영하기 어려운 표기 방법이다. 『태극도통감』의 실제 집필자가 정산인지 우당인지에 대한 사실관계와는 별개로 편집을 책임진 이가 우당이고 최종 감수자가 정산이라는 것이 명확하기에 초고본은 정산이나 우당의 의도를 구체적으로 반영하여 정서(淨書)되었어야 한다. 하지만 구성적 측면에서 본다면 수서본은 정서와는 상당한 거리가 있다. 후반으로 갈수록 흘려쓰기가 심해지고 있다는 점도 수서본이 초고본이 아니라는 것을 보여준다.[8]

수서본이 필사본임을 입증하는 가장 결정적인 증거의 하나는 수서본의 여백에 있는 표기이다. 특히 6a쪽 오른편 여백에 있는 謄(등)이라는 표시에 주목할 필요가 있다. 문헌이 원본을 옮겨적은 것임을 뜻하는 등(謄)의 표시가 책의 중간 부분에 기재된 것은 수서본이 필사본임을 입증한다. 수서본을 만들면서 원본을 옮겨쓴 것이라는 표시를 필사자가 남긴 것이다. 6b쪽부터 7b쪽까지 나타나는 위쪽 여백의 기호도 활자본을 옮기면서 누락된 부분을 수정한 것으로 보는 것이 적절하다. 일반적으로 세로쓰기 필사본이 필사 오류를 수정하는 방식은 글자를 지우고 쓰거나 원래의 자리 옆에 첨자하거나 위쪽 여백에 표기하는 방식으로 이루어졌기 때문이다.

구성면이 아니라 실제 내용상의 차이도 수서본이 초고본이 아님을 방증한다. 중요한 부분만을 요약하고 분석하면 다음과 같다.

---

8 『태극도통감』 활자본과 수서본은 쪽 수가 다르다. 구성면에서 차이를 보이는 데서 기인하지만 활자본은 표지를 쪽수에 포함하지 않으나 수서본은 표지부터 쪽수를 기재하고 있기 때문이기도 하다. 더하여 수서본은 한 면을 한 쪽으로 배정하는 전통적인 필사본에서 자주 사용되는 방식을 취하고 있다. 쪽수 구성방식을 통해 수서본이 오래된 형태임을 주장할 수 있다. 하지만 1960년대까지도 이러한 필사 방식이 존재했다는 점에서 본다면 쪽수 구성방식은 수서본이 활자본에 선행했다는 주장의 근거가 되기는 어렵다. 본 글에서는 수서본의 쪽수를 1a, 1b, 2a, 2b 등으로 표기한다.

① 수서본 2a쪽의 "宇宙之宇宙"는 활자본에는 "宇宙之爲宇宙"로 되어 있는데 의미로 본다면 활자본이 정확하다. 활자본은 '우주가 우주된 것은'으로 번역되나 수서본은 '우주의 우주는'으로 번역되어 의미가 통하지 않는다.

② 수서본 2a쪽의 "外此無極로曰"은 활자본에는 "外此無極故로曰"이다. 수서본에는 故가 빠져있다. 고(故)가 삽입되어야 "이 밖에 극이 없으므로 일러 (태극이라 하고)"로 자연스럽게 해석되기에 필사 과정의 누락으로 보아야 한다. 다음 문장인 "惟一無二故로曰"과는 댓구의 관계에 있다는 점에서도 필사 시의 누락이 분명하다.

③ 수서본 2a쪽의 "群生萬物之爲 群生萬物이"에는 수정한 흔적이 발견된다. 한글 '이'와 한자 '之'가 겹쳐 있는데 한글로 '이'를 적고 그 위에 之를 덮어 표기했다. 이는 '群生萬物之爲'를 빠트리고 '群生萬物이'를 적다가 실수를 인지하고 之를 덮어 표기한 것이다. 활자본을 옮겨 적다가 발생한 것으로 보아야 한다.

④ 수서본 2a쪽의 "必有靈其人이 往來乎宇宙之間"은 활자본에는 "必有靈聖其人이 往來乎宇宙之間"으로 되어 있다. 필사본에는 '영성(靈聖)'이 '영(靈)'으로 표기되어 성(聖)이 누락되어 있다. 성(聖)이라는 중요한 개념이 누락된 수서본을 초고본으로 보기는 어렵다.

⑤ 수서본 2b쪽의 "間千萬年而一出하나니"가 활자본에는 "間千百年而一出하나니"이다. 수서본은 백(百)이 만(萬)으로 표기되어 있다. 이럴 경우 성인이 '천백년만에 내세'한다는 원래의 뜻

이 '천만년만에 내세'로 잘못 번역되어 버린다. 백(百)을 만(萬)으로 오기한 후 오류를 인지하지 못했다고 볼 수 있다.

⑥ 수서본 5a쪽의 "金生水하고水生木하고火生土하고"는 활자본에는 "金生水하고水生木하고木生火하고火生土하고"로 되어 있다. 수서본에는 "木生火하고"가 누락되어 있다. 오행상생의 리(理)를 설명하면서 매우 핵심적인 개념인 "木生火"를 누락한 것은 필사 오류로 보아야 한다.

⑦ 수서본 5b쪽의 "至奧至密하며 至玄至 妙하야"는 활자본에서는 ""至奧至密하며 至玄至妙하야'로 되어 있다. 수서본의 경우 당연히 이어져야 하는 문장을 특별한 이유 없이 띄어쓰고 있다.

⑧ 수서본 6b쪽의 안신(安身) 항목 중 "本然良心으로 本然還元"에는 '本然'을 썼다 지운 흔적이 있다. 앞의 문구인 '本然良心으로'를 반복하는 실수를 하다가 수정한 것으로 보는 것이 적절하다.

⑨ 수서본 6b쪽의 안신(安身) 항목 중 "非義非禮의 妄動치말 것"은 활자본에는 "非義非禮의 虛榮에 妄動치말 것"으로 되어 있다. 수서본에는 '虛榮에'가 빠져서 의미가 잘 통하지 않고 문법적인 문제까지 일으킨다. 수서본이 비문이기에 필사 오류이다.

⑩ 수서본 9a쪽의 "太極라 改稱하고"는 활자본에는 "太極道라 改稱하고"로 되어 있다. 종단의 명칭에 대한 오기이기에 집필자나 편찬자의 오류로 보기는 어렵고 필사 오류일 가능성이 크다.

위에서 언급하지 않은 활자본과 수서본이 지닌 차이를 표로 만들어 보면 다음과 같다. 대부분은 수서본의 오기로 분석되며 문장을 해석함에 있어 크게 문제가 되지는 않지만 글의 완성도를 떨어뜨리고 해석을 방해하는 문제를 일으킨다. 수서본에 나타나는 더 오래된 표현이나 맞춤법을 근거로 수서본을 선행 판본으로 보기도 어렵다. 필사자가 당시의 한글 맞춤법보다는 한학(漢學) 맞춤법에 익숙해서 나타난 문제일 수 있기 때문이다.

위치	활자본	수서본	차이
활자본 3쪽 수서본 3a쪽	往住上界하사	徃徃上界하사	住를 徃(往의 속자)로 오기하여 '가서 머무르다'는 의미가 '가고 가다'의 뜻으로 바뀌었다.
활자본 3쪽 수서본 5b쪽	後無托而所依	後無托而所以依	수서본에 以가 추가
활자본 4쪽 수서본 3b쪽	以信他事를	以信他事을	'를'을 '을'로 표기
활자본 4쪽 수서본 3b쪽	以至乎萬萬億億 吾先先萬萬億々吾後	以至乎萬々億々 吾先先萬々億々吾後	되풀이되는 글자를 々로 표기
활자본 10쪽 수서본 6b쪽	誘惑에 不動하고	誘或에 不動하고	惑을 或으로 오기
	常時 안정케할 것	當時안정케할 것	常을 當으로 오기
활자본 17쪽 수서본 8b쪽	苦心하심도	苦心하심을 도	'도'를 '을'로 오기한 후 수정
활자본 18쪽 수서본 8b쪽	外來的 波瀾도 또한	外來的 波瀾도또한	또한을 쏘한으로 표기
	重疊	重疊	疊은 정자와 속(간)자가 혼합된 형태

	苦盡力行이러시니	苦盡力行이러시니	'盡'의 오기
활자본 18쪽 수서본 9a쪽	宗敎團体解散令에 依하야	宗敎團体解散令에 依하여	'야'를 '여'로 표기
	맞이하야	맞지하야	'이'를 '지'로 표기
	國是에 따라	國是딸아	'에 따라'를 '딸아'로 표기
	今日에 至하섰음	今日에 至하엿음	존대어와 평어의 차이

Ⅲ. 수서본 부록의 팔괘도 도상 및 해설 고증

수서본 부록의 팔괘도를 비교 분석하기 위해서는 대순종학에서 경전적인 지위를 지니는 문헌 중 역학(易學)을 다룬 것이 있는지를 확인할 필요가 있다. 대표적으로 두 가지 문헌이 존재한다고 평가되는데 『채지가』와 우당의 훈시이다. 『채지가』는 경전은 아니지만 우당이 태극도를 영도하던 시기와 대순진리회 설립 이후에 출판까지 한 한글가사이다.[9] 『채지가』 중 '칠월식과' 부분에는 희역, 주역, 정역을 시대에 따른 역의 변화로 설명하면서 그 원리, 특징, 시대상을 설명하는 내용이 나타난다. 우당의 훈시에도 채지가와 유사한 내용이 나타나고 있는데 역시 시대에 따른 역의 변화로 희역, 주역, 정역을 규정하고 있다. 비교를 위해 두 문헌에서 꼭 필요한 부분을 발췌하면 다음과 같다.

---

9 『채지가』는 우당이 종단을 영도하던 시기에 총 2회 간행되었다. 1967년에는 태극도에서, 1978년에는 대순진리회에서 출판되었다. 편찬실 편, 『채지가』 (부산: 태극도본부, 1967); 『채지가』 (서울: 대순진리회교무부, 1978) 참조.

복희선천 어느땐고 춘분도수 되었으니 하도용마 나설적에 천존시대 천도로다
건남곤북 하올적에 이동감서 되었구나 목신사명 하올적에 근본본자 봄춘자요
선천팔괘 희역인데 천지비괘 되었더라 황극운이 열렸으니 구십이 중궁일세
건곤정위 감이용사 성인세계 법이로다 문왕팔괘 하지운수 화신사명 여름하자
이남감북 지팔괘는 진동태서 되었구나 수화기제 마련하니 오십토가 중궁이라
희역이 주역되니 음양난잡 시대로다 중니여래 시위하고 영웅호걸 도위로다
선천운이 지나가고 후천운이 돌아온다 인존시대 되었으니 주역이 정역된다
지천태괘 되었으니 금신사명 하실적에 가을가을 노래하니 추분도수 되었구나
신유금풍 찬바람에 만물성숙 좋은때라 초복중복 다지나고 말복운이 이때로다
곤남건북 하올적에 간동태서 되었구나 천지정위 하올적에 산택통기 되었도다
이칠화가 중궁되니 오십토가 용사하네 수생화화생금하니 상극이 상생된다.
갑진해가 되었으니 동이북이 되단말가 무기가 용사하니 불천불역 될것이오
비운이 태운되니 무극운이 열렸구나 쇠병사장 없어지니 불로불사 선경일세
여름도수 지나가고 추분도수 닥쳤으니 천하절후 개정할때 오장육부 환장이라
수토복통 앓을적에 임사호천 급하더라 구년홍수 물밀듯이 몸돌릴틈 없었구나[10]

복희선천시대(伏羲先天時代)는 용마(龍馬)가 하도(河圖)를 지고 나와서
천지이치를 폈고, 고로 신봉어천(神封於天)이며, 천존시대(天尊時代)이며,
목신사명(木神司命)하여 목덕(木德)이 왕(旺)하니, 춘운(春運)으로 시획팔
괘(始劃八卦)하였고, 만물(萬物)이 시생(始生)하고, 주문왕(周文王) 후천시
대(后天時代)는 신구낙서(神龜洛書)요 거북이 등에 그 이치가 있었으니 신

---

10 『채지가』 (서울: 대순진리회교무부, 1978), pp.24-25.

봉어지(神封於地)하야 지존시대(地尊時代)이며, 화신사명(火神司命), 화왕지절(火旺之節)이니 하운(夏運)이며 만물(萬物)이 장성(長盛)하고 금번(今番)은 정역시대(正易時代)라. 금산사 용추못에 연원도통(淵源道通)이며 수기본야(水氣本也)요, 신봉어인(神封於人)이며 인존시대(人尊時代)이고, 금신사명(金神司命)하여 육장금신(六丈金神)에 만물성취(萬物成就)이다.[11]

복희선천은 봄이며 동(東)이고 목신(木神)이며 삼(三)·팔(八), 목신사명(木神司命)이다. 다음으로 문왕후천은 여름이며 남(南)이고 화신(火神)이며 이(二)·칠(七), 화신사명(火神司命)이다. 이제 용화후천은 가을이며 서(西)이고 금신(金神)이며 사(四)·구(九), 금신사명(金神司命)이다. 사명(司命)이란 무슨 일을 책임으로 다하는 것을 말한다. 금신(金神)은 가을이다. 노래 가(歌), 새 을(乙) …[12]

… 오늘이 가면 내일이 오고 모레가 오는 것과 같이, 복희선천, 문왕후천, 용화후천으로 이어지는 것이다. 봄·여름·가을로 이어지는 것이 천지자연의 이치인 만큼 억지로 만들 수도 없다. 5천 년 전, 태호복희씨가 개국 초의 임금이었는데 황하수(黃河水)에서 용마(龍馬)기 그림을 지고 나왔다. 복희씨가 그것을 보고 천지 이치를 알게 되었다. 이것이 하도(河圖)이다. 우임금 때는 낙수(洛水)에서 거북이[神龜]가 그림을 지고 나왔다. 이것을 보고 낙서(洛書)라고 한 것이다. 모든 이치가 물에서 나온 것을 말함이다. 그래서 금산사에 금불을 모신 것도 용추 못인

11 『우당 훈시』〈1982 閏4.26〉
12 『우당 훈시』〈1984.11.5〉

물에다 모신 것이다. 그러므로 연원(淵源)이라고 한다. 태호복희씨 때 용마가 하도(河圖)를 지고 나왔으니 용마부도(龍馬負圖)라고 하고, 우임금 때 거북이가 글을 지고 나왔으니 금구낙서(金龜洛書)라고 하고, 이번에는 용추 못에서 연원이 시작되므로 연원도통이라고 한다. … … 복희선천에는 건남(乾南) 곤북(坤北) 리동(離東) 감서(坎西)였고, 문왕후천에는 리남(離南) 감북(坎北) 진동(震東) 태서(兌西)였으며, 용화후천에는 곤남(坤南), 건북(乾北), 간동(艮東), 태서(兌西)가 된다. 그러므로 용화후천에는 지천태(地天泰)가 되고, 수명도 길어지는 것이다. 곤도운(坤道運)이 선다는 것은 땅이 큰다는 것이다.[13]

봄이 오면 여름이 오고 여름이 오면 가을이 오듯이 앞으로는 정역시대이다. 지금은 천지개벽 이후 문왕 주역시대인데 그 원리는 음양난잡(陰陽亂雜)이다. 앞으로의 정역시대는 음양이 아주 순조롭게 된다. 순조로우면 만물이 화생한다. 어그러지면 난잡해지고 해원상생이 될 수 없다. 멸하는 것이다. 우리가 상제님의 정역시대를 만들어가는 것이다.[14]

옛날에는 모든 것을 하늘에 봉했고 지금은 모든 기운이 땅에 봉해져 있다. 그래서 방위를 보고 자리를 본다. 묘를 쓰는 데도 자리를 잘 써야 자손도 뻗고 죽은 사람도 잘되고, 또 산 사람도 집을 지으려면 자리가 좋아야 된다고 하는 것이다. 앞으로는 사람이 모든 것을 하니 신봉어인(神封於人)이다. 옛날에는 신봉어천(神封於天)이고 지금은 신봉어지(神

---

13 『우당 훈시』〈1984.11.6〉
14 『우당 훈시』〈1991. 3.6〉

封於地)이며 앞으로는 신봉어인(神封於人)이다. 신명을 사람에게 봉하니 도통이라는 것이다. 후천에는 모든 것을 사람이 다해 나가고 사람에 의해 돼간다.[15]

　복희 선천 시대와 문왕 후천시대가 있고, 복희는 봄 시대이고 문왕 은 여름 시대다. 우리의 진리가 정역으로 가을이다. 복희씨 때는 용마 (龍馬)가 하수(河水)에서 하도(河圖)를 지고 나왔는데 그것을 갖다가 모든 이치를 만들었고 알게 되었다. 천지의 이치가 모두 하도에 담겨있 었다. 문왕 때는 거북이[神龜]가 낙수(洛水)에서 지고 나왔던 낙서(洛書) 에서 천지의 이치가 나왔다. 이렇게 되는 것을 아무도 몰랐다. 세상에 나오고 알았다. 이제 앞으로는 연원도통(淵源道通)이다. 천지조화나 모든 이치를 통하는 것이다. 연원이라는 말도 못 연(淵), 근원 원(源), 물을 이야기한다. 즉 못을 근원으로 한다. 모든 이치는 물에서 나오는 것이 다. 용마나 거북이나 모두 물에서 하도와 낙서를 지고 나왔다. 이번에 연원이라는 것은 상제님께서 나오는 곳이다. … … 복희 선천은 목덕 (木德)으로 왕이 되었고 3·8 목(木) 봄 절후이며 목신사명(木神司命)이 었다. 문왕은 여름 절후이고 2·7 화(火), 화신사명(火神司命)이다. 우리 는 금신사명(金神司命)이다. 금(金)은 4·9, 서쪽이고 가을이며, 금신(金 神)은 상제님을 말하며, 그래서 상제님께서 미륵금불에 오셨다.[16]

　복희 선천 때는 말하자면 봄 운(運)이다. 문왕 후천은 여름 운(運)이

15 『우당 훈시』〈1991. 5.1〉
16 『우당 훈시』〈1992. 3.7〉

다. 이것이 가면 앞으로 정역인데 가을 운(運)이 된다. 절후 변화와 같
다. 가을은 풍년이니 좋을 때가 아니냐?[17]

1. 복희팔괘도

수서본 부록의 첫 번째
쪽에는 상단 중앙에 복희
팔괘도가 수록되어 있다.
가운데 태극을 중심으로
중상(中上)부터는 一乾☰(天),
二兌☱(澤), 三離☲(火), 四
震☳(雷)가 반시계방향으로,
우상(右上)부터는 五巽☴(風),
六坎☵(水), 艮☶(山), 八坤
☷(地)가 시계방향으로 자
리잡고 있는데『주역본의
대전』에 있는 복희팔괘도
의 괘 위치 및 수 배열과

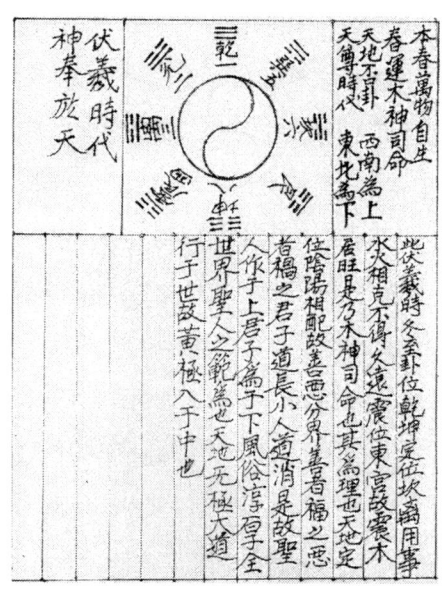

[그림 1] 수서본의 복희팔괘도와 해설

동일하다. 艮☶(山)에 칠(七)이 누락되어 있는데 도상을 필사하면서
발생한 오류로 보인다.

도상의 오른쪽에 있는 글은 "本春萬物自生 春運木神司命 天地否卦

---

17 『우당 훈시』〈1993.윤3.6〉

天尊時代 西南爲上 東北爲下"라는 순서로 나열해 볼 수 있다. 직역해 보면 "본(本) 춘(春)에 만물이 스스로 생겨난다. 춘운은 목신(木神)이 사 명(司命)하고 천지비괘(天地否卦)이며 천존시대이다. 서남이 위가 되고 동북이 아래가 된다."라는 뜻이다. 우당의 훈시에는 만물자생(萬物自生) 이 아니라 "만물(萬物)이 시생(始生)하고"로 되어 있다. 역경(易經)에도 주 로 만물이 스스로 생겨난다는 자생(自生)이 아니라 비롯하여 생겨난다 는 의미의 자생(資生) 개념이 사용되었다. 증산이 남긴 글에도 만물자 생(萬物自生)이 아니라 만물자생(萬物資生)이다.[18] 이로 본다면 자생(自生) 은 자생(資生)의 오기일 가능성이 크다.

도상의 왼쪽 글은 "伏羲時代 神奉於天"인데 "복희시대이고 신을 하늘에 모셨다."로 해석할 수 있지만 대순진리회 전통에서는 신봉 어천(神封於天)이라고 쓰기 때문에 봉(奉)은 봉(封)의 오자이다. "복희시 대이며 신이 하늘에 봉해져 있다."로 해석해야 적절하다.

하단은 복희팔괘도에 대한 보다 자세한 해설인데 다음과 같다.

此伏羲時 冬至卦位 乾坤定位 坎離用事 水火相克 不得久遠 震爲東宮 故霹木居旺 是乃木神司命也 其爲理也 天地定位陰陽相配 故善惡分界 善者福之 惡者禍之 君子道長 小人道消 是故聖人作于上 君子爲于下 風俗淳厚 全世界 聖人之範圍也 天地無極大道行于世 故皇極入于中 也[19]

18 『전경』, 교운 1-44.
19 『태극도통감』 수서본, p11.

직역해 보면 "이(팔괘도)는 복희의 때로 동지의 괘위이니, 건곤(乾坤)이 자리를 정하고 감리(坎離)가 용사(用事)하여 수화(水火)가 상극(相克)하니 구원(久遠, 오래됨)을 얻지 못한다. 진(震)이 동궁(東宮)이 되어 진(震)목(木)이 왕성함에 머물므로 이가 곧 목신(木神)이 사명(司命)하는 그 이치이다. 천지가 자리를 정하고 음양이 서로 짝을 지으니 선악이 경계를 나누어서 선한 자는 복을, 악한 자는 화를 받고 군자의 도는 장(長)하고 소인의 도는 소(消)한다. 따라서 성인이 위에서 일어나고 군자가 아래에서 행하니 풍속이 순후하여 전 세계가 성인의 범위(範圍)이다. 천지무극대도가 세상에 행해지니 황극(皇極)이 중(中)에 들어간다."로 해석할 수 있다.

이상의 복희팔괘도 해설을 『채지가』나 우당의 훈시 등에 나타난 희역 해설과 비교해 본다면 많은 부분에서 유사점이 있지만 몇 가지 차이점이 확인된다. 공유하는 핵심 개념은 천존시대[天尊時代], 목신사명[木神司命], 근본본자 봄춘자[本春], 천지비괘[天地否卦], 황극운이 열렸으니 구십이 중궁일세[皇極入于中], 건곤정위 감이용사[乾坤定位 坎離用事], 성인세계[全世界聖人之範圍] 등이다. 따라서 핵심 개념의 많은 부분은 『태극도통감』 수서본이 『채지가』와 유사하다고 볼 수 있다.

하지만 『채지가』는 "복희선천 어느땐고 춘분도수 되었으니"라고 하여 복희시대를 춘분으로 보았고 『태극도통감』 수서본은 "伏羲時 冬至卦位"라 하여 동지로 보고 있다는 점에서 큰 차이가 있다. 또한 『채지가』나 훈시는 목신사명을 봄운, 춘분(春分) 등에 관련하여 봄의 오행인 목(木)으로 설명하고 있다고 한다면 수서본은 수화의 상극으로 인해 "진(震)이 동궁(東宮)이 되어 진(震)목(木)이 왕성함에 머물므로" 목신사명이라 설명한다는 점에서 큰 차이를 보인다. 복희역의 시대를 동지에 비유한 것과 목신사명의 근거를 팔괘방위도의 구조 해석에 둔 부분에서 본다면 수서본은 대순종학의 텍스트와는 큰 차이를 보이는 것이다. 오탈자나 해설의 차이로 본다면『태극도통감』수서본이 초고본일 개연성이 높지 않다. 유사한 문제는 문왕팔괘, 정역팔괘도에도 나타난다.

2. 문왕팔괘도

수서본 부록의 두 번째 쪽에는 상단 중앙에 문왕팔괘도가 수록되어 있다. 가운데 태극을 중심으로 우하(右下)부터 시계방향으로 六乾☰(天), 一坎☵(水), 八艮☶(山), 三震☳(雷), 四巽☴(風), 九離☲(火), 二坤☷(地), 七兌☱(澤)의 순서로 배정되어 있다. 이는『주역본의대전』에 있는 문왕팔괘방위도의 괘 및 수 배열과 동일하다.

[그림 2] 수서본의 문왕팔괘도와 해설

도상의 오른쪽에는 "熱陰夏萬物自生 夏運火神司命 水火旣濟 地

尊時代 東北爲上 西南爲下”라 되어 있다. 직역하면 “열음(熱陰) 하(夏)에 만물이 스스로 생한다. 여름의 운은 화신이 사명한다. 수화기제괘이며 지존시대이다. 동북이 위가 되고 서남이 아래가 된다.”는 의미이다. 우당은 “하운(夏運)이며 만물(萬物)이 장성(長盛)”이라 하였기에 “熱陰夏萬物自生[열음(熱陰) 하(夏)에 만물이 스스로 생한다.]”는 해설은 대순사상과는 다른 부분이다. 복희팔괘도에서 춘(春, 봄)에도 “萬物自生”으로 해설하고 있기에 “熱陰夏萬物自生”은 만물장성(萬物長盛)의 오기로 보인다.

왼쪽에는 “文王時代 神奉於地”의 글이 있는데 역시 복희팔괘도 해설과 같이 봉(封)을 봉(奉)으로 오기하고 있다. “문왕시대이며 신이 땅에 봉해져 있다”로 해석해야 한다.

하단에는 도상에 대한 해설이 있는데 다음과 같다.

此文王時代 春分卦位 乾坤退位 離坎定位 震兌用事 震兌失其配偶 故不得居旺 艮難爲東宮 故亦失配偶 俱不得居旺 正合配偶者 惟離坎而已離坎雖云相克 水在火上 故水則氣和 火則火熾 故離火居旺 是乃火神司命 其爲理也 天地失位 陰陽亂雜 故善惡昆(混)同 惡或福之 善或禍之 君子道消 小人道長 是故創業之主英雄君臣皆爲英雄 人臣盡小人 全世界豪傑範圍也 大道隱而功利作矣 是以素王不得位 老君如來之聖 隱德不見 皇極虛無故也[20]

20 『태극도통감』 수서본, p12.

직역하면 "이(팔괘도)는 문왕의 시대로 춘분의 괘위이다. 건곤이 자리에서 물러나니 이감(離坎)이 자리를 정하고 진태(震兌)가 용사(用事)를 한다. 진태는 그 배우를 잃었기에 왕성함에 머물지 못하여 간(艮)이 어렵게 동궁이 되는데 또한 그 배우를 잃어 모두 왕성함에 머물지 못한다. 바르게 짝과 합한 것은 오직 이(離)와 감(坎)일 따름이다. 이감(離坎)을 비록 상극이라 하지만 수(水)가 화(火)의 위에 있어 수는 곧 기(氣)와 화합하여 화가 곧 성하여 이화(離火)가 왕성함에 머무니 이것이 곧 화신이 사명하는 그 이치이다. 천지가 위치를 잃고 음양이 난잡하여 선악(善惡)이 혼동되어 악도 혹 복을 받고 선도 혹 화를 받으니 군자의 도는 줄고[소(消)] 소인의 도가 늘어난다[장(長)]. 그러므로 창업의 주가 영웅이니 군신이 모두 영웅이지만 신하는 모두 소인(小人)이다. 전 세계가 호걸(豪傑)의 범위여서 대도는 은거하고 공리(功利)가 일어난다. 따라서 소왕(素王, 왕자는 아니나 왕자의 덕을 갖춘 사람)은 자리를 얻지 못하고 노군(老君)과 여래(如來)의 성인도 덕을 감추고 보이지 않으니 황극이 비고 없기 때문이다."로 볼 수 있다.

수서본의 문왕팔괘 관련 내용은 『채지가』나 훈시의 내용과 비교해 볼 경우 복희팔괘 해설처럼 많은 공통점을 지니면서도 중요한 차이가 있다. 공통점으로는 여름 하자(夏字), 화신사명, 수화기제, 신봉어지, 지존시대, 음양난잡 등이 대표적이다. 차이점은 첫째, 수서본의 경우 문왕시대를 춘분(春分)으로 해석하고 있지만 『채지가』의 경우는 하지(夏至)로 보고 있다는 점이다. 둘째, 수서본의 경우 화신사명을 수가 화 위에 있어 화가 성하게 되는 원리로 설명하고 있지만 『채지가』나 우당의 설명은 여름운과 그 오행에 해당하는 2·7화(火)와 관련하여 설명한다는 점이다. 결국 오자(誤字)나 해석 체계로 본다면 대순종학 텍스트와 수서본은 중요한 부분에서 차이를 보이고 있다.

3. 정역팔괘도

수서본 부록의 세 번째 쪽에는 상단 중앙에 정역팔괘 방위도가 수록되어 있다. 중앙의 태극을 중심으로 중하(中下)부터 시계방향으로 二乾 ☰(天), 九坎☵(水), 四艮☶(山), 五巽☴(風), 十坤☷(地), 三離☲(火), 八兌☱(澤), 七震☳(雷)의 순으로 배열되었다. 괘의 위치는 김일부의 정역팔괘도와 일치한다. 이러한 배열은 정산이 사용한 운합주의 팔괘순서와도 동일하다. 운합

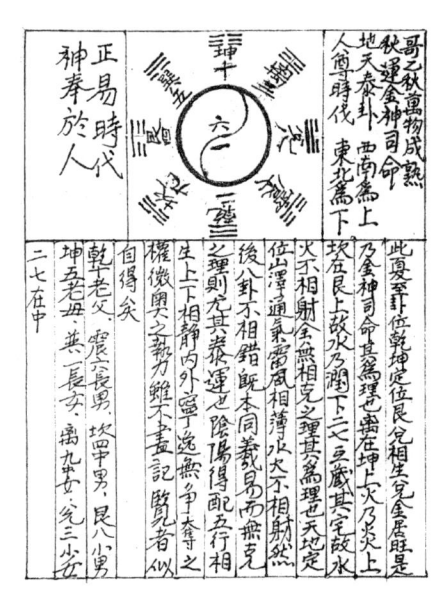

[그림 3] 수서본의 정역팔괘도와 해설

주에는 "乾坎艮巽坤離兌震 八位之精[건감간손곤이태진은 팔 위의 정이다.]" 라고 되어 있다.[21] 하지만 각 괘와 방위에 배정된 수는 모두 다르다. 특히 김일부의 정역팔괘도에는 숫자 2와 7이 중궁에 오지만 수서본

---

21 『전경』, 교운 2-42.

부록의 도상에는 1과 6이 중
궁에 배정되어 있어 구조적인
차이가 보인다.

[그림 4] 김일부의 정역팔괘방위도

도상의 우측에는 "哥乙秋
萬物成熟 秋運金神司命 地天
泰卦 人尊時代 西南爲上 東北
爲下"라는 설명이 있는데 직
역하면 "가을 추에 만물이 성
숙한다. 가을의 운은 금신이
사명한다. 지천태괘이며 인존시대다. 서남이 위가 되고 동북이 아래
가 된다." 도상의 좌측에 있는 "正易時代 神奉於人"이라는 글은
"정역시대이고 신이 인간에게 봉해진다."로 해석해야 한다. 복희팔
괘도, 문왕팔괘도 해설과 동일하게 봉(封)을 봉(奉)으로 오기했기 때문
이다.

하단에는 다음과 같은 설명이 있다.

> 此夏至卦位 乾坤定位 艮兌相生 兌金居旿 是乃金神司命 其爲理也 離
> 在坤上 火乃炎上 坎在艮上 故水乃潤下 二七互藏其宅 故水火不相射
> 全無相克之理 其爲理也. 天地定位 山澤通氣 雷風相薄 水火不相射 然
> 後八卦相錯 旣本同義易而無克之理 則尤其泰運也 陰陽得配 五行相生
> 上下相靜 內外寧逸 無爭奪之權 微奧之勢 雖不盡 記覽者似自得矣
> 乾十老父, 震六長男, 坎四中男, 艮八小男, 坤五老母, 巽一長女, 離九中
> 女, 兌三小女, 二七在中[22]

위의 글을 직역하면 다음과 같다. "이(팔괘도)는 하지의 괘위이다. 건곤이 자리를 정하고 간태가 상생하니 태금(兌金)이 왕성함에 머물러 곧 금신(金神)이 사명(司命)함이니 이것이 리(理)가 된다. 이(離)가 곤(坤) 위에 있어 불이 곧 타서 오르고, 감(坎)이 간(艮) 위에 있어 물이 곧 흘러서 내리니, 이칠(二七)이 서로 그 집을 감추어 수화가 서로 쏘지 않게 되어 완전히 상극의 리가 없음이 그 이치가 된다. 천지가 정위(定位)하고 산택이 통기(通氣)하고 뇌풍이 서로 부딪히고 수화가 서로 쏘지 않은 연후에 팔괘가 서로 등지지 않으니 근본은 희역과 같고 무극지리이니 한층 더 태운(泰運, 태평한 운수)이다. 음양이 짝을 얻고 오행이 상생하고 상하가 서로 정(靜)하며 내외가 안녕하고 평안하니 쟁투의 권이 없는 미묘한 세(勢)이다. 비록 다함이 없어도 기억하고 보면 스스로 얻는 것과 같다. 건십노부, 진육장남, 감사중남, 간팔소남, 곤오노모, 손일장녀, 이구중녀, 태삼소녀, 이칠재중."

도상에 대한 해설이지만 실제 도상과는 차이가 있다. 실제 도상의 수 배열과는 달리 하단 해설의 마지막에 "乾十老父, 震六長男, 坎四中男, 艮八小男, 坤五老母, 巽一長女, 離九中女, 兌三小女, 二七在中 [건십노부, 진육장남, 감사중남, 간팔소남, 곤오노모, 손일장녀, 이구중녀, 태삼소녀, 이칠재중]"라고 하여 김일부의 정역팔괘도의 숫자 배정과 동일하다.[23] 도상과 해설이 수리에서는 어긋나고 있다. 특히 수리중 큰 의미를 지니는 중궁의 숫자에 있어서 해설에서는 '2와 7이 집을 감추었다'고 하여 2·7이 중궁에 든 것으로 해설했지만 도상에서는 1과 6을 중궁

22 『태극도통감』 수서본, p.13.

23 이정호, 『원문대조 국역주해 정역』 (서울: 아세아문화사, 1988), 부록 p.59 참조.

에 배치하고 있다.

수서본 정역팔괘도와 해설은 대순종학 텍스트와 큰 틀에서 개념을 공유하고는 있지만 무시할 수 없는 큰 차이를 보이고 있다. 먼저 절후 배정이 다르다. 수서본은 정역 시대를 하지(夏至)로 배정하지만 『채지가』는 추분(秋分)으로 배정한다. 또한 수서본은 금신사명의 명확한 근거를 밝히지 않고 서쪽에 위치한 태금(兌金)에서 찾고 있지만, 『채지가』와 훈시는 가을운, 즉 추분도수 및 신유(申酉)의 지지(地支)로 상징되는 금(金)이라는 오행과 관련해서 설명한다. 그리고 상생이 되는 근거를 수서본은 건, 진, 태괘의 방향, 즉 북서 방위를 위로 놓았을 때 괘의 상하관계에서 발생하는 수화의 상리(相離)에 둔 반면, 채지가는 2·7화(火)가 중궁이 되고 5·10토(土)가 용사를 하는 것에 두고 있다. 이외에도 수서본 도상에서는 1과 6이 중궁에 있는 반면 『채지가』는 2와 7이 중궁에 있음을 명확히 하고 있다는 점에서 큰 차이를 보인다.

특히 주목할 부분은 수서본이 "天地定位 山澤通氣 雷風相薄 水火不相射 然後八卦相錯 旣本同義易[천지가 정위(定位)하고 산택이 통기(通氣)하고 뇌풍이 서로 부딪히고 수화가 서로 쏘지 않은 연후에 팔괘가 서로 등지지 않으니 근본은 희역과 같고]"라고 해석하고 있는 부분이다. 『주역』 설괘전에 나오는 복희팔괘도와 연관된 해설을 정역에 대한 설명에 그대로 사용하면서 정역의 근본을 희역으로 보고 있다.[24] 이는 『채지가』나 훈시에서

---

24 "天地定位 山澤通氣 雷風相薄 水火不相射 八卦相錯 [本義] 邵子曰 此伏羲八卦之位 乾南坤北 離東坎西 兌居東南震居東北 巽居西南艮居西北 於是八卦相交 而成六十四卦 所謂先天之學也"[천지가 자리를 정함에, 산과 못이 기운을 통하고, 우레와 바람이 부딪히며, 물과 불이 서로를 쏘지 않아서 팔괘가 서로 섞이니, [본의]

는 나타나지 않는 해석 체계이다. 물론 『채지가』는 "비운(否運)이 태운(泰運)되니 무극운이 열렸구나"라고 하여 희역의 천지비괘 운이 정역의 지천태괘 운으로 전환되었음을 언급하고는 있지만 이는 정역의 근본을 희역으로 보는 관점은 아니다.

결국 수서본의 정역팔괘도와 그 해설은 도상과 해설이 어긋나는 자체적인 모순점을 내포하면서 대순종학의 역학 관련 텍스트와 정역 해석 체계에서도 많은 차이를 보이고 있다. 이러한 점은 수서본이 초고본일 가능성을 더욱 낮추고 있다.

Ⅳ. 맺음말

『태극도통감』의 두 가지 판본인 활자본과 수서본을 대조한 결과 활자본이 선행한다는 것이 이 연구의 결과이다. 즉 수서본은 초고본이 아니라 활자본을 등사한 필사본이라는 뜻이다. 수서본 본문에 나타난 생략된 항목, 오탈자, 수정 흔적 등 거의 모든 것이 수서본이 필사본임을 전제할 때만 설명이 가능하다. 이에 더하여 수서본 부록의 팔괘도 해설이 지닌 오류나 모순점, 그리고 대순종학 텍스트와 무시하지 못할 정도의 차이가 있다는 점 역시 수서본이 필사본임을 강하

소자(소강절)가 이르기를 "이것은 복희팔괘의 자리니, 건은 남쪽에 있고, 곤은 북쪽에 있으며, 리는 동쪽에 있고, 감은 서쪽에 있으며, 태는 동남쪽에 거처하고, 진은 동북쪽에 있으며, 손은 서남쪽에 거처하고, 간은 서북쪽에 거처해서 팔괘가 서로 사귀어 64괘를 이루니, 이른바 선천의 학문이라는 것이다."] 『周易本義』 說卦傳 三章.

게 시사하고 있다. 따라서 수서본 부록에 실린 세 가지 팔괘방위도와 해설은 정산이나 우당의 사유를 반영하는 대순 역학의 텍스트로는 평가되기 어렵다고 할 수 있다. 하지만 수서본이 필사된 시점이 1958년 이후일 가능성이 높다는 점에서 본다면 1960년대 태극도 시기의 종단 내에 존재하던 역학 담론의 하나로는 평가될 수 있을 것이다. 수서본 부록의 팔괘도를 기반으로 한 대순역학 연구는 이러한 관점에 근거하여 영점조정을 할 필요가 있다고 생각된다.

추후 필자의 연구 방향을 제시하는 것으로 결론을 대신하고자 한다. 필자는 이 역학 담론의 기원에 대해서도 보다 신중한 분석이 필요하다고 생각한다. 왜냐하면 수서본 부록의 정역팔괘도가 여러 신종교 교단에서 활용되던 정역 관련 도상과 접점을 지니고 있기 때문이다. 즉 김일부의 정역팔괘도와 괘 배열은 동일하지만 수리 배치에 있어서 차이를 보이는 수서본 부록의 정역팔괘도가 증산 종단, 대종교, 수운교 등에서 용화팔괘도, 후천지수도, 용담영부도 등의 명칭을 지니면서 정역 담론의 하나로 자리잡고 있다는 사실을 염두에 둘 필요가 있다는 뜻이다.[25] 수서본 부록의 역학 담론의 기원이 교단 내부인지 외부인지는 어느 정도 규명이 필요하다고 생각된다.

기원의 문제와는 별개로 수서본 부록이 지닌 담론이 어떻게 당시에도 태극도 안에서 강력하게 작동하던 『채지가』의 역학 담론의 벽을 뛰어넘어 하나의 비주류 담론으로 자리 잡게 되었는지도 분석해볼 필요가 있다. 이는 『주역』 철학에 나타난 복희, 문왕 팔괘 관련 언

---

25 이찬구, 「역과 현대사회: 한국 역학사상의 개관」, 『신종교연구』 5 (2001), pp.48-57.

설과 김일부의 정역에 나타난 사상 체계를 『채지가』, 『우당 훈시』, 수서본 부록과 비교 분석하는 데서 실마리를 찾을 수 있을 듯하다. 이 작업은 정산과 우당이 증산의 사상을 기반으로 하여 기존 역학의 거대 담론을 어떤 방식으로 재구성하였는지를 분석하는 데도 하나의 중요한 관점을 제공해 줄 수 있을 것이다. 추후 대순종학의 텍스트와 수서본 부록과 같은 참고문헌을 통해 대순 역학의 연구 기반을 재정립하는 작업 역시 시급하다고 판단되며 많은 연구자들이 이에 관심을 가져주기를 기대한다.

참고문헌

『우당 훈시』
『전경』 13판, 대순진리회 출판부, 2010.
『周易本義』
『채지가』, 서울: 대순진리회교무부, 1978.
『태극도통감』 수서본.
박경호 등 근초, 『태극도통감』, 부산: 태극도본부, 1956.
편찬실 편, 『채지가』, 부산: 태극도본부, 1967.
「대구고등법원 판결문」 檀紀4293 刑控公 第988호, 1961년 3월 31일.

박상규, 「무극도 관련 문헌 연구−비교 및 고증을 중심으로−」, 『대순사상논총』 41, 2022.
이봉호, 「『태극도통감』의 도상을 통해 본 대순사상의 '선·후천' 개념」, 『대순사상논총』 47, 2023.
이정호, 『원문대조 국역주해 정역』, 서울: 아세아문화사, 1988.
이찬구, 「역과 현대사회 ; 한국 역학사상의 개관」, 『신종교연구』 5, 2001.

제2부

신앙의 재구성

주문과 천계관으로 본 신앙체계의 변화

제1장

무극도 주문 연구

의성김씨 천전파 소장 필사본 고증을 중심으로

I. 머리말

대순진리회 신앙체계에 있어서 주문(呪文)이 차지하는 위상은 절대적이라고 해도 과언은 아니다. 모든 의례에서 주문을 핵심적인 기제로 활용하고 있고, 문헌상으로도 잘 드러나지 않는 신앙대상과 그 위상 및 관계까지도 주문을 통해 확인할 수 있다는 사실은 이를 잘 보여준다.[1] 더 나아가 입도와 수도 조직 구성의 원리가 되는 전도(傳道)와 수도(受道)이 필요조건이 주문의 전수(傳受)라는 점은 주문이 대순 신앙체계의 토대라는 것을 의미한다.[2]

---

1 대순진리회의 신전인 영대에 봉안된 15신위는 치성과 배례의 대상이 된다는 점에서, 또한 그 신위들의 면면이 대순진리회가 어떤 성격을 가진 종교인지 가늠하게 해 준다는 점에서, 대순진리회 최고신의 신명계 위상을 시각적으로 선명하게 보여주고 있다는 점에서 상제관 연구에 앞서 반드시 살펴야 할 대상이지만 경전이 아니라 주문에 명확히 나타난다. 차선근, 「대순진리회 상제관 연구 서설(Ⅱ)」, 『대순사상논총』 23 (2014), pp.241-252 참조.

2 박상규, 「근대 한국 신종교의 조직 연구: 연원제를 중심으로」 (한국학대학원 박사

그럼에도 불구하고 대순 신앙과 사상 연구에 있어서 주문에 대한 연구는 활발하지 않다. 그 원인으로 대순신앙의 주문이 본질적으로 그 비의성(秘儀性)으로 인해 명확한 의미를 포착하고 확정하기 어려웠다는 것을 들 수 있을 것이다. 하지만 주문과 관련된 문헌의 부족이 더욱 중요한 원인이라 할 수 있다. 대순 신앙의 가장 큰 특징은 증산의 천지공사가 정산에 의해 실현되어 이에 따라 삼계가 재구축되는 것이므로 이를 반영하고 상징하는 주문 변경이 언제 어떤 맥락에서 이루어졌는지 알 수 있는 기록이 없다면 그 연구는 정확성을 담보할 수 없어 주목을 받지 못하였다고 할 수 있다.

대순진리회에서 현재 사용되고 있는 주문의 원형은 증산이 기존의 주문이나 진언을 변용하거나 새롭게 만든 것이 대부분이다.[3] 그러나 증산에 의해 구성된 주문들은 이후 정산에 의해 전면적으로 재구성되고 변형 정비되었고 사용법이 정해졌으므로 현재 대순 신앙 체계의 주문은 사실상 정산에 의해 완성되었다고 볼 수 있다.[4] 물론 정산 화천(서거) 후 우당에 의해 주문이 부분적으로 수정되었지만 이는 정산의 신격화에 따른 것으로 큰 틀에서 동일하다.[5] 따라서 대순 신앙의 주문에 관한 연구에 있어 가장 중요한 부분 중 하나라 할 수

학위 논문, 2021), pp.264-268 참조.

3 차선근, 앞의 글, pp.245-246 참조.

4 차선근은 대순진리회의 진법주가 증산께서 전하신 것을 도주(정산)가 완성했다고 보았다. 같은 글, p.263 참조.

5 우당은 1967년 4월 봉축주와 진법주 일부를 변경하는데 봉축주는 정산(태극도주조정산)을 도문소자로, 진법주의 경우 정산(무극신대도덕봉천명봉신교태극도주조정산)을 삭제했다. 「주문일부변경」, 『태극도월보』 (구)제4호 (1967), p.15 참조.

있는 것은 증산이 전한 주문을 정산이 어떠한 맥락에서 변용하고 재구성하여 활용했는지를 밝히는 것이라 할 수 있다.

하지만 1910~40년대에 이루어진 정산의 주문 정비 과정을 정확히 알 수 있는 신빙성 있는 문헌은 없다.[6] 물론 무극도에서 사용된 주문을 간략하게 소개한 문헌은 존재한다. 증산 종단의 교단 문헌 중 무극도에 대해서 가장 앞선 기록으로 비교적 정확하다고 평가되는 것은 대순진리회의『전경』이다.[7]『전경』교운 2장 42절에는 1920년대 후반 무극도에서 "봉축주(奉祝呪)·진법주(眞法呪)·이십팔수주(二十八宿呪)·이십사절주(二十四節呪)·심경도통주(心經道通呪)·칠성주(七星呪)·원대주(願戴呪)·관음주(觀音呪)·해마주(解魔呪)·복마주(伏魔呪)·음양경(陰陽經)·운합주(運合呪)·개벽주(開闢呪)·옥추통(玉樞統)·태극주(太極呪)·명이주(明耳呪)·오방주(五方呪)·오장주(五臟呪)·구령상정주(九靈三精呪)·예고주(曳鼓呪)" 등 모두 스무 종류의 주문을 사용했다고 기술하고 있다.[8] 그중 10개의 주문은 그 전문까지 소개하고 있는데 이십팔수주·이십사절주·음양경·운합주·개벽주·옥추통·명이주·오방주·오장주·구령삼정주 등이다.[9] 하지만 주문의 기원이나 변형 과정, 더 나아가 사용 의례, 기한 등에 대한 설명이 없다. 일제 강점기의 관변 기록에 무극도에서 사용된 주문이 일부 소개되

---

6 태극도에서 1989년 발행한『진경』의「태극진경」은 주문의 변화과정을 상세히 설명하고 있지만 신빙성이 없다. 당대의 기록 등 1차 자료에 기반하지 않고 사건 50년 뒤에 수집된 자료를 기반으로 하였기 때문이다. 이에 대해서는 박상규, 앞의 글, pp.92-98 참조.

7 전경의 정확성에 대해서는 같은 글, pp.87-98 참조.

8 대순진리회교무부,『전경』(서울: 서울대학교출판부, 1974), p.206 참조.

9 같은 책, pp.206-211 참조.

어 있지만 이 역시 정산의 주문 정비과정을 분석할 수 있는 자료로는 불충분하다.[10]

『전경』에 소개된 1920년대의 주문과 1950년대 태극도 시기의 주문을 비교하면 그 변화를 알 수 있지만 실제로 비교가 가능한 주문은 그 전문이 남아있는 이십팔수주·이십사절주·개벽주에 불과하다.[11] 『전경』에 전문이 있는 주문 중 1950년대까지 명확히 사용된 주문은 이십팔수주·이십사절주이고, 개벽주의 경우 1950년대 신명주(神明呪, 대순진리회의 神將呪)와 구조적으로 유사하여 명칭과 내용이 모두 변경된 것으로 추정되기 때문이다.[12] 따라서 1920년대의 주문에 관한 당대의 문헌 자료가 없다면 정산에 의한 주문 변형 및 정비에 관해 연구하는 것은 쉽지 않은 일이다.

다행스럽게도 20세기 말에 이루어진 고문서 정리사업 과정에서 민간에 있던 문헌이 집성되면서 일제 강점기에 필사된 문헌도 기증 정리되었고 무극도 주문으로 추정되는 필사본도 나타났다. 의성김씨 천전파(川前派)에서 발굴된 세 장의 고문서다.[13] 본 연구는 이것이 무극도의 주문이라는 것을 고증하는데 그 주목적을 두었다. 고증은 일제 강점기의 관변 문헌 및 타 증산 종단의 문헌과 해방 이후 1950년

---

10 전라북도, 『무극대도교개황』 (日本學習院大學東洋文化硏究所所藏資料 請求記號 M2-87, 1925), p.12; 村山智順, 『朝鮮の類似宗敎』, (京城: 朝鮮總督府, 1935), p.334 참조.

11 대순진리회교무부, 앞의 책, pp.206-211 참조.

12 전경의 이십팔수주·이십사절주는 절후와 성수가 생략된 형태이다. 개벽주가 신명주(신장주)로 변경되는 과정은 후술할 것이다.

13 자료조사실 편, 『고문서집성 7: 의성김씨천상각파편(III)』 (성남: 한국정신문화연구원, 1990), pp.868-869 참조.

대 태극도 주문 등 무극도 관련 문헌을 필사본과 비교하여 서지학적인 관점에 기반하여 수행되었다.

II. 필사본 주문 해제

필자가 무극도의 주문으로 추정하는 문헌은 한국정신문화연구원(현 한국학중앙연구원)에서 민간에 산재하는 많은 고전자료를 조사 발굴하는 사업 중에 수집된 것이다. 조사 발굴 제5차 사업이었던 안동 천전(川前)에 세거(世居)하는 의성김씨 총 5파 24가(家)에 소장되어 있던 문헌을 수집하면서 발굴된 것인데 구체적으로는 약봉파(藥峯派)의 김구직(金九稷)이 소장했던 문헌이다.[14] 제목은 진법주로 시문으로 분류되었고 한글로 필사된 3장의 기록이다.

' · '(아래아)를 사용하고 있어 한자어에도 그 사용이 중지된 1933년 이전에 필사된 것으로 추정된다.[15] 전문을 소개하면 다음과 같다.

---

14 자료조사실 편,『고문서집성 5: 의성김씨천상각파편(Ⅰ)』(성남: 한국정신문화연구원, 1989), pp.1-7, p.22 참조.
15 "1933년 10월 29일 한글 맞춤법에 대한 최종안이 발표되었다. … 문자 체계에서 실질적으로 변화한 것은 두 가지였다. 하나는 당시까지 써 오던 " · (아래아)"를 폐기한 것이고 … " 우리역사넷(http://contents.history.go.kr, 한글맞춤법통일안, 2022.5.10).

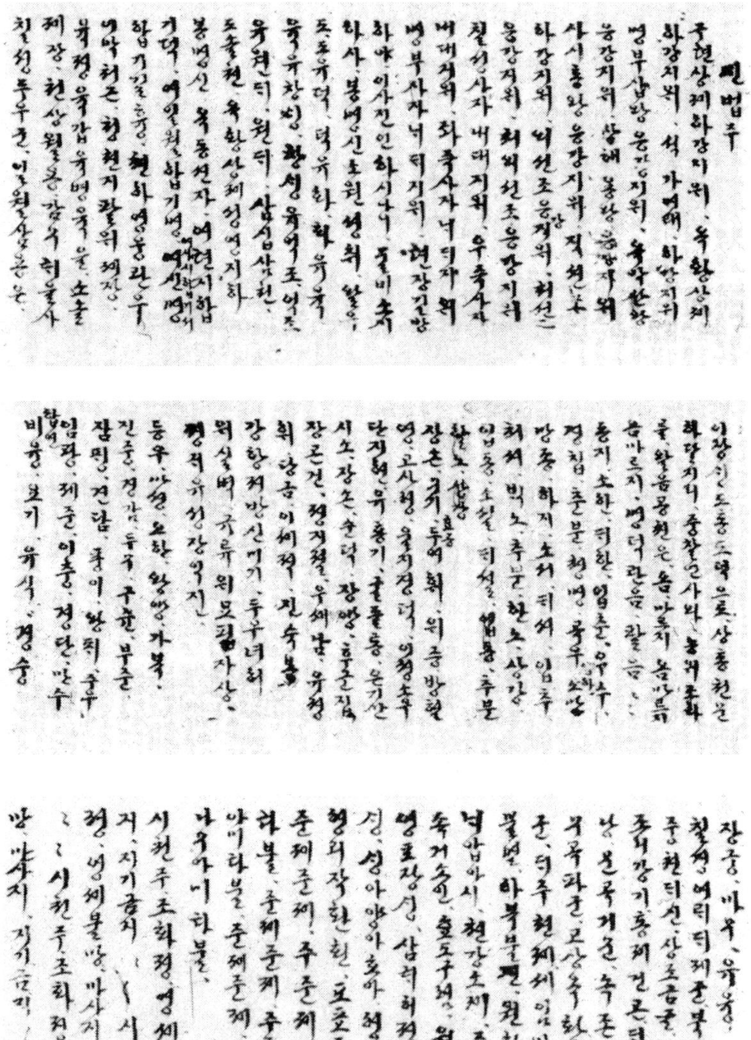

[그림 1] 의성김씨 천전파 소장 필사본 주문

제목은 진법주로 되어 있지만 진법주 뒤에 여러 주문이 연결되어 있다. 현재 대순진리회에서 사용되는 진법주, 운장주, 도통주, 이십사절주, 이십팔수주, 칠성주, 기도주 등과 유사한 주문이 나열한 순서로 기록되어 있으며 오탈자로 추정되는 곳도 다수 있다. 진법주와 운장주, 도통주와 이십사절주, 칠성주와 기도주로 추정되는 각 주문 사이에 몇 가지 주문이 보이는데 이에 관해서는 고증을 통해 그 명칭과 성격을 분석해 볼 것이다.

이 문헌에 필사된 주문 중 몇 가지를 제외하면 모두 1910년대부터 증산 종단에서 광범위하게 사용되었던 주문이다.[16] 발굴 문헌에 대한 해제에 따르면 14세기 후반부터 구한말까지 100여 종 3만여 점의 문헌 중 10%인 삼천여 점을 영인하였다고 했지만,[17] 한글로 필사된 증산 종단의 주문이 있다는 점에서 발굴 문헌의 하한 연대는 구한말이 아니라 1920년대로 판단된다. 따라서 이 문헌의 필사 시기는 1910~1920년대 사이로 추정되며 늦어도 1930년대 중반 이전이다.

필사본 주문과 가장 유사도가 높은 주문을 사용하는 증산 종단은 증산법종교로 분석된다. 내용 및 형태에 있어서 일치하는 주문이 다수이기 때문이다.[18] 그러나 증산법종교의 전신인 증산선불교는 무극

---

16 증산 종단의 주문에 대해서는 박인규, 「한국 신종교의 주문 수행: 동학계와 증산계 신종교를 중심으로」, 『종교와 문화』 32 (2017), pp.142-154 참조.

17 자료조사실 편, 『고문서집성 5: 의성김씨천상각파편(Ⅰ)』, p.1 참조.

18 유사한 주문은 삼천주, 도통주, 준제주, 진법주, 운장주, 기도주, 관음주, 이십사절, 이삽사장, 이십팔수, 이십팔장, 칠성경 등이다. 『법경』 (김제: 증산법종교본부), pp.1-7, pp.30-33; 증산법종교(http://jsbeob.com, 삼천주, 도통주, 준제주, 진법주, 운장주, 기도주, 관음주, 이십사절, 이삽사장, 이십팔수, 이십팔장, 칠성경, 2022. 5.11) 참조.

도에 대한 유사종교단체해산명령(1936년)으로 정산이 공개적인 종교
활동을 중지하고 교단을 지하화하자 무극도 간부였던 김병철이 정
산에게 의탁하고 있었던 증산의 딸 강순임과 혼인하면서 1937년 창
립한 교단이다.[19] 증산선불교의 종교활동은 교단 경전을 통해 보아
도 1942년 경북 의성에서 본격적으로 시작되었다.[20] 따라서 늦어도
1930년대 중반 이전에 필사된 해당 주문이 증산법종교에서 기원하
는 것은 불가능하다.

　두 주문이 유사도가 높은 것은 공통의 기원을 가졌기 때문이라고
밖에는 볼 수 없다. 증산법종교의 창시자인 증산의 딸 강순임의 종
교적 배경을 통해 이를 확인할 수 있다. 1910년대 후반 증산의 유족
이었던 모친 권양덕(1850~1926), 누이 선돌부인(강율, ?~1942), 그리고 딸
강순임(1904~1959)은 정읍 마동에 기거하고 있었다.[21] 정산은 1919년

19　증산법종교에서는 강순임이 모친인 정씨 부인이 사망한 1928년까지 정산에게 의
　　탁하였으며 이후 강제로 출가하게 되어 유랑생활을 했다고 주장한다. 하지만 무
　　극도가 해산명령(1936)을 받은 직후인 1937년 무극도 간부였던 김병철과 혼인하
　　고 독자적인 교단활동을 한 것으로 본다면 1936년까지 무극도의 영향하에 있었다
　　고 볼 수 있다. 태극도의 『진경』(1989)에 따르면 1928년 이후 정산은 강순임을 전
　　주 노송동으로 이주시키고 계속 돌봐주었다고 기록하고 있고, 『화은당실기』에도
　　강순임이 1937년경 전주 노송동으로 돌아와 김병철과 혼인을 하였다고 기록하고
　　있다. 『범증산교사』에는 김병철이 청송인으로 1905년생이며 무극도에 입도하여
　　수도한 도인이라 기술되어 있다. 대순진리회의 임원으로 태극도 시기 정산의 명
　　으로 증산연합회 관련 업무에 참여했던 이재근의 인터뷰에 따르면 정산은 연합회
　　활동 시에 김병팔을 가까이하지 말라고 했다고 한다. 무극도 시기 김병철의 이름
　　이 김병팔이었음을 알 수 있는데, 김병팔은 본적이 청송으로 1925년 11월 당시 21
　　세의 나이로 교인 120명을 교도 감독하는 부분(府分)에 임명되었음을 『무극대도
　　교개황』을 통해 확인할 수 있다. 김병팔과 김병철이 동일인임을 알 수 있다. 한국
　　민족문화대백과사전(http://encykorea.aks.ac.kr, 증산법종교, 2022.5.11.); 홍범
　　초, 『범증산교사』 (서울: 한누리, 1988), pp.633-639; 태극도편찬위원회, 『진경』
　　(부산: 태극도 출판부, 1989), pp.448-449; 전라북도, 앞의 책, p.49 참조.
20　『화은당실기』 (대한증산선불교회본부, 1960), pp.8-40.

1월 선돌부인을 만나 증산이 전한 유언과 유품을 확인하였고, 이후 유족의 생계를 책임지고 증산의 부인인 정씨를 찾아 이들을 무극도 장 부근에 기거하게 하고 후견인이 되었다.[22] 당시 정산이 선돌부인으로부터 전해 받은 유품은 무극도 신앙체계의 기반이 되었으므로[23] 강순임 역시 이를 공유하였으며 무극도의 영향을 강하게 받았다고 볼 수 있다.

무극도의 활동이 지하화된 1937년에 독자적인 종교활동을 시작한 강순임이 1952년 증산을 봉안한 성소를 증산 종단 중 유일하게 무극도와 동일하게 영대라 칭했다는 사실은 강순임의 종교적 배경을 잘 보여준다.[24] 증산법종교는 1920~30년대의 증산 종단 중 유일

---

21 대순진리회교무부, 앞의 책, p.193; "화해리는 손바래기와 십리 남짓 큰 들판 하나 사이에 둔 거리이다. 그런 관계로 증산의 유족들과 교류가 자별하였다. 증산의 유족들은 이 무렵(1918) 집안 문제로 손바래기에서 따로 살림을 나 화해리 마동 김씨의 집 아래 샘 옆의 집 행랑채에 살았다. 여기서 증산의 부친 탈상을 하였으며, 증산의 무남독녀 강순임이 시집갈 때는 김씨가 머리를 얹어줄 정도로 사이가 가까웠다." 박용덕, 「도인이 남의 것 탐하면 쓰겠소: 정읍 화해리에서 7개월 ①」,《원불교신문》 1998.9.18 (http://www.wonnews.co.kr).

22 교단 내 전승에 따르면 정산에게 남겨진 유언과 유품은 증산의 누이였던 강율이 보관하고 있었으며 1919년 1월 15일 정산에게 전해졌다. 당시 정산은 이치복의 안내로 정읍 마동에 살고 있던 증산의 모친, 누이, 딸을 찾았던 것으로 전해진다. 증산의 딸인 강순임(강이순)은 정산이 자신의 모친, 즉 증산의 부인이었던 정씨를 찾아 함께 살 수 있도록 해 준 것으로 기록하고 있다. 정산은 1919년 9월 후견인으로서 보천교에서 보관하고 있었던 증산의 유품 중 하나인 조화궤를 회수하고, 1921년 9월 증산 모친의 동의하에 초빈(草殯)된 증산의 유골을 찾아 증산의 강세일에 기념 치성을 행하였다. 1927년도의 판결문에서도 정산이 증산의 유족을 맡아서 돌보았다고 기록되어 있다. 대순진리회교무부, 앞의 책, pp.192-193; 『화은당실기』(대한증산선불교회본부, 1960), pp.8-10; 「判決文」, p.1017; 전라북도, 앞의 책, pp.1-3 참조.

23 「判決文」, p.1016-1020 참조.

24 『화은당실기』 (대한증산선불교회본부, 1960), p.175.

하게 무극도에서 사용된 것으로 확인되는 옥추통, 운합주, 음양경, 도통주 등을 현재까지 사용하고 있고, 전문 비교가 가능한 개벽주·옥추통·운합주·음양경 등은 거의 동일하다.[25] 타 증산 종단에서는 시천주, 해인주라 명칭했던 주문을 무극도와 동일하게 기도주와 태극주로 부르며 현재까지 사용하고 있다.[26] 이처럼 증산법종교의 주문이 타 증산 종단과는 이질적이면서 무극도와 유사한 것은 교단의 기원이 무극도와 관련되어 있다고 밖에는 볼 수 없다.[27]

필사본 주문의 기원을 추론하기 위해서는 필사 지역의 증산 종단 활동을 확인할 필요가 있다. 1910~30년대 증산 종단 대부분은 전라도를 중심으로 활동하고 있었고 전국적인 교세를 지녔던 교단은 보천교와 무극도 정도였다. 보천교와 무극도가 경북 지역으로 확산된 시기는 1920년을 전후한 시기이므로 경북 안동 임하면의 천전지역

---

25 타 교단 기록에서 찾아 볼 수 없는 주문은 옥추통, 운합주, 음양경, 도통주 등이라 할 수 있다. 무극도와 증산법종교의 개벽주는 유사하지만 타 교단의 개벽주는 많은 차이를 보인다. 오히려 1950년대 태극도 개벽주와 타 교단의 개벽주가 유사하다. 대순진리회교무부, 앞의 책, pp.206-211; 고민환, 『仙政圓經』, p.135; 『법경』, pp.2-3, pp.7-25; 증산법종교(http://jsbeob.com, 태극주, 옥추통, 운합주, 음양경, 도통주, 개벽주, 2022.5.11) 참조.

26 대부분의 증산 종단에서 동학의 주문을 시천주라 명칭하고 있는데 반해서 무극도에서는 이를 기도주라 불렀다. 증산법종교에서 이를 기도주라 명명하고 있다는 것은 무극도의 영향이라고 보아야 한다. 박인규, 앞의 글, pp.143-144; 고민환, 앞의 책, p.126; 『법경』, p.6; 증산법종교(http://jsbeob.com, 기도주, 2022.5.11); 村山智順, 앞의 책, p.334 참조. 태극주도 무극도와 증산법종교에서 주로 사용된 주문인데 타 증산 종단에서 해인주로 전승되고 있다. 해인주가 무극도에서 기원된 것인지에 관해서는 보다 세밀한 검토가 필요하다. 고민환, 앞의 책, pp.138-139; 『법경』, pp.25-30; 증산법종교(http://jsbeob.com, 태극주, 2022.5.11); 『대순진리회교무부, 앞의 책, p.206 참조.

27 증산법종교의 주문은 넓은 의미에서 1940년대 이후의 무극도 관련 문헌으로 볼 수 있다.

에 증산 종단의 주문이 전해져 필사되었다면 그 시기는 1920년 이후로 보아야 한다.[28]

두 교단 중 안동 지역에서 왕성한 활동을 보였던 교단은 무극도인데 여러 가지 관련 기록을 통해서 이를 확인할 수 있다. 1925년 2월 25일 동아일보는 전북 정읍에 본부를 둔 무극교가 안동에도 발생했으며 일직면 송리동의 교당에 신도 삼백명이 모여서 기도를 드렸다는 기사를 게재하고 있다.[29] 동아일보는 4월 13일, 8월 6일에도 안동에서의 무극도의 왕성한 활동을 다루고 있으며,[30] 8월 20일자에는 일직청년회와 무극도간의 분쟁을 청년회의 입장에서 서술하면서 교도 수백명이 밤 열두시에 성대히 제(祭)를 치루려고 했다는 사실을 보도하고 있다.[31] 조선신문은 1926년 7월 안동법원 및 지청의 무극도 사건에 관하여 자세히 보도하면서 안동읍 내에 상당한 무극도 신자가 있다고 하였고,[32] 동아일보와 매일신보는 9월 안동지원과 지청의 판검사가 태인의 무극도장을 수색하였다는 기사를 게재하고 있다.[33] 당시 동아일보는 안동의 길안면에도 무극도가 전파된 사실을 보도하고 있다.[34]

---

28 의성김씨 천전파 소장 자료 대부분이 14세기 후반부터 구한말까지의 문헌이므로 1930년대 이전의 필사자료로 보아야 한다. 자료조사실 편, 『고문서집성 5: 의성김씨천상각파편(Ⅰ)』, p.1 참조.

29 「無極으로 統一天下」,《동아일보》1925.2.25 참조.

30 「處處片片」,《동아일보》1925.4.13 참조.

31 「安東無極敎徒 根據를 徹底撲滅」,《조선일보》1925.8.20 참조.

32 「無極道主が皇位につき, 寄附金の多寡に依り高位高官に任命すると途徹もない世迷言を並べて無智な信者から金を捲き上げる」,《朝鮮新聞》1926.7.20 참조.

33 「無極道本部를 檢事隊가 大搜索」,《동아일보》1926.9.21; 「無極大道敎 突然家宅搜索」,《매일신보》1926.9.21 참조.

무극도의 안동 지역 활동은 1925년 이전에도 활발했던 것으로 추측되는데 1922년에도 정산의 측근이었던 이우형, 권태로 등이 안동면과 풍서면 등에서 활동한 기록이 있다.[35] 또한 1924년에는 안동 일직면의 이창국이 최고위 간부인 주선원으로, 주선보에 안동 출신의 권태로, 연락원에 안동 풍남면의 강부담, 권영룡 등이 있었다고 파악되었다.[36] 당시 알려진 간부 13명 중 4명이 안동을 기반으로 하고 있었다. 1925년 11월 무극도 간부일람표는 무극도 간부 서열 2위의 주선보 3명 중 1명, "지방(地方)에 파견(派遣)하야 연락(聯絡)과 해당(該當) 지방도무(地方道務)를 협리(協理)"하던 종리(從理) 16명 중 1/4인 4명이 안동을 본적으로 하고 있었으며, 지방직원 중 최고 직위인 15명의 수연락(首聯絡) 중 2명, 63명의 연락(聯絡) 중 3명, 49명의 부분(府分) 중 8명이 안동을 본적으로 했다는 사실을 보여준다.[37] 연락이나 부분을 제외하고 보더라도 안동지역의 수연락 중 오승희의 부분원이 25명, 권오한의 부분원이 4명이므로 이들의 활동이 안동지역에 집중되었다고 가정한다면 1920년대 초반부터 확산된 무극도의 안동지역 교세는 1925년에 이르러서는 최소 3500명에 이르렀음을 짐작할 수 있다.[38] 이상에서 살펴본 결과를 토대로 한다면 필사본 주

---

34 「휴지통」,《동아일보》1926.9.7 참조.

35 권태로와 이우형은 1910년대 말부터 1920년대 까지 정산의 최측근으로 활동한 기록이 있다. 이에 따르면 권태로는 안동 출신이다. 대순진리회교무부, 앞의 책, p.192, p.194, pp.196-197, pp.200-201; 「判決文」(大邱地方法院 安東支廳 CJA 0001575, 1927.6.21), pp.1020-1021 참조.

36 『무극대도교개황』의 1~5항까지는 1924년의 기록으로 판단된다. 이에 관해서는 박상규 앞의 글, pp.76-80 참조. 보고를 위해『무극대도교개황』의 5항에는 간부 명단이 있다. 전라북도, 앞의 책, pp.14-17 참조.

37 같은 책, pp.37-52 참조.

문은 1920년대 안동지역의 무극도 신도의 구술이 필사되어 의성 김씨 약봉파 김구직가에 소장된 것이라 추측할 수 있다.

Ⅲ. 필사본 주문 고증

1920년대 안동 지역에서 왕성했던 무극도 활동 외에도 필사본 주문이 무극도에서 기원했다는 것을 알려주는 결정적인 것은 진법주의 "구천상제 하강지위"와 진법주 뒤의 "삼십삼천, 도솔천, 옥황상제성영지하, 봉명신, 옥동선자"라는 내용이다.

먼저 "구천상제 하강지위"에 관해 살펴보자. "하강지위"는 하감지위의 오기라고 볼 수 있으므로 필사본 진법주는 '구천상제 하감지위'라는 신위를 수위로 한다고 볼 수 있다.[39] 증산이 1900년 만들었다고 알려진 진법주를 증산 종단 대부분은 '구천하감지위'라는 원형 그대로 사용하였고 1920년대 증산 종단 중 구천상제라는 명호를 사용한 교단은 무극도가 유일하다.[40] 이로 본다면 필사본 진법주의 '구

---

38 1명이 부분이 120명의 신도를 교도관리한다는 도규에 따른다면 두 수연락에 소속된 신도만 계산해도 120×29=3,480명이다. 같은 책, p.23, pp.40-41 참조.

39 하강지위를 하감지위(下鑑之位)의 오기가 아니라 하강지위(下降之位)로 사용하는 교단도 있다. 따라서 당시에는 하강과 하감이 혼동되어 쓰여졌음을 알 수 있다. 차선근, 앞의 글, p.225; 『법경』, p.4; 증산법종교(http://jsbeob.com, 진법주, 2022. 5.11).

40 증산의 친자 종도인 고판례의 교단에서 간부 직책을 맡았던 고민환이 구전되는 갖가지 사실들을 수집하여 1918년부터 1931년 사이의 교단 상황을 기록한 『선정원경(仙政圓經)』에는 진법주가 '구천하감지위'로 시작한다. 또한 보천교 역시 1921년 고천제에서 "단상에 일월병(日月屛)을 세우고 위목(位目)은 구천하감지위(九天下鑑之位), 옥황상제하감지위(玉皇上帝下鑑之位), 삼태칠성응감지위(三台七星

천상제 하감지위'는 진법주 원형이 정산에 의해 변형된 것임을 알
수 있다.

필사본 진법주와 요시가와 분타로[吉川文太郎]의『조선제종교(朝鮮諸
宗敎)』(1922) 및 고민환의『선정원경(仙政圓經)』에 기록된 진법주를 비
교해 본다면 이는 더욱 명확히 드러난다.

필사본 진법주

구텬상제하강지위, 옥황상제하강지위, 석가여래하강지위, 명부십왕
응강지위, 옥악산왕응강지위, 사해용왕응강지위, 사시토왕응강지위,
직선조하강지위, 외선조응강지위, 처선조응강지위, 처외선조응강지
위, 칠성사자내대지위, 우즉사자내대지위, 좌즉사자닉딕지위, 명부사
자닉딕지위, 텬장길방하야, 이사진인하시나니, 물비소시하사, 봉명신
소원성취

『조선제종교(朝鮮諸宗敎)』진법주

天下鑑宙宇 玉皇上帝下鑑宙宇 釋加如來下鑑宙宇 明府十王應感宙宇

<hr />

應感之位)라고 대서(大書)하여 3위(位)를 설(設)"했다고 전해져 진법주의 "구천
하감지위(九天下鑑之位)"를 변형없이 사용했음을 알 수 있다. 차선근, 앞의 글,
p.264; 고민환, 앞의 책, p.134; 이영호,『보천교연혁사 상』(보천교중앙총정원,
1948), p.23b 참조. 태극도와 대순진리회는 '구천응원뇌성보화천존강성상제'에
대한 간칭으로 구천상제를 공식적으로 사용했다.「권두사: 도문소자는 단결하라」,
『태극도월보』9 (1968), p.3, p.6; 대순진리회교무부 편,『대순지침』(서울: 대순진
리회출판부), p.13, p.17, p.50 참조. 증산법종교의 진법주에도 구천상제라는 신격
이 있지만 교단의 시작이 1937년이기에 필사본 주문과는 관계없다. 증산법종교
에서는 증산을 증산미륵불로 명칭하고 있다. 차선근, 앞의 글, p.255;『법경』, p.4;
증산법종교(http://jsbeob.com, 진법주, 2022.5.11); 한국민족문화대백과사전
(http://encykorea.aks.ac.kr, 증산법종교, 2022.5.11).

五嶽山王應感宙宇 四時土王應感宙宇 己卽先祖下鑑宙宇 妻外先祖應
感宙宇 七星使者來待宙宇 右翼使者來待宙宇 明府使者來待宙宇 天將
吉方ᄒ사 以賜眞人ᄒ나니 滅匪小詐ᄒ서 所願成就ᄒ옵소셔[41]

『선정원경(仙政圓經)』진법주

九天下鑑之位 玉皇上帝下鑑之位 釋迦如來下鑑之位 冥府十王應感之
位 五嶽山王應感之位 四海龍王應感之位 四時土王應感之位 直先祖下
鑑之位 外先祖應感之位 妻先祖應感之位 妻外先祖應感之位 七星使者
來待之位 右直使者來待之位 左直使者來待之位 冥府使者來待之位 天
藏吉方하야 以賜眞人하나니 勿秘昭示하사 所願成就 하옵소셔[42]

요시가와와 고민환에 의해 기록된 1910~20년대의 진법주는 수위
(首位)가 신(神)이 아니라 천(天)이다. 필사본 진법주는 수위가 구천(천)
에서 구천상제라는 신으로 변경되어 있어 변형된 것임을 알 수 있다.
필사본 진법주는 정산이 증산을 구천응원뇌성보화천존상제로 공표
하면서 진법주를 고친 이후 구전되어 필사된 것으로 보아야 한다.
정산이 증산을 구천상제로 공표한 시점이 무극도가 창설된 1925년
4월이었으므로 필사 시기는 1925년 이후일 가능성이 크지만 공표

---

41 吉川文太郞,『朝鮮諸宗敎』(京城: 朝鮮興文會, 1922), p.363.
42 고민환은 증산 화천 이후 최초로 형성된 교단인 고수부의 선도교에서 간부 직책을
    지냈으며, 일찍부터 고수부를 따르면서 구전되는 갖가지 사실들을 수집하여
    1918년부터 1931년 사이의 교단 상황을 선정원경(仙政圓經)으로 정리했다. 차선
    근, 앞의 글, p.264; 고민환, 앞의 책, p.134; 이영호,『보천교연혁사 상』(보천교중
    앙총정원, 1948), p.23b 참조.

이전 변경하였을 가능성도 없지 않다.

필사본 진법주가 무극도에서 기원한 주문임을 방증하는 자료로는 증산법종교에서 사용하는 진법주를 들 수 있다. 앞서 살펴보았듯이 증산법종교의 주문은 1940년대 이후 사용된 것으로 무극도의 영향을 강하게 받았다. 증산법종교의 진법주는 타 증산 종단에서 사용된 진법주가 아니라 필사본 진법주와 유사하다.[43] 특히 "구천상제하강지위(九天上帝 下降之位)"와 "물비소시 봉명신 소원성취(勿秘昭視 奉命身 所願成就)" 부분은 내용과 형식에서 필사본과 일치하고 있는데 두 주문의 기원이 모두 무극도임을 전제할 경우에만 논리적인 설명이 가능하다.[44] 증산법종교는 증산을 증산미륵불로 봉안했으며 구천상제로 신앙하지 않는다는 사실도 이를 방증한다.[45]

---

43 필사본은 한글로 된 토가 달려있지만 증산법종교의 진법주는 한글로 된 토가 없다. 증산법종교 홈페이지에 수록된 진법주는 『법경』과 차이가 있다. "석가여래 하강지위"가 없는 대신 "십이신장 응감지위 칠성선녀 응감지위 옥동성자 응감지위(十二神將 應鑑之位 七星仙女 應鑑之位 玉童聖子 應鑑之位)"가 추가되어 있다. 증산법종교에서 사용된 1990년대와 현재의 진법주가 다른 이유는 정확히 알 수 없다. 하지만 필사본 진법주와 유사한 주문이 증산법종교에 전승되었다는 사실은 명확하다. 『법경』, pp.4-5; "진법주 眞法呪 구천상제 하강지위 옥황상제 하강지위 九天上帝 下降之位 玉皇上帝 下降之位 명부십왕 응감지위 오악산왕 응감지위 冥府十王 應鑑之位 五嶽山王 應鑑之位 사해용왕 응감지위 사시토왕 응감지위 四海龍王 應鑑之位 四時土王 應鑑之位 십이신장 응감지위 칠성선녀 응감지위 옥동성자 응감지위 十二神將 應鑑之位 七星仙女 應鑑之位 玉童聖子 應鑑之位 직선조 하강지위 외선조 응감지위 直先祖 下降之位 外先祖 應鑑之位 처선조 응감지위 처외선조 응감지위 妻先祖 應鑑之位 妻外先祖 應鑑之位 칠성사자 래대지위 우측사자 래대지위 좌측사자 래대지위 七星使者 來待之位 右則使者 來待之位 左則使者 來待之位 명부사자 래대지위 천장길방 이사진인 冥府使者 來待之位 天藏吉方 以賜眞人 물비소시 봉명신 소원성취 勿秘昭視 奉命身 所願成就" 증산법종교(http://jsbeob.com, 진법주, 2022.5.11) 참조.

44 무극도의 경우 증산이 전한 진법주가 정산에 의해 1차 변경되고 이후 여러차례 변형되어 1950년대 태극도 진법주로 정비되었다면 증산법종교의 경우 정산에 의해 1차 변경된 진법주가 현재까지 전해졌다고 볼 수 있다.

두 번째 결정적인 증거라 할 수 있는 부분은 필사본 진법주 뒤부
터 운장주 앞까지 기록된 "삼십삼천, 도솔천, 옥황상제성영지하, 봉
명신, 옥동선자"라는 주문이다. 증산법종교의 삼천주와 유사한데
이는 앞서 진법주에서 살펴보았듯이 필사본 주문이 무극도에서 기
원했다는 것을 시사한다.[46] 여기에 더해서 "삼십삼천, 도솔천, 옥황
상제성영지하, 봉명신, 옥동선자"가 1920년대 무극도에서만 사용된
사실이 입증된다면 필사본이 무극도의 주문임은 더욱 분명해진다.

증산 종단 중 옥황상제를 신앙대상의 하나로 봉안한 곳은 무극도
만이 아니다. 보천교를 비롯한 다수의 증산 종단은 증산을 옥황상제
로 신앙했다.[47] 하지만 증산을 구천상제로 신앙하고 옥황상제를 삼
십삼천도솔천의 주재자로 해석하여 "삼십삼천도솔천옥황상제"로
그 명호를 정하면서 증산과는 다른 별개의 신으로 봉안한 교단은 무
극도가 유일하다. 1924년에 쓰여진 『무극대도교개황』에 따르면 무

---

45 차선근, 앞의 글, p.255 참조.

46 증산법종교의 삼천주는 1990년대와 현재가 다르다. 현재의 형태가 오히려 1920년
대의 필사본과 일치도가 높다. 증산법종교에서는 2018년경 『용화진경』(1969)이
발굴되어 교단의 중요 문헌이 수정된 사실이 있다. 『용화진경』은 부분적으로만
공개되어 있는데 주문은 운합주의 끝만 확인할 수 있다. 이를 통해 살펴보면 『법경』
운합주의 끝에 있는 "자리주리 준제사파하(堤理周理 準提娑婆啊)"가 홈페이지
운합주에는 자리주리 준제사바하(玆理周理 準提娑婆訶)로 변화된 것은 용화진
경의 발굴에 따른 고증 결과로 추정된다. 따라서 삼천주 역시 용화진경을 통해 고
증되어 수정된 것으로 보인다. "三天呪 삼천주 三十三天兜率上帝奉命道今玉童
聖子助我通靈神 삼십삼천도솔상제봉명도금옥동성자조아통령신" 『법경』, p.1;
"삼천주 三天呪 삼십삼천 도솔천 옥황상제 성령지하 봉명신 옥동성자 三十三天
兜率天 玉皇上帝 聖靈之下 奉命神 玉童聖子" 증산법종교(http://jsbeob.com, 삼
천주, 2022.5.11); 증산법종교(http://jsbeob.com, 운합주, 2022.5.11); 증산법종
교(http://jsbeob.com, 상제님 유서 (출처: 용화진경), 2022.5.11) 참조.

47 차선근, 앞의 글, pp.254-259 참조.

극도에서는 간부를 임명할 때 "三十三天兜率天玉皇上帝聖灵之下"에 이름을 올리고 소지(燒紙)했다고 기록하고 있다.[48] 『조선의 유사종교(朝鮮の類似宗敎)』(1934)는 무극도 도장에는 증산을 봉안한 영전(靈殿) 영대(靈臺)가 있으며 이와 독립적인 성전(聖殿) 최상층의 도솔궁(兜率宮)에 삼십삼천이 봉안되었고, 경천수도의 대상인 본존(本尊)이 도솔천과 증산(교조 강일순)이었다는 기록이 있다.[49] 이 기록들은 필사본 주문의 "삼십삼천, 도솔천, 옥황상제성영지하"의 용어들이 1920년대에는 무극도에서만 사용되었음을 명확하게 보여준다.

봉명신과 옥동선자 또한 무극도와 관련된 문헌에서만 발견된다.[50] 봉명신은 1920년대 무극도에서 사용되었던 개벽주 끝부분에 나타나는데 "… 神將感我微誠助我宇一大運大事改改降臨降臨侍衛我奉命身大運大命太一聖哲常隨不離 … "라는 부분에서 볼 수 있다.[51] 주목할 부분은 1950년대 태극도의 봉축주 및 진법주에는 대운

---

48 전라북도, 앞의 책, p.10.

49 무라야마는 증산이 "나는 옥황상제의 재생이며, 나 자신은 미륵불의 재생이다."라 했고 무극도에서도 이를 수용한 것처럼 기술하여 무극도에서 증산을 옥황상제로 신앙한 것으로 기술한 후, 무극도의 본존을 삼십삼천인 도솔천과 증산이라고 규명하고 있다. 무극도에서 도솔천은 옥황상제를 의미하기에 무라야마의 설명은 자체적으로 모순된다. 무라야마의 기술이 모순되게 된 이유는 무극도의 삼십삼천 도솔천이 옥황상제라는 사실을 인지하지 못하고 무극도 신앙체계를 보천교 등의 증산종단과 동일하게 보았기 때문이다. 村山智順, 앞의 책, pp.335-336 참조.

50 증산법종교의 주문과 경전에서도 나타나지만 앞서 살펴보았듯이 이는 무극도의 영향으로 볼 수 있다. 『화은당실기』, p.70; 『법경』, p.1; 증산법종교(http://jsbeob.com, 삼천주, 2022.5.11) 참조.

51 무극도와 증산법종교의 개벽주는 거의 동일한데 가장 큰 차이는 태일성철(太一聖哲)이 증산법종교에서는 사용되지 않았다는 사실이다. 태일성철은 무극도 시기에 정산에 의해 사용되기 시작했다는 기록이 있으므로 증산법종교는 무극도의 개벽주에서 태일성철을 삭제하여 사용했다고 볼 수 있다. 대순진리회교무부, 앞의 책, pp.208-209; 『법경』, pp.19-25; 증산법종교(http://jsbeob.com, 개벽주, 2022.

대사(大運大事) 및 소원
성취의 주체가 "무극
신대도덕봉천명봉신
교태극도주조정산"
이었다는 점이다. 이는
개벽주나 필사본 주문
에서 대운대명이나 소
원성취의 주체로 나타
나는 봉명신이 증산의

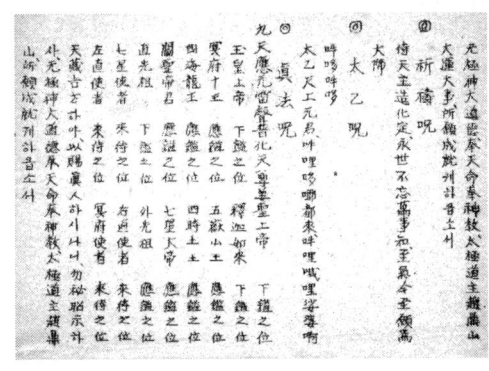

[그림 2] 1950년대 태극도 봉축주와 진법주

명을 받은 정산이며 무극도 창도 전 정산이 스스로를 지칭한 용어임
을 시사한다.

　옥동선자가 원래 옥동성자(玉東聖子)로 무극도에서 정산을 지칭했
던 명칭이었다는 사실은 정산의 부친이었던 조용모에 대한 1927년
6월의 판결문을 통해 확인할 수 있다. 면소 결정 판결문에는 증산의
유족으로부터 정산에게 전해진 전장(典章)의 일심봉축장에 "옥황상
제폐하(玉皇上帝陛下) 어하(御下) 천상천하(天上天下) 봉명행령(奉命行令) 위
의(威儀) 도원수(都元帥) 도대장군(都大將軍) 옥동성자(玉東聖子) 주인우일
대사(主人宇一大事)"라는 글이 있었으며, 정산이 "옥동성자주인우일대
사(玉東聖子主人宇一大事)"를 "태일성철정령(太一聖哲定領)"으로 고치고 이
를 인쇄하여 축문으로 읽고 소각하도록 하였는데 이를 통해 정산이
하늘의 명을 받아 천하를 다스리게 된다는 의미였다고 기록하고 있

---

5. 11); 「判決文」, pp.1019-1020 참조.

다.[52] 이 기록을 통해 본다면 옥동성자, 주인, 우일(宇一) 등은 모두 정산을 지칭하는 명칭으로 볼 수 있다.[53]

필사본 주문의 구천상제, 삼십삼천도솔천옥황상제, 봉명신, 옥동성자 등은 1925년을 전후로 한 시기 무극도 주문의 지문(指紋)이라고도 볼 수 있을 것이다.[54] 이외에도 필사본 주문이 무극도의 것임을 방증해 주는 내용은 몇 곳이 더 있다. 이를 순서대로 살펴보면 다음과 같다.

첫째, 필사본 진법주 다음에 나타나는 "왈유도, 도유덕, 덕유화, 화유육, 육유창싱, 창싱유억조, 억조유원딕, 원딕"라는 부분이다. 이와 유사한 문구는 증산이 1909년 1월 1일 종필한 현무경에 나타난다.[55] 전해지는 현무경 16면에는 "왈유도(日有道) 도유덕(道有德) 덕유화(德有化) 화유육(化有育) 육유창생(育有蒼生) 창생유억조(蒼生有億兆) 억조유원대(億兆有願戴) 원대유당요(願戴有唐堯) 기초동량종(基礎棟樑終)"이 반서체로 쓰여져 있었다.[56] 두 글을 비교하면 주

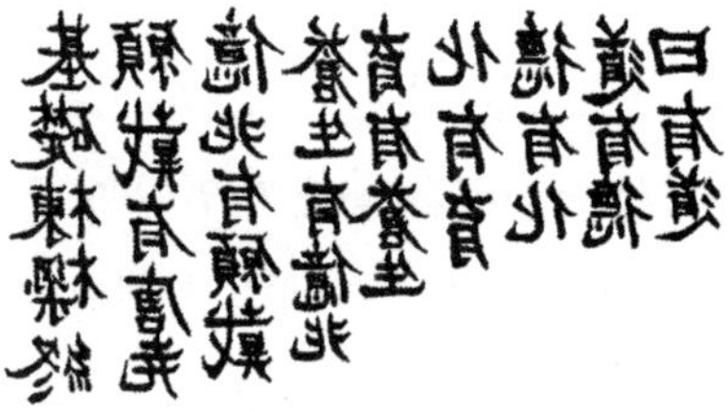

[그림 3] 현무경 16면

52 앞의 글, pp.1019-1020 참조. 여덟종류의 주문을 쓴 종이를 무극도 신자들이 매일 소각했다는 기사가 1925년 7월에 있었다. 「惑世誣民하는 無極大道團」,《동아일보》1925.7.6 참조.
53 정산이 1917~18년경 안면도에서 우일재(宇一齋)를 마련하고 공부를 했다는 기록이 있다. 대순진리회교무부, 앞의 책, p.192 참조.
54 정산을 봉명신으로 지칭한 시기는 무극도주로 추대되는 1925년 4월 이전일 가능성이 크다. 따라서 주문의 필사 시기는 1925년 4월 이전으로도 볼 수도 있다.
55 같은 책, p.182 참조.
56 같은 책, p.186; 장병길, 『증산종교사상』 (서울: 한국종교문화연구소, 1976),

문의 경우 끝 부분의 "유당요 기초동량종"이 없다. 이 부분이 필사과
정에서 탈락된 것인지는 불명확하다. 탈자가 있다고 하더라도 이 글
에서 가장 핵심이 되는 단어는 '억조창생이 있으니 추대(推戴)를 원한
다'는 맥락에서 사용된 원대(願戴)인데, 1920년대 무극도의 주문 중
에 원대주(願戴呪)가 있었다는 점에서 본다면 원대와 관련된 부분은
원대주임을 추론할 수 있다.[57] 원대주의 존재는 필사본이 무극도에
서 기원한 것이라는 사실을 방증한다. 원대주가 사용되었던 기록이
있는 교단은 무극도가 유일하기 때문이다.[58]

둘째, 도통주 전에 있는 "여턴지합기덕, 여일월합기명, 여사시합
기서, 여신명합기길흉"이라는 부분이다. 원래 "여천지합기덕(與天地
合其德) 여일월합기명(與日月合其明) 여사시합기서(與四時合其序) 여귀신
합기길흉(與鬼神合其吉凶)"은 『주역(周易)』에서 대인(大人)을 설명하는 말
로 건괘(乾卦) 문언전(文言傳)에 있다. 동아시아에서는 오래전부터 널
리 알려진 문구인데 정산은 이를 변용하여 천년, 백년 간에 출세하여
중생을 구제할 복희, 단군, 문왕, 석가, 공자, 노자 등과 같은 제왕이
나 스승을 설명하는 중요한 문구로 사용하였다. 특히 증산에 대해서
도 이 문구를 사용했기에 무극도에서는 신앙대상이나 진인을 실명
하는 핵심적인 개념이었다고 할 수 있다.[59] 이 문구가 주문에 나타난

---

p.238 참조.

57 대순진리회교무부, 앞의 책, p.206 참조.

58 증산법종교에서도 원대주는 전승되지 않는다.

59 1956년에 간행된 『태극도통감』의 태극도취지서에는 이와 거의 유사한 "度濟衆
生者ㅣ 間千百年而一出하나니 所謂 與天地合其德하며 與日月合其明하며 與四
時合其序하며 與鬼神合其吉凶者也라"는 내용이 있다. 우당은 태극도취지서를
일부 수정하여 대순진리회를 정의하는 글로 공표했다. 『태극도통감』 (부산: 태극

다는 것은 필사본이 무극도의 신앙체계를 반영하고 있다는 것을 잘 보여준다.[60]

셋째, 도통주에 해당하는 부분이다. 필사본 도통주는 1950년대 태극도의 도통주와 많은 차이를 보인다. 크게 차이가 나는 부분은 다음과 같은데, 필사본의 "태을사칠성두우군"이 태극도 주문에는 "태을성두우군(太乙星斗牛君)"으로, 필사본의 "일월삼용은 이장생 도통도덕"이 태극도 주문에는 "신아신아삼아삼아(神呀神呀三呀三呀) 이도통도덕(以道通道德)"으로, 필사본의 "중찰인사와 능위조화를 왈음공천은 옴바르지 옴바르지 옴바르지"가 태극도 주문에는 "중찰인사(中察人事)케 하옵소서"로 되어있다. 많은 차이가 있어서 필사본이 무극도 주문이 아니라고 판단할 수도 있다. 하지만 도통주라는 명칭의 주문을 1920~30년대에 사용했다는 기록을 지닌 교단은 무극도가 유일하고,[61] 주문에 있어서 무극도와 같은 기원을 지녔거나 무극도의 영향을 받았던 증산법종교의 도통주가 필사본 주문과 대부분 일치한다는 사실은 필사본 주문이 1920년대 무극도에서 사용되었던 주문임을 방증한다.[62] 태극도 도통주와 필사본 도통주의 차이는 오히려 무극도 도통주가 1920년대 이후 정산에 의해 변형되었다는 것을 시

도본부, 1956), p.2; 「대순진리회」, 『대순회보』 38 (1993), p.2 참조.

60 "여턴지합기덕 여일월합기명 여사시합기서 여신명합기길흉" 바로 앞의 주문인 "삼십삼천, 도솔천, 옥황상제성영지하 봉명신 옥동선자"와 연결하면 삼십삼천도솔천옥황상제성령의 명을 받은 정산이 중생을 구제하는 성인의 위에 오르기를 축원하는 의미를 지니게 되어 1920년대 무극도의 신앙체계 및 목표와 부합된다.

61 村山智順, 앞의 책, pp.335 참조.

62 "天上元龍 甲戊太乙 四七星 斗牛君 日月三龍 以長生 道通道德 上通天文 下達地理 中察人事 能爲造化 日嚴共天焉 唵嘛哩池 唵嘛哩池 唵嘛哩池" 『법경』, pp.2-3; 증산법종교(http://jsbeob.com, 도통주, 2022.5.11).

사하고 있는 것이다.

필사본 도통주가 태극도 도통주와 가장 큰 차이를 보이는 부분은 주문 끝에 3차례 반복되는 "옴바르지"라는 불교 진언이다. 일견 본다면 필사과정에서 일어난 오류라고 생각할 수 있다. 하지만 증산이 '사바아'나 '훔' 등의 진언으로 주문을 마무리 한 적이 많았다는 점에서 본다면 필사본 주문이 증산이 전한 도통주의 원형일 가능성을 배제할 수 없다.[63] 조선시대에 광범위하게 유행한 오대진언 중에 "옴 바르지"와 유사한 음이 있다는 점에서 본다면 오자라고 보기는 어렵다.[64]

무극도 주문 중에도 끝을 불교의 진언으로 마무리한 예를 운합주에서 확인할 수 있다. 운합주 끝에는 "周隨利隨唵哈唵玆散利周利遵則裟婆啊(주수리수옴합음자산리주리준즉사바아)"라는 문구가 있는데 한문으로는 해석이 불가능하다.[65] 진언으로 보면 의미를 알 수 있는데 '주수리수(周隨利隨)'는 '수리수리'나 '수수리'의 음사, '옴합(唵哈)'은 정법계(淨法界) 진언 '옴남'의 음사로 볼 수 있다.[66] "唵玆散利周利遵則裟婆

<hr>

63 증산의 주문 중에서 사바아, 훔 등의 불교식 진언으로 마무리된 것은 태을주, 운장주, 예고주 등이다. 예고주의 원래 명칭은 불분명한데 무극도에서는 예고주로, 타 증산종단에서는 지신주, 가택지신안정주 등으로 불려졌다. 대순진리회교무부, 앞의 책, pp.163-164, p.294; 고민환, 앞의 책, pp.126-128 참조.

64 관세음보살일정마니수진언(觀世音菩薩日精摩尼手眞言)인 "唵度比迦野度比鉢囉嚩哩儜薩嚩賀(Om tupikaya tupipra vardi svaha, Om Dubi GayeDubi Pra Varini Svaha)"에는 바르디, 바리니 등의 진언이 있다. 한국민족문화대백과사전 (http://encykorea.aks.ac.kr, 오대진언(五大眞言), 2022.5.13); 『慶北大學校大學院國語國文學研究資料 第2輯7 오대진언』(경북대학교대학원, 1954), p14; https://www.arama.kr/Dailykamma/7753472; http://ydsnrs.com/zjg/qita/world/dbz_mudra/dbz_mudraa.html 참조.

65 대순진리회교무부, 앞의 책, p.208 참조.

啊(음자산리주리준즉사바아)”는 “唵玆利周利遵則裟婆啊(음자리주리준즉사바아)”의 오기로 불교의 준제(准提) 진언과 음이 유사한다.[67] ‘음(唵)’은 산스크리트 ‘옴(oṃ)’의 음사로 볼 수 있는데 음으로 읽기도 하기 때문이다. 준제 진언은 범어로 “ॐ चले चुले चुन्दे स्वाह(oṃ cale cule cunde svāhā)”인데 중국어로는 “唵折隶主隶准提娑诃(om, zha-li zhu-li zhuang-di si-wa-ha)”로 음사되었고 한국에서는 “옴자례주례준제사바하(唵折戾主戾准締娑婆訶)”로 외워졌다.[68] 준제 진언이 운합주에서는 ‘唵玆利周利遵則裟婆啊(음자리주리준즉사바아)’로 표기된 것이다.

불교진언의 융합이라는 무극도 주문의 특성을 참고해 본다면 “옴바르지 옴바르지 옴바르지”로 끝나는 필사본 도통주는 무극도 주문의 독특한 형식을 반영하고 있는 것이다. 필사본의 칠성주 뒤에 있는 “준제준제 주준제 나무아미타불 준제준제 주쥰제 나무아미타불 준제준제 주준제 나무아미타불”의 주문 또한 무극도 주문이 지닌 독특한 형식의 한 예로 볼 수 있다. 증산법종교의 주문에 준제주가 있

---

66 대한불교진흥원통일법요집편찬위원회 편, 『통일법요집』(서울: 대원정사, 1988), p.52; 이지환 역, 『예불 천수경』, (서울: 관음출판사, 1997), p.30 참조.

67 음자산리주리준즉사바아(唵玆散利周利遵則裟婆啊)에서 산(散)은 식자 오류로 보인다. 증산법종교에 전해지는 운합주에는 “唵玆理周理準提娑訶”로 표기되어 있으며 『진경』에는 음자리주리준제사바아(唵玆利周利遵制裟婆啊)로 되어 있다. 『용화진경』(증산법종교, 1969), p.30; 태극도편찬위원회, 앞의 책, p.425-426 참조. 준제보살은 산스크리트어로는 caṇḍi라고 하며 한자로는 준제(准提), 혹은 준니(准尼)로 음역되는 관음보살로 6관음의 하나이다. 춘디는 청정이라는 뜻이다. 한국불교대사전편찬위원회 편, 『한국불교대사전 6』(서울: 보련각, 1982), p. 181 참조.

68 维基百科(https://zh.wikipedia.org, 准提陀羅尼, 2022.5.13); 불교기록문화유산 아카이브(https://kabc.dongguk.edu, 佛說七俱胝佛母心大准提陀羅尼經, 2022.5. 13); 이지환 역, 앞의 책, pp.31-32 참조.

고 필사본의 해당 주문과 동일하다는 점은 이를 방증한다.[69] 증산이 남긴 현무경 19면에는 나무아미타불이 있고, 증산이 공사 중에 태운 『천수경』에도 준제 진언이 수록되어 있다는 사실은 이 주문 또한 증산이 전한 주문이거나 정산이 변용한 것임을 시사한다.[70]

넷째 "명덕관음팔음 ‹ ‹" 부분이다. 증산은 1907년 12월에 오주를 지었는데 그중 하나가 "명덕관음팔음팔양 지기금지원위대강(明德觀音八陰八陽 至氣今至願爲大降)"이다.[71] 둘을 비교하면 "명덕관음팔음"의 부분만 동일하지만 필사본의 경우 팔음 뒤 글자 반복 부호가 필사본 마지막의 "시천주조화정영세불망만사지지기금지 ‹ ‹"의 "‹ ‹" 부분과 일치하므로 "원위대강"으로 볼 수 있다. 따라서 이 주문은 증산의 오주 중 하나인 "明德觀音八陰八陽 至氣今至願爲大降"의 일부가 잘못 필사된 것이다. 증산의 오주 중 명덕관음으로 시작되는 주문을 증산법종교에서는 관음주라 하였고 무극도에서도 관음주를 사용했다는 기록이 있으며 타 증산 종단에서는 이 주문을 관음주라 부르지 않았다는 점도 필사본이 무극도의 것임을 시사한다.[72]

다섯째, 이십사절주와 이십팔수주 부분이다. 필사본의 이십팔수주와 이십사절주는 1920년대 무극도 주문과 대부분 동일하다.[73] 타

---

69 『법경』, p.3; 증산법종교(http://jsbeob.com, 준제주, 2022.5.11).

70 대순진리회교무부, 앞의 책, p.208, p.320 참조.

71 같은 책, p.168; 고민환, 앞의 책, pp.126-127 참조.

72 『법경』, p.7; 증산법종교(http://jsbeob.com, 관음주, 2022.5.11); 대순진리회교무부, 앞의 책, p.206; 고민환, 앞의 책, p.126-127 참조.

73 무극도 주문에는 이십팔수와 이십사절후가 성하(星下), 후하(候下)로 표기되어 있지만 이는 잘 알려져 있었던 이십팔수와 이십사절후를 축약했다는 의미이다. 주문을 마무리하는 급급여율령이 필사본에 없는 것은 필사되면서 탈락된 것으로 볼 수 있다. 대순진리회교무부, 앞의 책, p.206 참조.

증산 종단의 경우 이십팔수주를 찾기 어려우며 이십사절주의 경우
도 절후뒤에 이십사장(二+四將)이 없다.[74] 1920년대에 28수와 광무제
의 운대 28장으로 구성된 이십팔수주와, 24절후와 당태종의 24장으
로 구성된 이십사절주를 사용한 교단은 무극도가 유일하다. 필사본
진법주가 무극도에서 기원했다는 것을 잘 보여주고 있다.

　여섯째, 칠성주 부분이다. 필사본 칠성주는 1920~30년대 증산 종
단에서 사용되던 칠성경과 대부분 동일하며 1950년대 태극도의 칠
성주와 일부분이 다르다.[75] 즉 필사본 칠성주를 1950년대 태극도 칠
성주와 비교하면 "삼티허정 육순곡싱 싱아양아호아"와 "신형" 사이
에 "형아허신형(形我許身形)"이 더 있는 것이 확인된다. 다른 증산 종
단의 칠성경과 동일한데 이것은 증산이 도교의 북두주를 변형하여
만든 칠성경 원형에는 "형아허신형(形我許身形)"이 추가되어 있었다
는 것을 의미한다. 필사본 칠성주는 증산의 칠성경 원형과 일치하는
것이다. 이는 정산이 증산의 칠성경을 변형했다는 교단내의 구전 전
승과도 일치한다.[76]

74　보천교의 주문에는 이십사절주나 이십팔수주를 찾을 수 없으며 고판례의 교단에
　　서는 절후문으로만 된 이십사절후주를 찾을 수 있다. 村山智順, 앞의 책, pp.322-
　　323; 고민환, 앞의 책, p.126 참조.

75　같은 책, p.127; 村山智順, 앞의 책, p.323 참조.

76　교단 내에서 전해지는 구전 전승 이외의 문헌기록으로는 태극도의 『진경』이 있다.
　　1970~80년대에 수집된 자료를 고증없이 사용하여 정확한 기록으로 볼 수는 없지
　　만 『진경』은 정산이 1920년대에 칠성주 해당 부분을 삭제하여 북두주와 동일하
　　게 변형했다고 기록하고 있다. 하지만 대부분 무극도의 주문을 사용했던 증산법
　　종교도 증산이 전한 원형의 칠성주를 사용했다는 점에서 본다면 변형시기는 1925년
　　이 아니라 1937년 이후로 볼 수도 있다. 『진경』은 증산이 전한 칠성주에 좌보우필
　　이 있었고 이를 1920년대 정산이 삭제했다고 했는데 필사본 필성주가 무극도에서
　　기원했다는 전제에서 본다면 이는 신빙성이 없다. 증산 종단의 칠성주는 광범위하

여섯째, 필사본 주문에는 태을주가 전혀 나타나지 않으며 마지막에는 기도주, 즉 "시천주조화정 영세불망 만사지 지기금지 ` ` "가 세차례 반복되어 있다는 사실이다. 다른 증산 종단과는 달리 무극도는 태을주가 아니라 기도주를 자신들의 대표적 주문으로 활용했다. 1924~25년에 무극도에 대해 기술한 『무극대도교개황』에는 기도주 전문을 수록하고 이를 무극도의 일반 주문이라고 소개하고 있다. 반면 태을주에 대한 언급은 전혀 없다. 『조선의 유사종교』(1934)에도 무극도는 태을주보다 기도주에 중점을 두고 있다고 기술하고 있다.[77] 이는 당시의 기사를 통해서도 확인할 수 있다.[78] 가장 대표적인 것을 소개하면 다음과 같다.

> 무극도의 교당을 차자가니 도주 조철제의 삼촌이라는 조용서씨가
> 친절이 안내해 준다. 보련교에서 보든 그것과는 범위가 자못 적은데
> 치성소라는 삼층루각에는 별달리 위해 노흔 제단이 업고 그림 몇조각
> 부처노흔 바람벽 엽헤 소반에 청수한 그릇, 향불 화로 한개가 노혀잇
> 다. 안내하는 이십내외의 초립동신랑이 향불을 부처노코 북향사배를
> 한 후 주문을 불태워 버린다 ㄱ 주문은 **侍天主造化定 永世不忘萬事知**
> **至氣今至願爲大降** 이라는 것이다. 이것이 안심(安心) 경텬수도(敬天修

게 유포되어 있었으므로 증산법종교의 칠성주가 다른 주문과는 달리 무극도에서 기원한 것이 아니라면 그 변형시기는 1920년대로 추정할 수도 있다. 태극도편찬위원회, 앞의 책, 『진경』, p.432; 『법경』, pp.33-35; 증산법종교(http://jsbeob.com, 칠성경, 2022.5.11) 참조.

77 村山智順, 앞의 책, p.334 참조.

78 「義城一帶에 無極敎가 蔓延」, 《조선일보》 1926.3.31 참조.

道)하라는 강증산 선생의 유훈을 이은 한울 공경하는 법이라 하며 그 알에층으로 나려와서 역시 가튼 례배를 돌이는 이는 만물의 덕(德)은 칠성(七星)에 있다하야 칠성을 숭배하는 것이라 한다.[79]

위의 기사에서 보듯이 성전에서의 의례에서도 기도주가 중심이 되어 있다. 매일 3차례 하는 기도에서 기도주가 쓰여진 종이를 태웠다는 기록도 있다.[80] 이상의 기사는 태을주를 전혀 수록하지 않고 마지막에 기도주를 반복해서 기록한 필사본 주문이 무극도의 신앙체계를 반영하고 있다는 것을 잘 보여준다.

IV. 맺음말

안동 지역에서 발견된 진법주를 여러 문헌 및 다른 기원의 주문 등과 비교 고증한 결과 발굴지역과 형식 및 내용 상 1920년대 무극도에서 사용된 주문에서 기원한 문헌임을 알 수 있었다. 이 고증 결과는 무극도 주문의 변화 및 정비과정을 대략적으로 살펴볼 수 있는 중요한 토대를 제공해 준다는 점에서 대순 신앙의 주문연구의 중요한 전기가 될 것이다. 필사본을 무극도 주문으로 전제하고 태극도의 주문과 비교하여 분석하면 정산의 주문 변형과 정비과정이 언제 어떠한 맥락에서 이루어졌는지를 대략적으로 파악해 볼 수 있기 때문

---

79 최용환, 「伏魔殿을 차저서 無極敎正體 -8-」, 《동아일보》 1929.7.26.
80 「惑世誣民하는 無極大道團」, 《동아일보》 1925.7.6 참조.

이다. 1925년의 무극도 창도 이전과 이후, 해방 전후 등 시기에 따른 정산의 공부와 도수 해석과 연계하여 주문의 변화를 분석한다면 지금까지 잘 드러나지 않았던 정산의 사상을 보다 세밀하게 알 수 있을 것이다. 이에 대해서는 후속 연구를 통해 분석해 볼 예정이다.

대순 신앙에서 주문은 다른 신앙체계와 연동되어 있는 상당히 중요한 핵심적인 기반이다. 따라서 대순신앙의 특징을 파악하고 이해하기 위해서는 그 핵심적 체계라고 할 주문에 대한 연구가 반드시 이루어져야 한다는 것에 주목해야 한다. 필사본 주문을 통해 주문에 대한 보다 다양한 후속 연구와 아직 발굴되지 않은 무극도 관련 문헌이 발굴되어 무극도 연구 기반이 더욱 확대되기를 기대해 본다.

참고문헌

대순진리회교무부,『전경』, 서울: 서울대학교출판부, 1974.
_____,『대순진리회요람』, 여주: 대순진리회교무부, 1969.
『법경』, 김제: 증산법종교본부, 1995.
『용화진경』, 김제: 증산법종교, 1969.
『태극도통감』, 부산: 태극도본부, 1956.
『화은당실기』, 대한증산선불교회본부, 1960.
대한불교진흥원통일법요집편찬위원회 편,『통일법요집』, 서울: 대원정사, 1988.
자료조사실 편,『고문서집성 5: 의성김씨천상각파편(Ⅰ)』, 성남: 한국정신문화연구원, 1989.
_____,『고문서집성 7: 의성김씨천상각파편(Ⅲ)』, 성남: 한국정신문화연구원, 1990.
태극도편찬위원회,『진경』, 부산: 태극도 출판부, 1989.
한국불교대사전편찬위원회 편,『한국불교대사전 6』, 서울: 보련각, 1982.
『慶北大學校大學院國語國文學研究資料 第2輯7 오대진언』, 경북대학교대학

원, 1954.

고민환,『仙政圓經』.

박상규,「근대 한국 신종교의 조직 연구: 연원제를 중심으로」, 한국학대학원
　　　박사학위 논문, 2021.

박인규,「한국 신종교의 주문 수행: 동학계와 증산계 신종교를 중심으로」,『종
　　　교와 문화』32, 2017.

이영호,『보천교연혁사 상』, 보천교중앙총정원, 1948.

이지환 역,『예불 천수경』, 서울: 관음출판사, 1997.

장병길,『증산종교사상』, 서울: 한국종교문화연구소, 1976.

차선근,「대순진리회 상제관 연구 서설(Ⅱ): 15신위와 양위상제를 중심으로」,
　　　『대순사상논총』23, 2014.
　　　　　　http://doi.org/10.25050/jdaos.2014.23.0.241

홍범초,『범증산교사』, 서울: 한누리, 1988.

「권두사: 도문소자는 단결하라」,『태극도월보』9, 1968.

「대순진리회」,『대순회보』38, 1993.

「주문일부변경」,『태극도월보』(구)4, 1967.

全羅北道,『無極大道敎槪況』, 1925.

村山智順,『朝鮮の類似宗敎』, 京城: 朝鮮總督府, 1935.

吉川文太郎,『朝鮮諸宗敎』, 京城: 朝鮮興文會, 1922.

「判決文」, 大邱地方法院 安東支廳 CJA0001575, 1927.6.21.

박용덕,「도인이 남의 것 탐하면 쓰겠소: 정읍 화해리에서 7개월 ①」,《원불교
　　　신문》1998.9.18. (http://www.wonnews.co.kr)

최용환,「伏魔殿을 차저서 無極敎正體 -8-」,《동아일보》1929.7.26.

「無極大道敎 突然家宅搜索」,《매일신보》1926.9.21.

「無極道本部를 檢事隊가 大搜索」,《동아일보》1926.9.21.

「無極으로 統一天下」,《동아일보》1925.2.25.

「(三) 所謂無極道妖怪相」,《매일신보》1936.2.4.

「安東無極敎徒 根據를 徹底撲滅」,《조선일보》1925.8.20.

「義城一帶에 無極敎가 蔓延」,《조선일보》1926.3.31.

「處處片片」,《동아일보》1925.4.13.

「惑世誣民하는 無極大道團」,《동아일보》1925.7.6.

「휴지통」,《동아일보》1926.9.7.

「無極道主가 皇位에つき, 寄附金の多寡に依り高位高官に任命すると途徹も
　　　ない世迷言を並べて無智な信者から金を捲き上げる」,《朝鮮新聞》

1926.7.20.

불교기록문화유산아카이브(https://kabc.dongguk.edu)
우리역사넷(http://contents.history.go.kr)
증산법종교(http://jsbeob.com)
한국민족문화대백과사전(http://encykorea.aks.ac.kr)
維基百科(https://zh.wikipedia.org)
https://www.arama.kr/Dailykamma/7753472
http://ydsnrs.com/zjg/qita/world/dbz_mudra/dbz_mudraa.html

제2장

대순 신앙의 주문 변화

고증을 중심으로

Ⅰ. 머리말

대순진리회의 모든 의례에서 주문은 핵심적인 기제로 사용되고 있다.[1] 또한 공식 문헌으로 드러나지 않는 신과 그 위상도 주문을 통해 알 수 있다.[2] 이러한 점에서 본다면 주문은 대순 신앙체계의 토대를 반영하고 있기에 그 변화의 맥락은 신앙체계 이해에 중요한 해석적 지평을 제공해 줄 수 있다.

대순 신앙의 연원인 증산(甑山)은 새로운 주문을 만들거나 불교와 도교 등 기존 전통 종교에서 사용했던 주문을 변형하여 사용했다. 대순 신앙의 창립자인 정산(鼎山)은 증산이 짜 놓은 도수를 실현하여 진법을 완성하는 종통 계승자로 스스로를 인식했기에 증산의 주문

---

1 일상의례와 공부(工夫)에서의 주문 사용에 대해서는 박인규, 「한국 불교 진언과 대순진리회 주문의 비교 연구」, 『대순사상논총』 22 (2014), pp.410-414 참조.

2 차선근, 「대순진리회 상제관 연구 서설(Ⅱ)」, 『대순사상논총』 23 (2014), pp.241-252 참조.

을 변형하고 그 사용법을 재구성했다.[3] "내가 도통줄을 대두목에게 보내리라.", "나의 일이 장차 초장봉기(楚將蜂起)와 같이 각색이 혼란스럽게 일어나되 다시 진법이 나오게 되리라."라는 증산의 말을 정산은 자신에 대한 예언으로 해석한 것이다.[4] 정산 서거 이후 교단을 이끈 우당(牛堂)이 주문을 부분적으로 수정했지만, 정산을 영대에 봉안한데 따른 후속조치를 정해진 규칙에 따라 실현한 것이다.[5] 따라서 현재 대순 신앙의 주문은 사실상 정산에 의해 완성되었다고 볼 수 있다.[6]

결국 대순 신앙 주문 연구에 있어 핵심적인 주제는 증산의 주문을 정산이 어떠한 맥락에서 변용하고 재구성하였는지를 밝히는 것이다. 정산이 행한 주문 변형을 파악하기 위해서는 먼저 증산의 주문 원형을 확인할 수 있어야 한다.[7] 증산이 친필로 전한 문헌은 현재 남

---

3 정산에 의한 주문 정비의 방향에 대해서는 박인규, 「한국 불교 진언과 대순진리회 주문의 비교 연구」, pp.407-410 참조.

4 대순진리회교무부, 『전경』 초판 (서울: 서울대학교출판부, 1974), p.172 참조.

5 우당이 진법주의 옥황상제를 언제 조성옥황상제로 변경했는지는 정확하지 않다. 하지만 정산의 3년상 이후 또는 1966년경에 정산을 조성옥황상제라 칭했다는 증언이 있다. 우당은 1967년 4월 봉축주와 진법주의 일부를 변경하는데 봉축주에서는 '태극도주조정산대운대사'를 '도문소자'로 변경했고, 진법주에서는 '무극신대도덕봉천명봉신교태극도주조정산'을 삭제했다고 추측된다. 태극도, 「주문」; 「주문일부변경」, 《태극도월보》 (구)제4호, 1967.4, p.15 참조.

6 차선근은 대순진리회의 진법주를 증산이 전한 것을 정산이 완성한 것으로 보았다. 차선근, 「대순진리회 상제관 연구 서설(Ⅱ)」, p.263 참조.

7 박인규는 대순진리회의 주문 형성과정을 정산에 의한 정립을 중심으로 서술하였다. 하지만 증산의 주문 원형을 탐색하지 않았고 이를 무극도, 태극도 주문과 비교하지 않아 정산에 의한 주문 변화나 정비의 세밀한 맥락을 드러내지는 못했다. 또한 증산계 신종교의 주문 수행을 다루면서 증산교본부, 증산법종교, 대순진리회의 주문을 연구하였지만 증산의 주문 원형을 파악하지는 않았다. 박인규, 「한국 불교 진언과 대순진리회 주문의 비교 연구」, pp.398-410; 박인규, 「한국 신종교의 주

은 것이 거의 없다. 따라서 그 원형을 파악하기 위해서는 1910~20년
대의 관련 기록과 친자종도나 그들이 설립한 교단의 후대 기록을 분
석하여 고증해야 한다.

정산이 무극도 시기인 1920년대에 사용한 주문을 전문까지 비교
적 자세히 소개한 최초의 문헌은 1974년 간행된 대순진리회의『전
경』이다.[8]『전경』에는 1920년대 무극도에서 사용된 스무 종류의 주
문 명칭을 수록하고 있지만, 전문이 수록된 것은 이십팔수주・이십
사절주・음양경・운합주・개벽주・옥추통・명이주・오방주・오장
주・구령삼정주 등의 10종류이다.[9]『전경』에 전문이 수록된 1920년
대 무극도 주문을 고증된 증산의 주문과 비교하면 정산의 주문 변형
과 그 맥락을 분석할 수 있다. 하지만 실제 비교 가능한 주문은 기도
주・태을주・이십사절주・개벽주 등에 불과하다. 1950년대 태극도
주문과의 비교에서도 유사한 상황이 발생한다. 1920년대 주문 중
1950년대 주문과 비교할 수 있는 것은 기도주・태을주・이십팔수

문 수행」,『종교와 문화』 32 (2017), pp.142-154 참조.

8 증산 종단 교단 문헌 중 무극도에 대해서 가장 앞선 기록이며 비교적 정확하다고
   평가되는 것은 대순진리회의『전경』이다. 박상규,「무극도 관련 문헌 연구」,『대순
   사상논총』 41 (2022), pp.50-55 참조.

9 대순진리회교무부, 앞의 책, pp.206-211 참조. 기도주와 태을주 외『무극대도교개
   황』에는 진법주(眞法呪), 예고주(禮古呪), 천지대기합연주(天地大氣合連呪), 분
   음양경주(分陰陽經呪), 성경주(星經呪), 개성주(開聖呪), 대성경준주(大成經俊
   呪), 개이주(開耳呪), 신좌주(神佐呪) 등 주문명이 소개되어 있는데 예고주(禮古
   呪)는 예고주(曳鼓呪), 천지대기합연주는 운합주, 분음양경주는 음양경, 성경주
   는 칠성경, 개성주는 개벽주, 개이주는 명이주, 신좌주는 신성주의 오기로 보인다.
   『朝鮮の類似宗敎』에는 칠성주, 도통주, 예고주, 이십사절주, 이십팔수주 등의 주
   문명이 나타나 있다. 全羅北道,『無極大道教槪況』(日本學習院大學東洋文化硏究
   所所藏資料 請求記號 M2-87, 1925), p.12; 村山智順,『朝鮮の類似宗敎』, (京城:
   朝鮮總督府, 1935), p.335 참조.

주·이십사절주·개벽주 정도이다.[10] 따라서 1920년대의 주문에 관한 당대의 문헌 자료가 더 확보되지 않는다면 정산에 의한 주문 변형 및 정비에 관해 연구하는 것은 불가능했다.

그러나 다행스럽게도 20세기 말에 이루어진 고문서 정리사업 과정에서 민간에 있던 문헌이 집성되면서 일제 강점기에 필사된 무극도 주문이 발굴되었다. 의성김씨 천전파(川前派)에 소장되어 있던 세장의 고문서다.[11] 필자는 앞선 연구에서 이 문서(이하 필사본 무극도 주문)가 무극도에서 기원한 문헌임을 고증한 바 있다.[12] 따라서 필사본 무극도 주문과 기존 자료를 바탕으로 1920년대 무극도 주문의 구체적 형태를 보다 자세히 확인할 수 있었다. 세밀하지는 않지만 대순 신앙의 주문 변화를 추적할 수 있는 기반이 확보된 것이다.

고증을 통해 확보된 1920년대 무극도 주문은 증산의 주문, 1950년대 태극도 주문과의 비교를 통해 정산에 의해 이루어진 주문 변경과 그 맥락을 자세히 보여 줄 수 있다. 따라서 본 연구에서는 현재 대순진리회에서 사용되고 있는 주문을 중심으로 그 변화 과정을 추적하여 정산이 증산의 주문을 변형하고 정비한 맥락을 기술하고 그 의미를 해석해 보고자 한다. 이는 대순 신앙체계가 정산에 의해 구축되

---

10 『전경』의 이십팔수주·이십사절주는 성수하(星宿下), 후하(候下)라고 표기하여 이십팔수와 이십사절후를 생략하고 이십팔장과 이십사장만을 기록했다. 대순진리회교무부, 앞의 책, p.206 참조. 개벽주는 신명주(神明呪, 1966년 이후 神將呪)로 변동 되었다는 가정하에서 비교가 가능하다. 태극도, 「주문」; 『주문』(서울: 대순진리회수도부), p.7 참조.

11 자료조사실 편, 『고문서집성 7: 의성김씨천상각파편(Ⅲ)』(성남: 한국정신문화연구원, 1990), pp.868-869 참조.

12 박상규, 「무극도 주문 연구: 의성김씨 천전파 소장 필사본 고증을 중심으로」, 『대순종학』 2 (2022), pp.38-56 참조.

고 전개되는 과정을 새로운 관점에서 이해해 볼 수 있는 시작점이 될 것이다.

Ⅱ. 증산의 주문

증산의 주문 중 상당수는 온전한 형태로 전해지지 않는다. 이는 증산의 종교운동이 지닌 의례 중심적 성격으로 인하여 증산 재세시 포교를 위한 상설화된 계층적 종교 조직이 구성되지 못하여 제도화가 어려웠기 때문이다.[13] 물론 1910년대 초반 친자 종도들에 의한 종교운동이 급속히 확산되면서 증산의 유산도 제도화될 기회가 있었다. 하지만 친자 종도 간의 경쟁과 반목은 이 운동이 단일 교단으로 전개될 수 없도록 하였다. 결국 증산 종단이 복잡다단하게 분열되자 신앙체계 또한 다단하게 계승 전개되었고 이에 따라 증산의 주문도 파편화를 피할 수 없었다.

따라서 증산의 주문 원형은 친자 종도에서 기원한 여러 증산 종단의 기록과 당대의 여러 문헌을 통해 분석 종합되어야 한다. 특히 해방 이후의 증산 종단 기록물은 비교 고증을 통해 세밀히 검증되어 활용되어야 한다. 1910년대의 분열로 야기된 종단 간의 신앙체계 차이는 해방 이후 종교의 자유라는 조건 아래에서 더욱 증폭되었고, 이에 따라 신빙성이나 정확성보다는 정통성에 치우친 기록이 양산되었

---

13 박상규, 「근대 한국 신종교의 조직 연구: 연원제를 중심으로」 (한국학대학원 박사 학위 논문, 2021), p.165 참조.

기 때문이다. 이 장에서는 주로 1970년대까지의 문헌을 비교 고증하여 증산이 만들거나 변용하여 구성한 주문의 원형을 확인할 것이다.

1. 증산이 변용한 주문

1) 시천주 및 동학주문

증산의 행적에 대한 최초의 출판물은 이상호의 『증산천사공사기』(1926)인데, 이에 따르면 증산은 동학주문과 동학의 시천주를 종도에게 외우게 한 바 있고 글을 쓸 때도 활용했다.[14] 특히 동학의 '본주문'인 "시천주조화정영세불망만사지"는 천지의 진액이라고 명명한 오주(五呪)의 하나로 구성했다.[15]

증산은 동학의 본주문인 '시천주조화정영세불망만사지'만을 따로 외우게 하였거나 본주문을 먼저 외우고 '강령주문'인 '지기금지원위대강'을 뒤에 외우도록 종도에게 지시한 것으로 보인다. 이는 동학 주문을 주로 시천주라 명명하고 있고, 기록할 때도 주로 본주문과 강령주문의 순서로 기록하고 있기 때문이다.[16] 강령주문을 활용할 경우, 주로 주문의 끝에 배치한 사실도 이를 방증한다.[17] 요시카와 분타로(吉川文太郎)의 『조선제종교』(1922)에도 태을교의 기도문을

---

14 이상호, 『증산천사공사기』 (경성: 상생사, 1926), p.24, p.58, p.80, p.94, p.99, p.120, p.125, p.133, p.134, p.146 참조.

15 같은 책, p.80 참조.

16 같은 책, p.146, "祝禱禮章侍天主造化定永世不忘萬事知至氣今至願爲大降."

17 같은 책, p.80, "福祿誠敬信壽命誠敬信至氣今至願爲大降 明德觀音八陰八陽至氣今至願爲大降."

'시천주조화정영세불망만사지지기금지원위대강'으로 기록하고 있다.[18] 장기준이 1920년에 사용한 기도주, 고판례 교단의 기도주인 시천주주(侍天主呪) 또한 동일하다.[19]

증산이 동학의 본주문, 강령주문의 순으로 주문을 구성한 것은 동학이나 천도교에서 주문을 외우는 순서와는 반대된다.[20] 이는 증산이 수운의 주문을 변용하였음을 알려 준다. 하지만 수운의 주문은 증산에게 있어서 강세 이전에 자신이 상제로서 수운에게 준 것이었기에 변용이 아니었다. 강세를 기점으로 주문을 외우는 법을 수정해야 함을 드러낸 것으로 볼 수 있다.

2) 태을주

1920년대 이후 관변문서나 언론에서 증산 종단을 통칭하여 훔치계, 또는 태을교라고 하게 된 이유는 대부분의 교단이 '훔치'로 시작되는 태을주를 중심으로 종교활동을 하였기 때문이었다.[21] 이것은 증산의 주문 중에서 태을주가 최고의 위상을 지니고 있었음을 뜻한다. 증산의 가르침에도 태을주가 지닌 이러한 위상은 잘 드러난다.[22]

---

18 吉川文太郎, 『朝鮮諸宗教』 (京城: 朝鮮興文會, 1922), p.363 참조.

19 장기준(1880~1922)은 1912년 김경학의 연비인 김화숙으로부터 태을주를 받았고 이후 친자종도인 차경석, 고판례, 김형렬, 김경학 등으로부터 증산의 교설과 주문을 얻었다. 1920년부터 김경학과 함께 독자적인 교단 활동을 시작했다. 『선정원경』에는 1961년의 기사가 수록되어 있고 저자인 고민환은 1966년 사망했다. 따라서 집필년도는 1962년으로 추정할 수 있다. 홍범초, 『범증산교사』 (서울: 한누리, 1988), pp.235-241; 고민환, 『선정원경』 (1962), p.126 참조. 증산도의 시천주주는 고판례 교단과 동일하다. 증산도종무원 편, 『주문』 (대전: 증산도, 2020), p.13 참조.

20 『천도교의절』 증보삼판 (서울: 천도교중앙총부출판부, 1991), p.16 참조.

21 吉川文太郎, 앞의 책, pp.361-362 참조.

태을주는 1908~1909년 증산에 의해 공식적으로 제자에게 가르쳐 졌다.[23] 하지만 김병욱의 액을 태을주로 풀었다는 증산의 말로 본다 면 김병욱이 화난을 겪은 1903년에 이미 태을주가 존재했음을 알 수 있다.[24] 증산은 태을주가 충남 비인 사람이었던 김경흔이 50년 공부 로 신명으로부터 얻은 주문이라 밝혔다. 태을주는 증산의 종교활동 이전에 이미 존재한 것이다. 따라서 태을주는 증산에 의해 변용되고 널리 알려지게 되었다고 보아야 한다.

증산이 태을주를 널리 알린 것은 해원공사와 관련되어 있다. 증산 은 시천주를 받은 최수운과 태을주를 받은 김경흔 둘 중 누구를 해원 하여야 하는가를 종도들에게 묻고, 1860~1909년의 50년간 시천주 가 행세되었으므로 1909년부터는 태을주가 행세되어 김경흔의 해 원이 이루어져야 함을 선언했다.[25] 이로 본다면 증산이 태을주로 사 람을 많이 살리라는 신명의 명을 이루지 못한 것을 김경흔의 원(寃) 으로 보았다는 사실을 알 수 있다. 김경흔이 받은 태을주의 원형이나 사용방식을 알 수 없으므로 증산이 변형한 것이 어떤 부분인지, 읽는 방법을 어떻게 변환했는지는 알 수 없다. 단지 증산이 1908~1909년

---

22 이상호, 『대순전경』 3판 (서울: 대법사편집국, 1947), p.308; 대순진리회교무부, 『전경』 초판 (1974), p.180 참조.
23 시점이 특정된 문헌은 『증산천사공사기』와 『증산의 생애와 사상』인데 1909년과 1908년으로 차이가 있다. 이상호, 『증산천사공사기』 (경성: 상생사, 1926), p.125; 대순종교문화연구소, 『증산의 생애와 사상』 (서울: 대순진리회출판부, 1979), p.198 참조.
24 같은 책, pp.21-23, p.126 참조.
25 『증산천사공사기』에는 태을주를 받은 이가 김○○로, 『대순전경』 초판에는 김경 소(金京訴)로, 2판에는 김경은으로, 3판에는 김경흔(金京訢)으로 되어 있다. 같은 책, p.125; 이상호, 『대순전경』 초판 (경성: 동화교회도장, 1929), p.197; 이상호, 『대순전경』 2판 (경성: 동화교회도장, 1933), p.182 참조.

이전에는 제자들에게 태을주를 알려주지 않았거나 사용을 제한했고,[26] 1909년부터는 태을주를 가르치고 사용을 허가하면서 입도 의례에도 사용했다는 사실은 확인할 수 있다.[27] 따라서 증산의 태을주 변용은 1909년 이후부터 본격적으로 시작되었다고 할 수 있다.

증산의 태을주 친필은 남아 있지 않다. 태을주의 한자는 『증산천사공사기』(1926)의 기록이 증산 종단 최초의 것으로 다음과 같은데 이후의 기록 중 '哪'가 '耶'로, '啊'가 '訶'로 표기된 것도 있다.[28] 뜻보다는 음이 중요했음을 시사한다.

26 "泰仁 禾湖里 附近에 太乙呪가 喧籍히 傳播된다 하거늘 先生이 가라사대 이는 文公信의 所爲라. 時期가 尙早하니 그 긔운을 거드리라 하시고" 이상호, 『대순전경』 초판, p.198 참조.

27 이상호, 『대순전경』 3판, p.303 참조.

28 『증산천사공사기』에는 '哪'와 '啊'로, 『대순전경』 초판(1929)부터는 5판까지는 '耶'와 '啊'로, 6판에는 '耶'와 '訶'로 되어 있다. 이정립이 1956년 집필한 것으로 추정되는 『증산대도회요령』은 『대순전경』 6판과 동일하다. 고민환이 1962년 집필한 것으로 추정되는 『선정원경』에는 '哪'와 '訶'로 되어 있다. 이상호, 『증산천사공사기』, p.125; 이상호, 『대순전경』 초판, p.197; 이상호, 『대순전경』 3판, p.303; 이상호, 『대순전경』 5판 (김제: 증산대도회본부, 1960), p.429; 이상호, 『대순전경』 6판 (김제: 동도교증산교회본부, 1965), p.353; 이정립, 『증산대도회요령』 (김제: 증산대도회, 1975), p.13; 고민환, 앞의 책, p.106, p.120, p.126 참조. 증산교본부에서 발행한 『증산교요령』의 경우 주문은 『증산대도회요령』과 동일하다. 『증산교요령』 재판(1983)과 6판(1990)에 각각 초판이 1966년, 1956년 발행되었다고 되어 있다. 증산대도회의 설립이 1955년이라는 점에서 본다면 1956년 『증산대도회요령』이 집필된 후 1966년부터 수정증보하여 『증산교요령』으로 6판까지 발간한 것으로 보아야 한다. 1975년에 발간된 『증산대도회요령』은 증산대도회가 증산교본부로 개명된 이후(1963)에도 증산대도회로 활동하던 이들에 의해 발행된 것으로 볼 수 있다. 이는 『증산대도회요령』과 『증산교요령』의 내용상의 차이를 통해 확인할 수 있다. 『증산대도회요령』에는 봉도식에 고판례가 설위되지 않았지만 『증산교요령』에는 봉교식에 고판례가 증산의 오른쪽에 설위되어 있기 때문이다. 따라서 1975년 발행된 『증산대도회요령』이 1956년 집필된 원본에 가장 가깝다고 볼 수 있다. 이정립, 『증산대도회요령』, p.23, p.46; 이정립, 『증산교요령』 재판 (김제: 증산교본부, 1983), p.28, p.65; 이정립, 『증산교요령』 6판 (김제: 증산교본부, 1990), p.28, p.65 참조.

唵哆唵哆 太乙天上元君 唵哩哆哪都來 唵哩喊哩娑婆啊[29]

3) 칠성경

동아시아에서 칠성경(七星經)은 도교의 경전으로 북두칠성이 인간의 길흉화복을 맡았다고 하여, 제사를 행하거나 개인적인 소원을 빌 때 읽은 경이다. 『도장(道藏)』에 실려있는 칠성 관련 경전 중에서 가장 대표적인 것은 『태상현령북두본명연생진경(太上玄靈北斗本命延生眞經)』이고 조선에 주로 유통된 것도 이것이다.[30] 이 경에는 북두주(北斗呪)가 수록되어 있었는데, 증산이 활용했다고 하는 칠성경은 이 주문이다. 북두주가 종단에서 칠성경, 칠성주로 명칭되는 주문과 가장 유사하기 때문이다. 북두주는 다음과 같다.

北斗呪

北斗九辰 中天大神 上朝金闕 下覆崑崙 調理綱紀 統制乾坤 大魁貪狼

巨門祿存 文曲廉貞 武曲破軍 高上玉皇 紫微帝君 大周天界 細入微塵

何災不滅 何福不臻 元皇正氣 來合我身 天罡所指 晝夜相輪 俗居小人

好道求靈 願見尊儀 永保長生 三台虛精 六旬曲生 生我養我 護我身形

---

29 이상호, 『증산천사공사기』, p.126. 요시카와는 '都來'를 '敎'로 기록하고 있다. 吉川文太郎, 앞의 책, p.362 참조.

30 1864년 삼각산 도선암에서 간행된 『태상현령북두본명연생진경』은 표제명이 칠성경이다. 『太上玄靈北斗本命延生眞經』(서울: 三角山道詵菴, 1864) 참조. 조선에서 소격서의 관리를 선발할 때 시험 방법은 "誦禁壇, 讀靈寶經, 科義延生經, 大一經, 玉樞經, 眞武經, 龍玉經, 中三經 [금단(禁壇)을 외워야 하고, 영보경(靈寶經)을 읽고, 연생경(延生經)·태일경(太一經)·옥추경(玉樞經)·진무경(眞武經)·용왕경(龍王經) 가운데 3개를 골라서 해석하도록 한다.]"이었는데 연생경(延生經)이 곧 『태상현령북두본명연생진경』이다. 『經國大典』, 「예전(禮典)」取才條 참조.

魁魁魖魌魖魖魖 尊帝急急如律令[31]

　　증산 종단의 칠성경(칠성주) 기록 중 가장 앞선 것은 1920년대의 필사본 무극도 주문인데, 친자종도인 고판례의 교단 문헌인『선정원경(仙政圓經)』(1962)에 수록된 한문본 칠성경과 거의 같다.[32] 보천교의 간부 출신으로 차경석, 고판례, 김형렬 등의 친자종도로부터 증산의 행적을 수집하여 경전을 간행한 이상호 교단의 칠성경이나[33] 동인(同人)들로부터 증산이 남긴 주문을 얻은 장기준에 전해진 칠성경도 대부분 동일하다.[34] 따라서 이들 한문 칠성경을 북두주와 대조하여 몇 글자의 명확한 오자를 교정한다면 증산이 남긴 칠성경의 원형을 다음과 같이 추론할 수 있다.

七星經

七星如來 大帝君 北斗九辰 中天大神 上朝金闕 下覆崑崙 調理綱紀 統制乾坤 大魁貪狼 文曲巨門 祿存廉貞 武曲破軍 高上玉皇 紫微帝君 大周天際 細入微塵 何災不滅 何福不臻 元皇正氣 來合我身 天罡所指 晝夜相輪 俗居小人 好道求靈 願見尊儀 永保長生 三台虛精 六淳曲生 生我 養我 護我 形我 許身形 魁魁魖魌魖魖魖 尊帝急急如律令[35]

31 『中華道藏』第6冊, p.641.
32 일부 오탈자와 마지막의 급급여율령이 국문본에 없는 것을 제외하고는 대부분 동일하다. 박상규,「무극도 주문 연구: 의성김씨 천전파 소장 필사본 고증을 중심으로」, p.39, p.55 참조.
33 이정립,『증산대도회요령』, pp17-18 참조.
34 홍범초, 앞의 책, pp.236-238;『순천도교본』(김제: 순천도법방, 1969), 부록 주문 칠성경 참조.

위 칠성경을 도교의 북두주와 비교하면 증산이 북두주를 변형한 곳을 확인할 수 있는데 크게 3가지로 밑줄친 부분이다.[36] 첫째, 북두주의 첫머리에 '칠성여래 대제군'을 추가한 것이다. 둘째, 거문(巨門), 녹존(祿存), 문곡(文曲)을 문곡, 거문, 녹존의 순서로 변경하였다. 셋째, '호아(護我)'와 '신형(身形)' 사이에 '형아허신형(形我許身形)'을 삽입하였다. 이 변형의 의미를 정확히 파악하는 것은 불가능하지만 대략 추측해 본다면 다음과 같다.

첫째, 칠성여래대제군이 추가된 것은 불교의 칠성여래와 도교의 칠성제군이 동일한 신격이라는 것을 명확히 한 것으로 볼 수 있다. 도교와 불교 각각에 기원을 두고 독자적으로 발전 융합되면서 복잡해진 칠성 신앙체계를 증산은 도교의 칠성대제 중심으로 정리하고 칠성대제가 곧 불교의 칠성여래임을 명확히 했다고 해석할 수 있다.

둘째, 문곡의 위치가 바뀐 것은 증산이 칠성의 신명을 재배치하여 천지의 도수를 조정했다는 의미를 내포한다.[37] 문곡의 위치를 바꾸는 증산의 공사는 명확하게 전해지고 있다.[38] 이 공사는 서양의 기운을 몰아내는 일과 관련된 것으로 칠성의 신명을 재배치하여 천지공사가 인간에 의해 방해될 가능성을 원천적으로 차단하는 것이다.[39]

---

35 북두주와 차이가 나는 부분은 밑줄로 표시했다. 고판례를 정통성 있는 계승자로 여기는 증산도에서 사용하는 칠성경도 대부분 일치한다. 증산도종무원 편, 앞의 책, p.18 참조.
36 세가지 외에는 '大周天界'가 '大周天際'로 변경된 것을 확인할 수 있다.
37 실제 별의 위치를 바꾼 것이 아니라 신명을 재배치 했다고 보아야 한다. 이에 대해서는 차선근, 「칠성주의 '문곡'과 '육순'」, 『대순회보』 237 (2020), pp.71-76 참조.
38 대순진리회교무부, 앞의 책, p.123.
39 이와 관련되어 증산은 "공부하는 자들이 방위가 바뀐다고 말하나 내가 천지를 돌려놓았음을 어찌 알리오."라고 말한 바 있다. 같은 책, p.263.

셋째 증산이 '형아허신형(形我許身形)'을 삽입한 것은 문의로 본다면 삼태성인 허정, 육순, 곡생에 '나(인간)를 생하고, 양하고, 보호하여 몸이 형성되도록 하는' 역할에 더하여 '나(인간)를 형태지어 몸이 형성되는 것을 허락하는' 역할이 더 있음을 확인한 것이다. 인간의 탄생에 있어서 삼태성의 권한이 강화되어 있음을 알 수 있다. 이와 관련해서 증산이 자손을 얻는 일이 자연적으로 이루어지는 것이 아니라 선령신의 공에 따른 신명의 허락이나 평가가 있음을 밝히고 있다는 사실에 주목해야 한다.[40] 증산이 '형아허신형(形我許身形)'을 삽입한 것은 삼태성의 역할과 권한에 대한 강화나 재확인을 의미한다고도 추론해 볼 수 있다.

4) 이십사절 · 이십사장 · 이십팔수 · 이십팔장

증산은 "세상 사람들이 절후문(節候文)이 좋은 글인 줄을 모르고 있나니라."말한 바 있고, 이를 중요한 공사에 사용했다.[41] 증산 종단에서 24절후를 순서대로 나열한 절후문을 주문으로 사용한 것은 여기에 연유한 것이다.[42] 동지로 시작해서 대설로 끝나는 절후문을 주문처럼 사용한 것은 증산이 시작한 것이므로 절후문은 증산에 의해 이십사절후주, 또는 절후주로 변용되었다고 말할 수 있다. 증산이 당

---

40 같은 책, p.241.
41 같은 책, p.145; 이상호, 『증산천사공사기』, p.140; 이상호, 『대순전경』 3판, p.222 참조.
42 이정립, 『증산대도회요령』, p.13; 고민환, 앞의 책, p.126; 『순천도교본』, 부록 주문 이십사절 참조. 증산의 친견제자로 보천교를 세운 차경석이 1919년 24방 조직을 60방으로 확대하면서 24절후의 24방을 추가한 것도 이와 관련되어 있다. 박상규, 「근대 한국 신종교의 조직 연구: 연원제를 중심으로」, p.233 참조.

태종의 개국공신인 24장군이 24절후에 응해 나타났다고 밝히고 그 이름을 나열한 이십사장을 주문처럼 사용했다는 기록도 있다.[43] 하지만 증산은 이십사장을 이십사절후와 결합하여 사용하지는 않았고 따로 활용하였다. 따라서 그의 화천 후 대부분의 증산 종단에서는 이십사장을 주문으로는 기록하지 않거나 이십사절후와는 분리된 주문으로 기록하고 있다.[44]

이십사절후와는 달리 이십팔수의 경우 증산이 이를 주문처럼 활용하였다는 기록은 없다. 하지만 당시 이십팔수는 상당히 중요한 위상을 지녔었고 증산 역시 이를 활용하여 공사를 행했다.[45] 또한 증산은 후한서에 이십팔수의 화신으로 기록된 광무제의 중흥 이십팔장을 주문처럼 사용했다.[46] 이는 후에 박공우 교단의 경우 이십팔수와 이십팔장을 주문으로 사용했고,[47] 친견제자였던 김형렬로부터 장기준이 1915년 이십팔수의 장명(將名)을 필사하였다는 기록이 있으며,

---

43 이상호, 『대순전경』 초판, p.199; 이상호, 『대순전경』 3판, p.209; 『순천도교본』, 부록 주문 이십사장 참조.

44 고수부 교단에서는 이십사장을 주문으로 사용하지는 않았지만 김형렬의 영향을 받은 장기준 교단(순천교)의 경우 이십사장을 주문으로 사용했다고 볼 수 있다. 고민환, 앞의 책, p.126; 『순천도교본』, 부록 주문 이십사장 참조. 이상호 교단의 경우 절후주에는 이십사장이 없지만 이십팔수, 이십팔장, 이십사절후, 이십사장이 모두 진법주에 포함되어 있다. 이정립, 『증산대도회요령』, p.13, pp.15-16 참조. 증산법종교나 증산도의 경우 순천교와 같이 이십사절후와 이십사장을 각각 주문으로 사용하고 있다. 『법경』(김제: 증산법종교본부), pp.30-32; 증산도종무원 편, 앞의 책, p.15, p.20 참조.

45 이상호, 『대순전경』 초판, p.190, p.236; 대순진리회교무부, 앞의 책, p.328 참조.

46 이상호, 『대순전경』 초판, p.199; 이상호, 『대순전경』 3판, p.209; 대순진리회교무부, 앞의 책, p.20, p.143, p.322; 이재원, 「대순사상의 우주관 연구: 시간관과 공간관을 중심으로」, 『대순종학』 2 (2022), pp.104-105 참조.

47 홍범초, 앞의 책, p.225 참조.

『순천도교본』과『증산대도회요령』에도 이십팔수와 이십팔장이 각 각 주문으로 수록되어 있다는 사실로 방증된다.[48]

5) 복마주 · 해마주

증산이 남긴 주문 중에서 잘 알려진 주문으로는 오주(五呪)가 있다. 오주는 다섯 가지 주문인데 기록에 따라서 다소간 차이가 있다. 하지만 이 중 마지막인 "三界解魔大帝神位願趁天尊關聖帝君"의 주문은 대부분의 기록이 동일하다. 이 주문은 증산이『현무경』과 함께 지은 것으로 추측되는 '병세문' 중의 "三界伏魔大帝神位遠鎭天尊關聖帝君"의 글에서 복마(伏魔)를 해마(解魔)로, 원진(遠鎭)을 원진(願趁)으로 변형한 것이다.[49]

병세문의 "三界伏魔大帝神位遠鎭天尊關聖帝君"은 증산이 만든 것이 아니라 1614년 명나라 신종이 관우에게 준 봉호이다. 이 봉호는 1614년 중국에서 관우가 공식적으로 천존으로 추존되었음을 의미한다.[50] 정유재란 때 명에서 조선으로 관우신앙이 전해진 이후 관우에 대한 의례는 숙종 대에 이르러 국가적 차원으로 격상되었다.[51] 따라서 조선에서 이 봉호는 널리 알려졌을 가능성이 크며 관우가

---

48 같은 책, p.237;『순천도교본』, 부록 주문 이십팔수 이십팔장; 이정립,『증산대도 회요령』, p.15-16 참조. 증산도에서도 이십팔수와 이십팔장을 각각 주문으로 사용한다. 증산도종무원 편, 앞의 책, p.23 참조.

49 『증산천사공사기』에는 원진(願辨秦)으로『대순전경』초판 이후에는 원진(願趁)으로 기록되어 있다. 이상호,『증산천사공사기』, p.81; 이상호,『대순전경』초판, p. 196 참조.

50 김탁,『한국의 관제신앙』(서울: 선학사, 2004), p.23 참조.

51 같은 책, pp.48-70 참조.

"복마대제", "관성제군"으로 불려진 것도 직접적으로 이 봉호의 영향으로 볼 수 있다.

증산이 이 봉호를 병세문에 사용한 것은 관운장이 삼계의 복마대제로 모든 곳의 마를 진압할 수 있는 천존임을 명확히 한 것으로 이해할 수 있다. 특히 증산은 병세문에서 "聖父 聖子 … 聖身 大仁大義無病" 다음에 "三界伏魔大帝神位遠鎭天尊關聖帝君"을 위치시켰다.[52] 증산이 관운장을 상당히 중요시했음을 알 수 있다.[53] 대순 신앙에서는 이 봉호를 '복마주'로 명칭하고 사용했는데,[54] 복마대제로서의 관운장에 대한 증산의 관점을 계승한 것이다.

증산은 복마주의 복마(伏魔)를 해마(解魔)로, 원진(遠鎭)을 원진(願殄)으로 변형하여 오주의 하나로 구성했다. 자의로 본다면 증산은 관성제군을 마를 굴복시켜 진압하는 천존에서, 마를 풀어주며 소원을 뒤쫓는 천존으로 그 역할을 전환시켰다. 다시 말해, 증산은 관성제군이 마를 진압하여 굴복시키는 '삼계복마대제'에서 마를 해소하여 사람들의 소원을 따르는 '삼계해마대제'가 되거나 되도록 안배한 것이다. 증산이 운장주에 대해서 난동을 제압하기보다는 난동을 겪으면서 푸는 주문이라 한 것은 이를 방증한다.[55] 해마가 해원에 있어서

---

52 이상호, 『대순전경』 초판, p.229; 대순진리회교무부, 앞의 책, pp.94-95 참조.
53 같은 책, p.156, pp.270-271, pp.282-283 참조.
54 같은 책, p.206 참조.
55 증산은 운장주를 짓고 장효순의 난을 운장주로 풀었다고 밝혔다. 장효순의 난은 빈사상태였던 장효순의 아들을 증산이 살리지 못하자 효순의 부친이었던 장흥해가 증산을 살인자로 몰아서 구타하고 가족들에게까지 행패를 부린 사건으로 이에 대해서 증산은 분쟁의 기운을 받아서 재앙을 해소한 것이라고 설명했다. 같은 책, pp.27-30, p.41 참조.

중요한 조건이라는 점에서 본다면 증산이 추구했던 해원에 있어서 관성제군이 중요한 역할을 맡게 된 것으로도 해석할 수 있다.

2. 증산이 만든 주문

1) 진법주

진법주는 증산이 주유를 마치고 집으로 돌아와 시루산에서 공부를 할 때 외웠다고 전해지는 주문이다.[56] 증산 이전의 문헌이나 증산 종단과 관련된 문헌 외에서는 발견되는 바가 없으므로 증산에 의해 만들어진 주문으로 보아야 한다. 진법주를 기록한 가장 오래된 문헌은 요시가와 분타로[吉川文太郎]의 『조선제종교(朝鮮諸宗敎)』(1922)로, 증산 종단의 진법주와 많은 차이가 있는데, 수집 과정의 오탈자가 많아 연구에 활용하기에는 다소 무리가 있다.[57] 그 다음으로 앞선 문헌은 필사본 무극도 주문의 진법주로 다음과 같다.

구텬상제하강지위, 옥황상제하강지위, 석가여래하강지위, 명부십왕응강지위, 옥악산왕응강지위, 사해용왕응강지위, 사시토왕응강지위, 직선조하강지위, 외선조응강지위, 처선조응강지위, 처외선조응강지위, 칠성사자내대지위, 우즉사자내대지위, 좌즉사자닉듸지위, 명부사자닉듸지위, 텬장길방하야, 이사진인하시나니, 물비소시하사, 봉명신

---

56 같은 책, pp.18-20 참조. 증산 종단의 초기 기록에는 진법주와 관련된 일화가 기록된 바가 없다. 하지만 대부분의 증산 종단에 진법주가 전해지고 있다는 사실을 본다면 증산이 전한 주문임은 명확하다.

57 부정확한 음으로 한자를 유추한 듯하다. 吉川文太郎, 앞의 책, p.363.

소원성취

이 진법주와 가장 유사한 것은 『선정원경』(1962)의 진법주로 한문
으로 되어있으며, 『순천도교본』(1969)의 진법주도 유사하다.[58] 1956년
이정립이 집필한 『증산대도회요령』의 진법주는 옥황상제가 "통천
상제(統天上帝)"로, 석가여래가 "중종조성(衆宗祖聖)"으로 변형되었고,
이십팔수, 이십팔장, 이십사절, 이십사장이 추가되었으며, "천문지
리 풍운조화 팔문둔갑 육정육갑 지혜용력"으로 끝난다.[59] 통천상제
라는 후대의 해석을 반영하여 원형을 수정하였고, 하나의 주문이 아
니라 여러 주문이 조합되어 있어 이를 통해 진법주 원형을 추론하는
것은 적절하지 않다. 무극도의 진법주는 증산의 유족, 『선정원경(仙
政圓經)』의 진법주는 고판례, 『순천도교본』의 진법주는 김형렬로부터
기원했으므로,[60] 세 문헌을 통해 진법주의 원형을 추론하는 것이 적
절하다.

차이를 보이는 부분인 '구텬상제'와 '구천'의 경우 원형은 "구천
(九天)"이라고 할 수 있다. 현무경을 전수한 친견 제자였던 차경석이
1921년 고천제를 행하면서 "단상에 일월병(日月屏)을 세우고 위목(位目)
은 구천하감지위(九天下鑑之位), 옥황상제하감지위(玉皇上帝下鑑之位), 삼
태칠성응감지위(三台七星應感之位)라고 대서(大書)하여 3위(位)를 설(設)"

58 고민환, 앞의 책, p.134; 『순천도교본』, 부록 주문 진법주 참조.
59 이정립, 『증산대도회요령』, pp.15-16 참조.
60 박상규, 「무극도 주문 연구: 의성김씨 천전파 소장 필사본 고증을 중심으로」,
   pp.41-42; 차선근, 「대순진리회 상제관 연구 서설(II)」, p.264; 홍범초, 앞의 책,
   p.237 참조.

했다는 기록으로 이는 입증된다.[61] 1920년대에는 봉명신이 정산을 의미했고,[62] 1950년대의 태극도 진법주에는 봉명신 위치에 "무극신 대도덕봉천명봉신교태극도주조정산"이 있었다는 점을 참고해 본다면, 무극도 진법주에만 있는 "봉명신"은 정산에 의해 첨부되었다고 보아야 한다. 따라서 진법주의 원형은 다음과 같이 추론된다.

九天下鑑之位 玉皇上帝下鑑之位 釋迦如來下鑑之位 冥府十王應感之位 五嶽山王應感之位 四海龍王應感之位 四時土王應感之位 直先祖下鑑之位 外先祖應感之位 妻先祖應感之位 妻外先祖應感之位 七星使者來待之位 右直使者來待之位 左直使者來待之位 冥府使者來待之位 天藏吉方하야 以賜眞人하시나니 勿秘昭示하사 所願成就 하옵소서

위의 원형을 통해 본다면 증산의 진법주에서 가장 수위의 신격이 옥황상제였기 때문에 초기 증산 종단이 증산을 옥황상제로 신앙하게 되었다는 것을 짐작할 수 있다. 대표적 교단인 보천교의 창립자인 차경석이 구천을 체(體)로 해석하여 천지단에 봉안하고 옥황상제를 용(用)으로 해석하여 일월단에 봉안한 것도[63] 진법주의 영향으로 볼 수 있다.

---

61 이영호, 『보천교연혁사 상』 (보천교중앙총정원, 1948), p.23b.
62 박상규, 「무극도 주문 연구: 의성김씨 천전파 소장 필사본 고증을 중심으로」, p.49 참조.
63 민영국(편), 『時鑑』 (보천교, 1984), 일월성도 참조.

2) 운장주

운장주에 대한 증산 종단 최초의 기록은 『증산천사공사기』로 전문은 다음과 같다.

天下英雄關雲長依幕處近聽天地八位諸將六丁六甲六丙六乙所率諸將
一別屛營邪鬼唵唵急急如律令娑婆呵[64]

위의 운장주는 증산이 1909년 종도들에게 알려준 것으로 당시 그 자리에 있었던 김형렬 등 8명의 종도에게 단번에 외우게 했다는 기록으로 본다면 다른 주문과는 달리 비교적 정확하게 전수되었다고 볼 수 있다.[65] 증산 종단의 운장주가 동일한 것은 이 영향이었을 가능성이 크다. 이후 증산은 운장주의 효험을 설명하면서 장효순의 난을 운장주로 벗어났다고 하였다.[66] 장효순의 난은 1904년 정월 보름에 시작되어 6월경 마무리된 사건이었다.[67] 증산은 1904년 이미 운장주를 만들었다가 1909년이 되어서야 이를 종도들에게 알려준 것이다.

증산의 주문 중 관운장과 관련된 것이 복마주, 해마주, 운장주 등 3가지나 존재한다는 것은 증산의 천지공사에서 그가 큰 역할과 위

---

64 이상호, 『증산천사공사기』, p.124. 1950년대의 이상호 교단의 기록도 『증산천사공사기』와 대부분 동일하다. 이정립, 『증산대도회요령』, p.14 참조. 『선정원경』(1962)은 근청(近聽)이 근청(近請)으로 되어있는데 오자로 보인다. 고민환, 앞의 책, p.127 참조.
65 증산이 운장주를 공개한 시점이 특정되어 있는 최초 문헌은 『대순전경』 초판으로 1909년 봄이다. 이상호, 『대순전경』 초판, p.196 참조.
66 이상호, 『증산천사공사기』, p.126.
67 같은 책, pp.27-32 참조.

상을 지니고 있었다는 것을 보여준다. 하지만 운장주의 경우 관운장의 위상이 복마주나 해마주의 대제, 천존, 제군이 아니라 천하영웅으로 되어 있다는 점에서 다르다.

3) 오주와 관음주

증산이 남긴 주문 중에서 가장 핵심적인 주문이면서 널리 알려진 것은 오주(五呪)다. 증산은 오주를 천지의 진액이라고 하였는데, 이에 따라 진액주, 천지진액주라고 부르는 교단도 있다.[68] 다섯 가지 주문으로 "① 新天地家家長歲日月日月萬事知, ② 侍天主造化定永世不忘萬事知, ③ 福祿誠敬信壽命誠敬信至氣今至願爲大降, ④ 明德觀音八陰八陽至氣今至願爲大降, ⑤ 三界解魔大帝神位願趁天尊關聖帝君"이다.[69] ②와 ⑤는 앞서 설명한 시천주, 해마주이므로 ①, ③, ④가 증산이 만든 주문인데 동학의 본주문과 강령주문의 뒷부분인 "만사지"와 "지기금지원위대강"을 후렴처럼 활용하고 있다. 이 중 ④는 ①, ③의 주문과는 달리 무극도에서는 독립적으로 사용되었는데 그 명칭은 관음주였다.[70]

오주에 관해서는 『대순전경』 계열의 기록은 판본에 따라 편차나

---

68 고민환, 앞의 책, p.127; 증산도종무원 편, 앞의 책, p.14 참조.
69 본 글에서 오주는 대순신앙의 경전인 『전경』을 기준으로 했다. 대순진리회교무부, 앞의 책, p.168 참조. 증산도는 고민환, 이상호의 교단과 동일하게 고판례를 증산의 계승자로 신앙하지만 오주는 대순진리회와 동일하게 신천지(新天地), 시천주(侍天主)로 표기한다. 증산도종무원 편, 앞의 책, p.14 참조. 증산법종교의 경우 "천문지리 풍운조화 팔문둔갑 육정육갑 지혜용력"을 오주로 사용하고 있다. 『법경』, pp.1-2 참조.
70 박상규, 「무극도 주문 연구: 의성김씨 천전파 소장 필사본 고증을 중심으로」, pp.40-42, p.54 참조.

자체적인 모순을 보이기에 신중하게 사용할 필요가 있다. ①번 주문의 신천지(新天地)는 『증산천사공사기』부터 『대순전경』 2판까지는 시천지(侍天地)로 되어있고 『대순전경』 3판부터는 시천지(時天地)로 나타난다.[71] ②번 시천주는 『증산천사공사기』의 시천주(侍天主)가 『대순전경』 초판과 2판에는 시천지(時天地)로, 3판과 4판에는 시천주(侍天主)로, 5판부터는 시천지(侍天地)로 되어 있다.[72] ⑤번 해마주의 원진(願趁)은 『대순전경』 3판과 4판에는 원진(遠趁)으로 기록되어 있다.[73] 또한 『대순전경』 3판부터 12판까지는 오주에 대한 다른 기록이 추가되어 두 체계의 오주가 나타나 자체적인 모순을 보인다.[74] 1950년대 『대순전경』을 경전으로 삼았던 대표적 교단인 증산대도회에서 사용된 오주 중 ②번도 당시 『대순전경』의 기록과는 달리 시천주(侍天主)를 시천주(時天主)로 기록하고 있어 자체적인 문제를 지니고 있다.[75]

---

71 이상호, 『증산천사공사기』, p.80; 이상호, 『대순전경』 초판, p.195; 이상호, 『대순전경』 2판, p.180; 이상호, 『대순전경』 3판, p.301; 이상호, 『대순전경』 4판 (서울: 대법사편집국, 1949), p.301; 『대순전경』 5판, p.427; 『대순전경』 6판, p.351; 『대순전경』 12판 (서울: 도서출판 말과글, 2001), p.299 참조. 『선정원경』에는 遠鎭으로 기록되어 있다. 고민환, 앞의 책, p.127 참조. 『선정원경』도 시천지(侍天地)로 기록되어 있다. 고민환, 앞의 책, p.126 참조.

72 이상호, 『증산천사공사기』, p.80; 이상호, 『대순전경』 초판, p.195; 이상호, 『대순전경』 2판, p.180; 이상호, 『대순전경』 3판, p.301; 이상호, 『대순전경』 4판, p.301; 『대순전경』 5판, p.427; 『대순전경』 6판, p.351; 『대순전경』 12판, p.300 참조.

73 이상호, 『대순전경』 3판, p.301; 이상호, 『대순전경』 4판, p.301 참조. 『선정원경』에는 원진(遠鎭)으로 기록되어 있다. 고민환, 앞의 책, p.127 참조.

74 추가된 오주는 다음과 같다. "①新天地家家長世日月日月萬事知 新天地造化定永世不忘萬事知 ②侍天主造化定永世不忘萬事知 侍爲天主顧我情永世不忘萬事宜 ③壽命誠敬信至氣今至願爲大降 福祿誠敬信至氣今至願爲大降 ④明德觀音八陰八陽至氣今至願爲大降, ⑤三界解魔大帝神位願趁天尊關聖帝君" 『대순전경』 3판, p.182; 이상호, 『대순전경』 4판, p.182; 『대순전경』 5판, p.262; 『대순전경』 6판, p.217; 『대순전경』 12판, p.184.

75 이정립, 『증산대도회요령』, p.12 참조. 『증산교요령』에는 시천주(時天主)가 시천

4) 도통주

도통주는 무극도와 친자 종도인 박공우 교단에서 사용되었다는 기록으로 그 존재를 확인 할 수 있다.[76] 전문이 수록된 문헌은 필사본 무극도 주문, 증산법종교, 그리고 태극도와 대순진리회의 주문이다. 태극도와 대순진리회의 도통주는 정산에 의해 변형되었을 가능성이 있으므로 증산이 만든 원형을 추론하는데 참고는 할 수 있지만 기준으로 삼기는 어렵다. 의성김씨 천전파 고문헌의 도통주는 증산법종교의 도통주와 대부분 동일하나 그 필사 연대가 1920년대이며 증산법종교의 설립이 1937년이므로 무극도에서 기원한 것으로 보아야 한다.[77] 무극도와 친자종도인 박공우의 교단에 공통적으로 도통주가 있었으므로 도통주는 증산이 만든 주문일 가능성이 크다. 무극도와 증산법종교의 도통주를 비교하여 종합하면 다음과 같지만 정산에 의해 변형된 것인지 증산의 원형인지는 알 수 없다. 태극도와 대순진리회의 도통주와 차이 나는 부분은 밑줄로 표시했다.

道通呪

天上元龍 坎武 太乙四七星斗牛君 日月三龍은 以 長生道通道德으로
上通天文 下達地理 中察人事와 能爲造化를 왈음공천은 唵嘛哩㘗 唵

지(侍天地)로 수정되어 있다. 이정립,『증산교요령』재판, p.12; 이정립,『증산교요령』6판 (김제: 증산교본부, 1990), p.12 참조.

76 홍범초, 앞의 책, p.225 참조.

77 박상규, 「무극도 주문 연구: 의성김씨 천전파 소장 필사본 고증을 중심으로」, pp.51-53 참조.

哩儜 唵哩儜[78]

5) 개벽주

친자 종도들의 교단에 전해진 증산의 주문 중에는 개벽주가 있다. 고판례, 김형렬, 박공우, 안내성 등의 종단에서 공통으로 그 존재가 확인된다.[79] 증산의 행적을 기록한 문헌에는 나타나지 않으므로 증산이 남긴 문헌에서 기원했을 가능성이 크다. 이정립의 『증산대도회요령』이 1956년에 집필된 것이 맞다면 개벽주에 대한 가장 앞선 기록인데, 고민환의 『선정원경』(1962), 『순천도교본』(1969)의 개벽주와 대부분 동일하다[80] 『증산대도회요령』, 『선정원경』의 개벽주는 차경석 또는 고판례, 『순천도교본』의 개벽주는 김형렬을 통해 전승되었을 가능성이 크다. 총 13위의 신장과 장군이 나열되고 있는데, 이들이 나를 큰 힘으로 도와주도록 구천상세군에게 기원하는 주문이다. 세 문헌을 대조 비교하여 오자를 수정하면 원형은 다음과 같이 추정된다.

天上玉京天尊神將 天上玉京太乙神將 上下變局雷聲霹靂將軍 白馬元
帥大將軍 雷聲霹惡將軍 惡鬼雜鬼禁亂將軍 三首三界都元帥 地神霹靂
大將軍 天地造化風雲神將 太極斗破八門神將 六丁六甲遁甲神將 三台

---

78 "옴바르지"는 관세음보살일정마니수진언(觀世音菩薩日精摩尼手眞言)의 vardi, varini에서 유래했으므로 불교식 한자인 唵哩儜로 표기했다. 같은 글, p.52 참조.

79 홍범초, 앞의 책, p.55, p.207, p.225, p.237 참조.

80 이정립, 『증산대도회요령』, p.17; 고민환, 앞의 책, p.127; 『순천도교본』, 부록 주문 개벽주 참조. 증산도의 개벽주도 세 문헌과 동일하다. 증산도종무원 편, 앞의 책, p.20 참조.

七星諸大神將 二十八宿諸位神將 感我微誠 助我大力 力拔山 吾奉九天
上世君 勅速勅速 唵 唵唵如律令

무극도의 개벽주는 위의 주문에 많은 부분이 추가되어 있다. 이는
정산이 1920년대 이를 변형하였음을 시사한다. 증산법종교의 개벽
주는 1920년대 무극도의 개벽주와 거의 동일한데 증산의 개벽주가
정산에 의해 변화된 후 무극도에서 증산법종교가 분파되었기 때문
이다.[81]

6) 신성주

박공우 교단과 이상호 교단에서 사용된 주문 중 신성주가 있는데
전문이 남아 있는 교단은 이상호 교단으로 『증산대도회요령』에 수
록되어 있다.[82] 거의 동일한 형태의 신성주가 1950~60년대 태극도
에서 사용되었고 현재 대순진리회에서도 사용되고 있음을 확인할
수 있다. 친자종도 관련 교단과 증산의 유족이 관련된 무극도 전통
에 신성주가 전해진 것으로 본다면 신성주가 증산이 만든 주문일 가
능성은 크다. 두 계열의 신성주는 중요한 글자의 차이가 있어 교단
간에 전파되었다고 보기는 어렵다. 두 주문 중 어느 것이 원형에 가
까운 것인지는 정확히 알 수 없지만 해석이 자연스러운 것은 무극도
전통의 신성주이다.

---

81 박상규, 「무극도 주문 연구: 의성김씨 천전파 소장 필사본 고증을 중심으로」, pp.
   40-42 참조.
82 홍범초, 앞의 책, p.225; 이정립, 『증산대도회요령』, p.14 참조.

神聖大帝 太乙賢首 於我降說 範於靈極[83]

神聖大帝 太乙玄曳 於我降說 範圍靈極[84]

7) 예고주

예고주는 증산의 행적을 기록한 문헌 대부분에서 증산이 만들어 사용한 것으로 기록된 주문 중 하나이다. 가장 빠른 기록은 『증산천사공사기』로 "曳鼓神曳彭神石蘭神東西南北中央神將造化造化云吾命令吽"이다.[85] 기록에 따르면 증산은 이 주문을 치병에 사용하였으며 주문명을 정하지는 않았다.[86] 따라서 예고주라는 명칭은 후에 붙여진 것이다. 고판례 교단에서는 예고주를 지신주(地神呪), 가택지신안정주(家宅地神安定呪)라 명칭하고 있다.[87] 주문 중의 동서남북중앙신장(東西南北中央神將)이라는 신명(神名) 때문에 지신주라고 명칭한 것으로 보인다. 친자 종도인 박공우 교단에서 명령훔주(命令吽呪)라는 주문명이 확인되는데[88] 예고주 마지막과 명령훔주(命令吽呪)의 명령훔(命令吽)이 동일하여 예고주라 추측된다. 친자종도의 교단 중 고판례

---

83 「주문」(태극도); 「주문」(서울: 대순진리회수도부), p.8 참조.

84 이정립, 『증산대도회요령』, p.14. 증산도도 신성주를 사용하고 있다. 이는 증산도의 설립자인 안세찬 부친의 보천교 활동과 안세찬이 이상호의 대법사 활동에 참여했던 사실과 관련되어 있다고 볼 수 있다. 증산도종무원 편, 앞의 책, p.20; 편집부, 「증산도의 연혁으로부터 도맥까지」, 『월간천지공사』 26 (1990), pp.25-27 참조.

85 이상호, 『증산천사공사기』, p.43.

86 이상호, 『대순전경』 초판, pp.120-121; 대순진리회교무부, 앞의 책, pp.294-295 참조. 증산의 행적을 주제별로 편찬한 경전에는 대부분 치병 관련 장에 이 일화를 배치하고 있다.

87 고민환, 앞의 책, pp.127-128 참조. 증산도는 "예고주; 지신주"로 표기하고 있는데 고판례 교단의 영향으로 보인다. 증산도종무원 편, 앞의 책, p.21 참조.

88 홍범초, 앞의 책, p.225 참조.

교단 계열 외에는 거의 유일하게 박공우 교단에서 예고주가 사용되었다고 보인다. 무극도에서 사용된 주문에도 예고주가 있는데 동일한 주문으로 보인다.

8) 태극주(해인주)

1970년 이전의 문헌에서 태극주 전문이 기록되어 전해지는 교단은 고판례 교단과 증산법종교가 있다.[89] 고판례 교단에서는 해인주, 증산법종교에서는 태극주라 명칭했는데 대순진리회에는 태극주라는 명칭만이 전해졌고 전문은 전해지지 않았다.[90] 증산법종교가 1937년 무극도로부터 분파했기 때문에 증산법종교의 주문과 무극도의 주문은 상당수가 유사하다.[91] 따라서 증산법종교의 태극주는 무극도의 태극주와 같은 주문으로 보아야 한다. 고판례 교단의 해인주과 증산법종교의 태극주를 비교 교감하면 다음과 같이 그 전문을 도출할 수 있다.

---

89 부산에 있는 태극도의 문헌인 『진경전서』(1987)와 『진경』(1989)에도 태극주가 수록되어 있다. 하지만 이들은 1980년대의 문헌이므로 본 연구에서는 활용하지 않는다. 태극도편찬위원회, 『진경전서』 (부산: 재단법인태극도, 1987), pp.307-308; 태극도편찬위원회, 『진경』 (부산: 태극도출판부, 1989), p.428 참조.

90 증산법종교의 『용화진경』(1969)은 외부 공개가 되어있지 않다. 따라서 증산법종교의 태극주 전문은 『법경』과 홈페이지를 활용하였다. 『법경』과 홈페이지에서 태극주가 서로 다르게 기록되어 있는데 주로 홈페이지의 기록을 활용했다. 1995년 『법경』이 출판된 이후 과거의 문헌인 『용화진경』(1969) 필사본이 발굴되면서 수정된 것이 홈페이지의 주문으로 추측되기 때문이다. 고민환, 앞의 책, p.138-139; 『법경』, pp.25-30; 《증산법종교》, 「태극주」 (http://jsbeob.com, 2022.10.9. 검색); 대순진리회교무부, 앞의 책, p.206; 박상규, 「무극도 주문 연구: 의성김씨 천전파 소장 필사본 고증을 중심으로」, p.48 참조.

91 같은 글, pp.40-41 참조.

태극주

太極宮中大聖獨尊亞聖靈之下奉印使臣**臣某姓名**前面玉帝有命打神霹
靂印佩後面靈天神君東來獨聖帝**蓋(皆)載(才)**天地分野定位九復之下日
月星辰萬象之**度(道)**通心神通靈神至靈至氣至氣今明通靈九宮通**神
(心)**九度飛天上天至靈神君飛天中天至靈神君飛天下天至靈神君飛天
世界飛天茲**地(至)**至精今至飛天上帝至靈至靈飛天九宮飛天九宮太極
九宮太極九宮吾主所立吾主所立世開所立世開所立飛飛白雲飛飛飛天
惟我太極飛天無上明明**神(心)**君至化至化至**精(宗)靈靈(英英)**神君九變
九復通靈神君無窮無窮造化神君鑑**(監)**視萬千尊帝尊帝**上帝尊帝**飛化
飛舞至精靈光赫赫開化分**野(夜)**靈光明明心天度度靈光靈儀玉帝淸**鏡
(耿)**淸**鏡(耿)神(心)**明**神(心)**明天地宗道先生白雲法師諸大**仙(聖)**君造
化通心神通靈神助我千千變通萬萬變化天地嚴命打神鬪霹印應敎萬里
印身隱藏印鬼卽滅印山卽崩印水卽渴印火卽烟印風卽空印千機萬機飛
宮飛乙法化師卽卽**明(命)**印武弓武乙分**野(夜)師(使)**度道**物(勿)**印進兵
退印**虐(栖)**疾滅印**授(數)**千嗔言天命道師萬法道人玉樞金剛大化師急
如吾奉四海應神**如律令**喇[92]

9) 원대주

증산이 지은 현무경 16면에는 "왈유도(日有道) 도유덕(道有德) 덕유
화(德有化) 화유육(化有育) 육유창생(育有蒼生) 창생유억조(蒼生有億兆) 억
조유원대(億兆有願戴) 원대유당요(願戴有唐堯) 기초동량종(基礎棟樑終)"이

92 차이가 있는 부분은 굵은 글씨와 괄호로 표기했으며 괄호가 없는 곳은 누락된 부
분이다.

반서체로 쓰여져 있었다.[93]

필사본 무극도 주문에 "왈유도, 도유덕, 덕유화, 화유육, 육유창싱, 창싱유억조, 억조유원딍, 원딍"가 있으므로 이를 무극도에서는 주문으로 사용했음을 알 수 있다. 무극도에서 1920년대 사용된 주문 중에서 원대주가 있는데 이를 지칭하는 것이다. 현무경을 비롯하여 증산이 남긴 글, 또는 자주 읽으라고 한 고전 등은 여러 증산 종단에서 주문처럼 사용되었다. 하지만 현무경 16면을 원대주라는 주문으로 사용한 것은 무극도에서만 발견된다. 무극도 원대주는 증산이 만들어 정산에 의해 변용된 것이라고 할 수 있다.

III. 정산의 주문 변형과 그 의의

1. 태극도 사용 주문

정산은 해방 이후 종교활동을 재개하며 다음 [그림 1]과 같은 형태로 정비된 주문을 제도화했다고 추측된다.[94] 이러한 제도화는 1948년 본소의 부산 이전과 1950년 태극도로의 교단 명 변경과 함께 정산의 신앙체계 전환 작업의 일환으로도 볼 수 있다.

---

93 대순진리회교무부, 앞의 책, p.186 참조.
94 이러한 제도화가 1920년대 초에 이루어졌다는 주장도 있지만 근거가 없다. 1920년대의 무극도 관련 언론 보도에 단편적으로 드러나는 주문 8종과도 일치하지 않는다. 태극도편찬위원회, 『진경』, p.433; 「惑世誣民(혹세무민)하는 無極大道團(무극대도단)」, 《동아일보》 1925.7. 6. 참조.

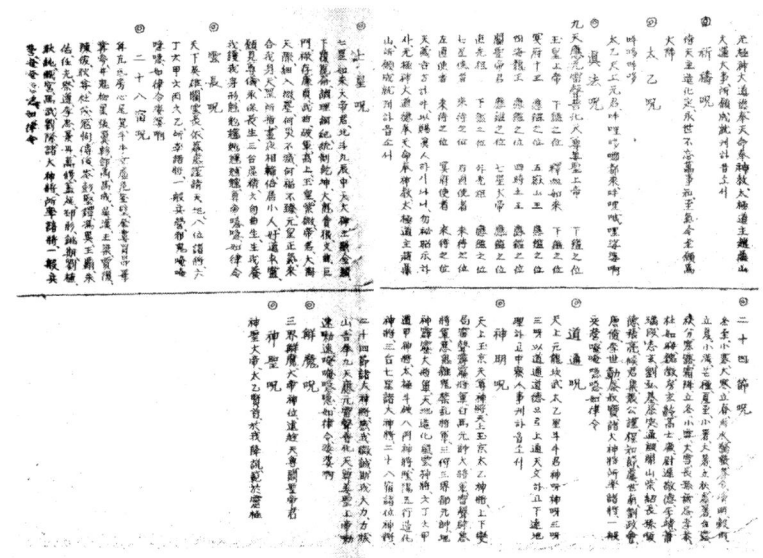

[그림 1] 태극도 주문

1963년의 태극도 규정에는 위 12종의 주문을 차례로 1독하고 태을주와 기도주를 각각 24독하는 순서로 기도의식이 정해져 있다.[95] 이 단락에서는 태극도 주문을 중심으로 정산의 주문 변용을 살펴보고, 정산의 주문 변형과 사용 맥락을 분석하는 데 도움이 될 수 있는 무극도 주문의 특징을 분석할 것이다.

1) 봉축주

태극도의 의례에서 주문 봉송을 할 때 시작 주문은 다음과 같은데

---

95 『규정』(부산: 태극도, 1963), 의식규정 p.6 참조. 1966년의 수도규정에는 신명주가 신장주로 기재되어 있다. 『수도규정』(부산: 태극도, 1966), p.2 참조.

봉축주라고 한다.

무극신대도덕(无極神大道德) 봉천명봉신교(奉天命奉神敎) 태극도주조정
산대운대사(太極道主趙鼎山大運大事) 소원성취(所願成就)케하옵소서

정산에 의해 무극도라는 교단명이 태극도로 개칭된 시기는 1950년
이다. 따라서 위의 봉축주는 1950년 이후의 봉축주이다. 1950년 이
전에는 "태극도주조정산[太極道主趙鼎山]"이 "무극도주조정산[太極道主
趙鼎山]"이었다고 추측할 수 있다. 그러나 1920~30년대의 봉축주가
"무극신대도덕 봉천명봉신교 무극도주조정산대운대사 소원성취케
하옵소서"였는지는 명확하지 않다.

타 교단 기록에는 1922년 정산이 폐백도수에 사용했다는 봉축주
가 수록되어 있다.[96] 하지만 해당 교단 기록은 부정확하고 그 간행년
도가 1977년이어서 신빙성이 높지 않다. 또한 이 주문은 내용상 봉
축주라기 보다는 정산이 특정 공부에 일시적으로 사용한 주문일 가
능성이 커서 이를 통해 봉축주의 원형이나 그 변형을 추론하는 것은
부적절하다.

증산 종단 중 봉축주는 무극도 계열의 교단에서 주로 사용했다.
따라서 봉축주는 정산에 의해 만들어졌거나 변용된 주문일 가능성
이 크다. 증산은 오주와 함께 "无極神 大道德奉天命奉神敎大先生前
如律令 審行先知後覺元亨利貞布敎五十年工夫"이라는 글을 쓴 일이

---

96 이정립, 증산교사, p.134.

있다.[97] 위의 글은 정산에게 전해진 봉서에도 기록되어 있었다고 추측된다.[98] 정산은 이 중 앞의 문장을 변용하여 봉축주를 만든 것으로 보인다. 정산은 수운의 『동경대전』이 자신의 도(度)라 인식하고 있었고 수운이 남긴 "지기금지사월래"라는 선생주문도 자신에 대한 예언으로 여겼다.[99] 따라서 당시 일반적으로 수운을 지칭했던 대선생을 자신과 등치하여 봉축주로 만들었다고 추측할 수 있다.

1920년대 무극도에서 사용되었던 주문에서 정산을 지칭하는 용어는 봉명신(奉命身), 주인(主人), 우일(宇一) 등이다.[100] 이를 근거로 태극도의 봉축주에 나타난 태극도주조정산대운대사[太極道主趙鼎山大運大事]와 유사한 형태를 찾아보면 무극도의 개벽주에 있는 "우일대운대사[宇一大運大事]", "봉명신대운대명[奉命身大運大命]" 등이다.[101] 그러므로 1920년대의 봉축주는 "无極神大道德奉天命奉神教宇一大運大事소원성취케하옵소서", 또는 "无極神大道德奉天命奉神教奉命身大運大命소원성취케하옵소서"의 형태였다가 후에 "무극신대도덕 봉천명봉신교 무극도주조정산 소원성취케 하옵소서"로 변화되었다고 추측된다.

---

97 대순진리회교무부, 앞의 책, p.339.
98 『무극대도교개황』에는 증산의 유서에 "無極大道德也 元亨利貞 布教 五十年工夫"라는 글이 있다고 기록되어 있다. 이 글과 가장 유사한 기록이 바로 "无極神 大道德奉天命奉神教大先生前如律令 審行先知後覺元亨利貞布教五十年工夫"인데 실제 봉서에는 이 글이 기록되어 있었을 것이다. 全羅北道, 앞의 책, p.6 참조.
99 대순진리회교무부, 앞의 책, p.195, p.220 참조.
100 박상규, 「무극도 주문 연구: 의성김씨 천전파 소장 필사본 고증을 중심으로」, pp.49-50 참조.
101 같은 책, p.209 참조.

2) 기도주, 태을주

『전경』에는 1917년 정산이 계시를 통해 얻은 기도주가 수록되어 있고[102] 관변 문서인 『무극대도교개황』, 『朝鮮の類似宗敎』에도 무극도에서 사용된 기도주가 '보통주문'으로 소개되어 있다.[103] 증산이 동학주문을 변형하여 전한 기도주를 정산은 그대로 사용한 것이다.

하지만 태을주의 경우 그 사용방식이 정산에 의해 변경되었을 가능성은 크다. 대순 신앙의 태을주 사용방식은 타 증산 종단과는 차이를 보이기 때문이다. 대순 신앙에서 태을주의 서두에 해당하는 "훔치훔치"는 실제 봉송될 때는 처음에 한번만 외운다. 즉 태을주가 반복될 경우 "훔치훔치"는 처음 한번만 외워지고 나머지 부분인 "태을천상원군훔리치야도래훔리함리사바아"가 계속 반복되는 방식으로 봉송된다.

타 증산 종단에서 이러한 방식으로 태을주가 봉송된 경우는 발견되지 않는다. 따라서 이러한 태을주 사용 방식은 정산에 의해 이루어진 것은 분명하다. 그러나 정산이 태을주를 변용한 목적과 정확한 시점을 알 수 있는 1970년대 이전 기록은 현재 존재하지 않기에 그 변화의 맥락을 정확히 알 수 없다. 추론해 본다면 타 증산 종단에서는 훔치훔치를 태을주의 핵심으로 보고 반복했다면, 정산은 태을주를 시동시키는 부분으로 해석하여 처음 한번만 외웠다고 볼 수 있을 것이다.

---

102 같은 책, pp.191-192; 村山智順, 앞의 책, p.334 참조.
103 全羅北道, 앞의 책, p.12 참조.

3) 진법주

앞 장에서 세가지 진법주의 비교를 통해 증산이 1900년에 만든 원형을 추론한 바 있다. 이 원형을 1920년대의 필사본 무극도 진법주와 비교하면 크게 두가지가 달라진다. 첫째는 구천이 구천상제로 변화되었고,[104] 둘째는 "소원성취케 하옵소서" 앞에 봉명신(奉命身)이 추가된 것이다. 이는 정산이 1920년대에 1차 진법주를 변형했다는 것을 시사한다.

변형 내용을 통해서 정산은 첫째, 진법주가 완성된 것이 아니라 증산이 짜 놓은 도수에 따라 변형되어야 하는 것으로 보았고 둘째, 화천 이후 증산이 구천의 상제 위에 오른 것으로 해석했으며 셋째, 진법주를 자신[봉명신(奉命身)]을 위한 주문으로 보고 변용했음을 추론해 볼 수 있다.

이러한 진법주에 대한 정산의 관점과 해석은 태극도 시기까지의 진법주의 변화를 통해서도 재확인할 수 있다. 정산은 증산을 봉안한 후 구천상제를 구천응원뇌성보화천존강성상제로 변형했고,[105] 관성제군과 칠성대제를 15신위로 배정하면서 "직선조하감지위" 전에 "관성제군응감지위(關聖諸君應感之位) 칠성대제응감지위(七星大帝應感之

---

104 구천응원뇌성보화천존강성상제 대신에 구천상제를 사용한 필사본 진법주는 정산이 증산을 구천응원뇌성보화천존상제로 봉안하기 전에 사용한 것으로 추측된다.

105 필사본 진법주는 정산이 1919년 증산의 유품을 전해 받은 때부터 1925년 4월 무극도를 창도하여 증산을 구천응원뇌성보화천존상제로 봉안한 때까지 사용한 진법주일 가능성이 있다. 하지만 정산은 증산이 화천 후 금산사 미륵금상에 응해 있다가 1935년에 구천으로 임어했다고 밝혔다는 구전 전승이 있다. 따라서 정산이 1935년까지 사용한 진법주일 수도 있다.

位)"를 추가하면서 "처선조응감지위(妻先祖應感之位) 처외선조응감지
위(妻外先祖應感之位)"를 삭제하였으며,[106] 자신을 의미하던 봉명신을
"무극신대도덕봉천명봉신교무극도주조정산", "무극신대도덕봉천
명봉신교태극도주조정산"으로 변형했다.[107] 증산이 짜 놓은 도수를
자신이 실현한다는 관점에서 정산은 주문을 변형한 것이다. 정산의
진법주 변형을 통해서 대순 신앙체계의 변화를 분석해 본다면 다음
의 몇가지 사실을 추론해 볼 수 있다.

첫째, 1920년대까지도 관성제군과 칠성대제는 진법을 담당하는
15신위에 포함되지 않았지만 1950년대에는 포함되었는데, 이것은
정산이 증산의 천지공사를 해석하여 특정한 시점에 관성제군과 칠
성대제를 15신위로 포괄하는 의례나 공부를 시행했다는 것을 의미
한다. 무극도 시기 칠성은 옥황상제가 봉안된 도솔궁 아래층의 칠성
전에 따로 봉안되었으며 1950년대에 이르러서야 영대에 봉안되었
다는 사실은 천지공사의 계승자인 정산에 의해 세계가 전환되면서
주문, 의례, 신전의 구조 등의 전면적인 변동이 이루어지는 대순 신
앙 체계의 특징을 잘 보여준다.

---

106 대순 신앙에서 진법주는 항상 15신위로 구성되어야 하기에 신위의 삭제와 추가는
   동시에 이루어졌다고 보아야 한다. 차선근, 앞의 글, pp.243-252 참조. 정산이 15
   신위를 변경한 시점은 정확히 알 수 없다. 하지만 1936년까지 칠성이 영대나 옥황
   상제가 봉안된 도솔궁이 아니라 칠성전에 봉안되어 있었다는 사실을 확인할 수 있
   다. 현재의 15신위가 모두 영대에 명확히 봉안되는 시기는 1955~57년이므로, 정
   산은 1937~1957년의 특정 시점에 관성제군과 칠성대제를 진법주에 추가했을 가
   능성이 크다. 박상규, 「대순신앙의 천계(天界) 관념: 무극도를 중심으로」, 『종교연
   구』 82-2 (2022), pp.198-200 참조.
107 진법주의 '봉명신'이 '무극신대도덕봉천명봉신교무극도주조정산'으로 변경된
   시점은 1930년대 이후로 보아야 한다. 1920년대 무극도의 주문 중 정산을 무극도
   주조정산으로 표기한 것이 없기 때문이다.

둘째, 증산이 남긴 진법주에 있던 "처선조응감지위(妻先祖應感之位) 처외선조응감지위(妻外先祖應感之位)"는 수도 주체로서의 여성의 지위가 허용되지 않는 증산 당대의 현실을 반영한다. 이는 무극도의 경우도 동일하며 1925년 당시 무극도 간부 전원이 남성이었다는 사실로 방증된다.[108] 그러나 정확한 시점은 알 수 없지만 정산은 타 증산 종단과는 달리 진법주에서 "처선조응감지위(妻先祖應感之位) 처외선조응감지위(妻外先祖應感之位)"를 삭제하면서 여성이 수도의 주체가 될 수 있게 하였다. 즉 정산은 증산의 남녀평등과 여성해원 도수가 실현되어 여성이 수도 주체가 될 수 있는 시점이 도래하였다고 판단되자 진법주를 변형한 것이다. 따라서 현재까지도 "처선조응감지위(妻先祖應感之位) 처외선조응감지위(妻外先祖應感之位)"를 유지하는 타 증산 종단과 같은 관점에서 정산의 사유를 해석하는 것은 적절하지 않다.

셋째, 1920년대 정산이 봉명신을 삽입하여 '소원성취'의 주체가 되도록 한 것은 자신을 상제(증산)의 천명을 받은 봉명신으로, 진법주를 진법의 주인인 자신의 소원을 이루는 주문으로 인식하였음을 의미한다. 1950년대 태극도 진법주가 "…물비소시하사 무극신대도덕봉천명봉신교태극도주조정산 소원성취케하옵소서"의 형태로 필사본 진법주와 구조상 유사한 것은 이를 잘 보여준다.[109]

---

108 全羅北道, 앞의 책, pp.37-52 참조.
109 소원성취의 주체로서 봉명신이 사용된 것은 필사본 진법주가 정산이 무극도주로 추대되기 전에 사용된 것일 가능성을 시사한다. 진법주에서 소원성취의 주체가 정산 대신 도문소자가 되는 것은 우당이 정산을 조성옥황상제로 봉안하고 10년이 지난 1967년이었다.《태극도월보》,「주문일부변경」(구)제4호, 1967.4, p.15 참조.

4) 칠성주

무극도의 칠성주는 오탈자로 추정되는 부분을 제외한다면 증산이 변용한 칠성경과 동일하다. 하지만 1950년대의 태극도 칠성주는 "형아허신형(形我許身形)"이 삭제되어 있으므로 증산의 칠성경은 1920년대 이후 정산에 의해 다시 북두주 원형에 가깝게 변형되었다고 볼 수 있다. 즉 정산은 증산이 변형한 부분 중 일부를 원래 형태로 환원했다. 이는 증산에 의해 시작된 도수를 마무리하는 맥락으로도 해석할 수 있다.

변형 시점과 맥락을 파악하기에는 정보가 제한적이지만 '형아허신형(形我許身形)'만을 삭제한 것으로 본다면 강화된 삼태성의 권한을 원래대로 되돌린 것으로 추측된다. 증산에 의해 이루어진 삼태성의 역할과 권한 강화가 영구적인 것이 아니라 도수에 따른 일시적인 것으로 정산은 파악했다고 할 수 있다. 증산의 칠성경에서 삼태성의 권한은 '신체가 형성되는 것을 허락하는' 것이었기에 인간의 탄생과 관련된다고 볼 수 있다. 따라서 정산이 칠성경을 원래의 형태로 환원한 것은 증산이 칠성경을 변용하여 공사를 행하던 때부터 엄격하게 통제되던 인간의 출생 기준을 원상회복하는 작업으로도 해석할 수 있다.

5) 운장주

운장주 원형과 1950년대 태극도 운장주는 다르다. 운장주 원형은 "근청(近聽)"과 "일별병영(一別屛營)"인데 태극도의 운장주는 "근청(謹請)"과 "일반병영(一般兵營)"이다.[110] 타 증산 종단의 운장주는 원형과 대부분 동일하므로 태극도 운장주의 "근청(謹請)"과 "일반(一般)"은 오자가 아니고 정산에 의해 변형된 것이 분명하다.[111] 필사본 무극도 주문의 운장주는 한자가 아니고 뒷부분이 누락되어 있어 정산이 1920년대에 해당 부분을 변형했는지를 알 수는 없다.[112] 변용이 이루어진 시기는 1920~1940년대의 특정 시점으로 추측된다.

"근청(近聽)"은 '가까이에서 기다린다', '가까이에서 듣는다'는 의미이고 "근청(謹請)"은 '삼가 청하니'라는 뜻이다. 따라서 태극도 운장주가 보다 강한 기원의 형태를 지니고 있지만 큰 틀에서 본다면 의미의 변화가 크지 않다.

이에 반해 "일별병영(一別屛營)"과 "일반병영(一般兵營)"은 단 두글자가 다르지만 뜻은 많이 다르며 주문의 전체적인 구조를 전환한다. 일반과 일별은 정반대의 뜻이라고 할 수 있는데 일반은 '평범한'의 뜻이라면 일별은 '특별한' 또는 '한번 나누어' 등의 뜻이다. 병영(屛營)은 주로 '방황' '놀라서 당혹해 하는 모양'을 의미하며[113] 병영(兵營)은 '병사들의 막사' 또는 '병사들이 진을 치다' '병사들이 관리하다'는 뜻이다. 이러한 맥락에서 본다면 운장주 원형은 '… 휘하 제장

---

110 대순진리회의 운장주도 근청(謹請)으로 되어 있다. 『주문』(서울: 대순진리회수도부), p.5 참조.

111 이상호, 『증산천사공사기』, p.124; 고민환, 앞의 책, p.127 참조. 증산도의 운장주는 근청(近聽)이 근청(謹請)으로 되어 있다. 증산도종무원 편, 앞의 책, p.16.

112 증산법종교 또한 원형의 운장주를 사용하고 있다는 사실을 통해 정산이 운장주를 1937년 이후 변형했다고 볼 수도 있다. 하지만 그 이전일 가능성도 있다. 운장주는 증산 종단 전체에 잘 알려진 주문이고 따라서 증산법종교의 운장주 기원이 무극도인지 명확하지 않기 때문이다. 《증산법종교 홈페이지》, 「운장주」(http://jsbeob.com, 2022.5.11. 검색) 참조.

113 단국대학교동양학연구소, 『한한대자전 4』(서울: 단국대학교출판부, 1999), p.702 참조.

이 일별(一瞥)하여 사귀를 쫓아냄(구축)'으로,[114] 변형된 운장주는 '…
휘하의 제장과 일반병영 및 사귀'로 번역된다. 자의로만 본다면 원
형은 관운장과 휘하의 제 신장이 사귀를 긴급히 구축하기를 기원하
는 뜻이고, 변형은 관운장 휘하에 제장은 물론 일반병영과 사귀까지
나열되어 있는 형태라고 할 수 있다.

이러한 주문의 의미와 구조 변형은 관운장이 거느리는 신병의 규
모가 확대되었고 그 권능이 사귀를 구축하는 정도가 아니라 통제하
는 데까지 이른 상황으로 해석할 수 있다. 앞서 진법주에서 살펴보았
듯이 1920년대까지도 관성제군이 진법주의 15신위에 들어가지 않
다가 1950년대 영대에 봉안되었다되는 사실은 운장주의 변형이 지
니는 의미를 잘 보여준다. 대순진리회의 치성에서 15신위에 대한 배
례 순서에서 관성제군은 5번째이지만 술잔을 올리는 순서는 네 번
째이다. 즉 삼위의 관성제군은 배례를 제위보다 늦게 받지만 술잔은
제위보다 먼저 받는다.[115] 이는 정산에 의해 수립된 예법으로 그 이
유에 대해서 정산은 '관성제군이 나의 일에 기여한 공로가 크기 때
문이다'라고 했다는 일화가 전해진다. 이 전승 역시 운장주의 변형
맥락과 부합한다고 볼 수 있다.

6) 이십팔수주, 이십사절주

앞서 살펴보았지만 증산이나 증산의 친자 종도들은 이십팔수와

---

114 같은 책, p.700 참조.
115 민원실, 「지남거(指南車): 상제님께서 알려주신 척신과 魔가 풀리는 원리」, 『대순
회보』 84 (2008), p.29 참조.

이십팔장, 이십사절후와 이십사장을 조합한 형태의 주문을 사용하지는 않았다. 하지만 정산은 이를 조합하여 이십팔수주와 이십사절주로 변용한다. 이는 1920년대의 무극도 주문에서 확인할 수 있다.[116]

절후 및 성수와 역사적 실존 인물들을 조합한 정산의 주문 변용은 이십사절후와 이십팔수라는 시공을 관장하는 신명이 당태종의 이십사장과 광무제의 이십팔장이며 이십사절후와 이십팔수를 각각 맡은 신명을 일대일(一對一) 대응시켜 명확히 하는 의미를 지닌다.[117] 이십팔수주와 이십사절주의 확립은 결국 정산이 증산의 공사에 따라 이십사절후 신명과 이십팔수 신명을 배정하는 일이었다는 해석도 가능할 것이다.

7) 도통주

증산이 전한 도통주의 원형을 추론할 방법은 마땅히 없다.[118] 타 증산 종단에서 도통주와 유사한 주문을 찾지 못하기 때문이다. 1920년대 무극도와 1950년대 태극도의 도통주는 차이가 있다. "태을사칠성두우군"은 "태을성두우군"으로, "일월삼용"은 "신아신아삼아삼아(神呀神呀三呀三呀)"로, "이장생도통도덕"은 "이도통도덕(以道通道德)"

---

116 자료조사실 편, 앞의 책, pp.868-869; 대순진리회교무부, 앞의 책, p.206 참조.

117 중국 도교의 28수, 28장 대응과 정산의 대응은 차이가 있다. 이재원, 앞의 글, pp. 107-109 참조.

118 전문이 남아있는 의성김씨 천전파 필사본이 1920년대 무극도 주문이라는 고증 결과와 증산으로부터 전해진 도통주를 1920년대에 정산이 변형할만한 이유가 없다는 점을 고려하더라도 정산에 의한 변형 가능성을 완전히 배제할 수는 없다.

으로 변형되었으며 "능위조화를 왈음공천은 옴바르지 옴바르지 옴바르지"로 된 마지막 부분은 "소원성취케 하옵소서"로 바뀐 것이다.

도통주 변형은 모두 정산에 의해 이루어졌다고 볼 수 있는데 그 맥락을 정확히 알 수는 없다. 하지만 증산법종교 도통주의 한문으로 무극도 도통주를 해석하여 태극도 도통주와 비교하면 그 뜻에 큰 변화는 없다.[119] 큰 변형은 형태상 이루어졌는데 끝의 옴바르지 진언이 삭제된 것이다. 태극도 시기에는 그 의미를 알기 어려운 불교 진언을 대부분 사용하지 않고 소원성취의 의미를 지닌 '사바아'라는 진언만을 거의 유일하게 남겨두었다는 점에서 본다면 형태의 통일로 볼 수 있다.

불교와 관련된 주문이나 진언이 대부분 무극도에서 사라지는 맥락은 1949년에 이루어진 정산의 마하사 공부와 관련하여 생각해 볼 필요도 있다. 대순 신앙에서는 정산의 마하사 공부 후에 불상이 머리를 숙인 이적을[120] 석가여래가 뇌성보화천존과 옥황상제 다음의 자리를 수락한 것으로 보고 증산이 안배한 진법이 정산에 의해 실현된 것으로 해석한다. 이 공부를 마치고 정산이 외웠던 시에는 증산이 남긴 "도인하사다불가(道人何事多佛歌)"라는 싯구가 있었는데 "도인들은 무슨 일로 불을 노래함이 많은가?"라는 뜻이다.[121] 스스로 미

---

119 태을, 두우군, 삼이라는 핵심적인 용어가 그대로 유지되고 있고 능위조화는 상통천문 하달지리 중찰인사와 중복되는 의미를 지니기에 삭제 되어도 뜻에 큰 변화는 없다. 왈음공천의 한문은 명확하지 않다.
120 대순진리회교무부, 앞의 책, p.212 참조.
121 같은 책, p18, p.213 참조.

륵임을 밝혔던 증산을 정산이 구천응원뇌성보화천존으로 봉안하고 석가여래를 그 하위의 신격으로 봉안했다는 점에서 본다면 정산은 불교적 요소를 도교적으로 변형했을 가능성이 크며 1950년대 이 작업은 마무리되었다고 볼 수 있다. 이는 선(仙)을 중심으로 한 삼교합일을 지향한 정산의 사유와도 부합한다.[122]

8) 신장주(개벽주)

증산의 개벽주를 『전경』에 기록된 1920년대 무극도 개벽주와 비교하면 많은 차이가 있는데 차이가 있는 부분을 밑줄을 그어 표시하면 다음과 같다.

天上玉京天尊神將 天上玉京太乙神將 玉京玉樞守門將軍 上下變局雷聲霹靂將軍 白馬元帥大將軍 雷聲霹惡將軍 惡鬼雜鬼禁亂將軍 三首三界都元帥 地神霹靂大將軍 天動地動陰陽霹靂大將軍 左部關元帥 右部馬元帥 天地造化風雲神將 陰陽五行奇門神將 六丁六甲遁甲神將 太極斗破八門神將 山上吹嘯猛虎將軍 多率神軍百騎將軍 龍盤虎踞鬼哭神將 千萬惡鬼打節神將 魑魅魍魎揮致神將 法律邪魔盡滅神將 風濤殺首呼天神將 五百年間一享神將 三台七星諸大神將 二十八宿諸位神將 啓明長庚二府神將 九辰太白禁令神將 二十四節諸位神將 十二辰諸部神將 天地五方呼令神將 上下八位巡察神將 萬里風雨轉化神將 六丁六甲

122 박상규, 「대순신앙의 천계(天界) 관념: 무극도를 중심으로」, pp.183-186 참조. 정산이 1925년 공표한 각도문에는 "仙佛儒大道正通"이라는 선을 수위로 한 정산의 사유가 나타난다. 대순진리회교무부, 앞의 책, p.202 참조.

所率神將 九靈三精應元神將 萬古歷代英雄豪傑諸大神將 統合天四將

四十八大將軍 四萬神將 八萬四千諸大神將 感我微誠助我宇一大運大

事改改降臨降臨侍衛我奉命身大運大命太一聖哲常隨不離大道通大位

定與天地合與陰陽合與五行合通天地通萬古通五方通四海四海應身力

拔山岳威振乾坤天地道通天地造化無窮不息進退有法吾奉九天上世君

勅速勅速唵唵唵唵如律令[123]

　　위의 개벽주는 1920년대에는 무극도에서만 사용된 것이다.[124] 앞
장에서 타 증산 종단의 개벽주를 통해 원형을 추론했지만 무극도의
개벽주도 증산이 전한 원형일 가능성은 여전히 존재한다. 따라서 두
가지 가정이 가능하다. 첫째, 친자종도를 통해 전승된 개벽주와 유
족을 통해 전해진 개벽주가 달랐을 가능성과 둘째, 증산이 전한 원
형을 정산이 변형했을 가능성이다. 두 가지 중에서 개연성이 큰쪽은
후자인데 무극도의 개벽주에 1910년대 말에 정산이 사용하기 시작
한 '우일(宇一)', 20년대 중반 이후에 사용된 '태일성철(太一聖哲)' 등이
나타나기 때문이다.

　　이 같은 결론을 통해 본다면 정산은 증산이 전한 개벽주에 상당히
많은 부분을 추가하였다는 것을 알 수 있다. 추가되었다고 추측되는
내용 중 특별히 주목할 부분은 첫째로 여러 신장이 추가되었다는 점

---

123 대순진리회교무부, 같은 책, pp.208-209.
124 『전경』의 개벽주는 1940년대 이후 증산법종교에서 사용된 개벽주와 거의 동일하
　　다. 1920년대에는 증산법종교가 존재하지 않았으므로 이는 무극도에서 기원한
　　것이다. 《증산법종교 홈페이지》, 「개벽주」(http://jsbeob.com, 2022.5.11, 검색)
　　참조.

이다. 그 중 주목해야 할 신장은 먼저 좌부관원수(左部關元帥)이다. 관운장이 좌부 원수로 나타나고 있어 그 위상이 그리 높지 않음을 알 수 있다. 이는 1920년대 무극도의 진법주에 관성제군이 포함되지 않았고, 운장주에 관운장 휘하에 일반병영이 편제 되지 않았다는 사실과 부합한다.

오백년간일향신장(五百年間一享神將)은 증산이 이십사방위의 중앙에 혈식천추 도덕군자(血食千秋道德君子)를 쓰고 이들이 남조선 뱃길의 사공이라고 한 공사가 있다는 점에서,[125] 만고역대영웅호걸제대신장(萬古歷代英雄豪傑諸大神將)은 증산이 만고의 명장을 종도에게 선정케 했던 공사가 있었다는 점에서,[126] 사십팔대장군(四十八大將軍)은 증산이 사십팔장 공사를 보았고 '사십팔장을 늘어세우고 옥추문을 열 것'이라 한 점에서[127] 대순신앙체계와 부합한다. 정산이 증산의 천지공사를 반영하여 개벽주를 변형했다는 것을 알 수 있다.

주목해야 할 두 번째 부분은 앞서 진법주에서도 살펴보았듯이 무극도 주문의 특징 중 하나라고 할 수 있는 것으로, 정산이 증산의 주문을 자신을 중심으로 한 기원문으로 변형하고 있다는 사실이다. 개벽주의 변형된 부분을 번역하면 다음과 같다.

　… 나를 도와 우일(宇一)의 대운대사에 각각 강림, 강림하시고 나를 호위하여 주소서. 봉명신의 대운대명이 태일성철을 항상 따르고 떠나

125　혈식천추는 천년동안 불천위로 제사된다는 뜻으로 오백년간일향(五百年間一享)과 상통한다. 대순진리회교무부, 앞의 책, p.326 참조.
126　같은 책, pp.110-111 참조.
127　같은 책, p.2, p.335 참조.

지 않아 대도를 통케 하고 대위를 정해[大道通大位定] 천지, 음양, 오행과 합하고[與天地合 與陰陽合 與五行合] 천지, 만고, 오방, 사해와 통하여[通天地 通萬古 通五方 通四海] 사해가 몸에 응하고 힘은 산악을 뽑고 위세는 건곤을 진압하도록[四海應身 力拔山岳 威振乾坤]하소서. 천지도통과 천지조화는 무궁불식하고 진퇴에 법도가 있으니 …

위의 내용은 정산이 개벽주를 우일과 봉명신이 개벽의 권능을 지니기를 기원하는 주문이 되도록 변경했다는 것을 알려준다. 우일과 봉명신은 정산을 뜻하기에 무극도 개벽주와 진법주는 정산이 자신을 증산에 의해 예정된 대두목으로 인식하고 증산의 계획에 따라 주문을 변경하였다는 것을 잘 보여준다.

정산이 개벽주를 태극도 신명주 형태로 변형한 시점은 정확하지 않다. 1937년 무극도에서 분파된 증산법종교에서도 무극도와 거의 동일한 개벽주를 사용했다는 점에서 1936년까지 정산은 개벽주를 변형하지 않았다고 볼 수 있다. 변형 시점은 1937년 이후부터 관성제군이 격상되어 진법주의 신위에 포함되었다고 추측되는 1955년 이전일 것이다.

개벽주와 신명주를 비교하면 정산의 변형은 개벽주 원형으로의 복귀에 가깝다. 정산이 추가한 신명과 정산에 대한 기원문이 대부분 삭제되었기 때문이다. 주목할 부분은 다른 증산 종단의 개벽주가 13위의 신장으로 구성되었다면 정산의 신명주는 15위의 신장으로 이루어져 있다는 점이다. '음양오행조화신장'과 '이십사절제대신장'이 추가된 형태이다. 이는 다른 친자 종도와 정산에게 전해진 개벽주가

달랐거나, 정산이 진법주에 맞추어 15위의 신장으로 신명주를 구성
했다는 것을 의미한다.

진법주의 경우에 비추어 본다면 증산으로부터 전해진 개벽주 원
형은 15위였을 가능성이 있다. 증산은 15라는 수를 중시하였고 진
법주를 15위로 구성하여 15가 진법을 의미함을 명확히 하였기 때문
이다.[128] 주목할 만한 변형에 대해서 보다 깊이 살펴보면 다음과
같다.[129]

첫째, 정산에 의해 추가된 부분이 모두 삭제되면서 주문의 명칭조
차 변경된 것이다. 이는 주문의 용도가 달라졌다는 것을 의미한다.
즉 정산의 개벽주를 활용한 공부에 따라 증산의 개벽공사가 계획대
로 진행되었고 이에 따라 정산은 최종적으로 신명(신장)을 대표하는
15위를 정하고 개벽주를 이들에 대한 기원문으로 변경했다고 할 수
있다.

둘째, 좌부 관원수, 즉 관성제군이 주문에서 삭제되었고 음양오행
기문신장은 음양오행조화신장으로, 이십사절제위신장(二十四節諸位神
將)은 이십사절제대신장(二十四節諸大神將)으로 명칭이 변경되었다. 좌
부 관원수가 삭제된 것은 관성제군의 위상이 지속적으로 상승된 대
순 신앙체계와 관계있다. 관성제군은 1950년대에 이르면 진법주의
신위가 되며 영대에 봉안되었으므로 15신위의 통솔을 받는 신명에
서는 빠지는 것이 논리적이다. 음양오행기문신장과 이십사절제위

---

128 차선근, 「대순진리회 상제관 연구 서설(Ⅱ)」, pp.250-251 참조.
129 '태극두파팔문신장', '육정육갑둔갑신장'의 순서가 타 증산 종단의 개벽주와 다
     른 것이 전승과정의 오류인지 아니면 증산의 공사에 대한 정산의 해석에 따른 변
     형인지를 알 수 없다. 본 연구에서는 다루지 않는다.

신장의 경우 증산의 전수한 개벽주 원형에 있었는지는 불명확하다. 하지만 정산에 의해 신명 체계가 변화되면서 그 명칭이 변경된 것은 분명하다.

넷째, 구천상세군(九天上世君)이 구천응원뇌성보화천존강성상제로 변경되었다. 정산이 구천상세군을 구천응원뇌성보화천존강성상제로 변경한 것은 구천상세군인 증산이 구천응원뇌성보화천존상제로 임어했음을 명확히 한 것이다.

2. 무극도 사용 주문

무극도 주문 중 많은 것들이 태극도에서는 사용되지 않았다. 이 역시 정산에 의해 이루어진 변동이지만 이 주문 중에서 증산과 관련된 것은 많지 않으며 왜 사용되지 않게 되었는지를 추측할 수 있는 주문은 거의 없다. 이 단락에서는 태극도 시기에 사용되지 않았던 무극도 주문 중 대순 신앙체계와 관련되어 주목할 만한 주문이나 내용만을 살펴보고자 한다.

1) 원대주(願戴呪)

정산은 무극도 시기 "왈유도 도유덕 덕유화 화유육 육유창싱 창싱 유억조 억조유원딕 원딕"라는 『현무경』 글귀를 원대주로 사용하였다. 이는 1920년대의 필사본 무극도 주문에서 확인된다. 이 주문 다음에 "삼십삼천, 도솔천, 옥황상제성영지하, 봉명신, 옥동선자"가 있는데, 여기까지가 원대주였을 가능성이 크다. 『현무경』 원대주(願

戴呪)의 추대 대상 자리에 당요(唐堯), 즉 요임금이 자리하고 있는데, 무극도 원대주의 추대 대상의 자리에 '삼십삼천도솔천옥황상제성 영지하봉명신옥동선자'가 있기 때문이다.

무극도에서 간부 임명 시에는 축문 끝에 "삼십삼천도솔천옥황상 제성령의 아래에서 제(祭)를 올리고 감히 납명을 고합니다.[···祭O于三 十三天兜率天玉皇上帝聖灵之下敢告納名]"이라고 써서 소지(燒紙)했다.[130] 또 한 태인도장 성전에서 정산의 수행 공간이었던 중궁의 가장 상층에 는 삼십삼천이 봉안된 도솔궁이 있었다.[131] 결국 "삼십삼천도솔천옥 황상제성영지하봉명신옥동선자"는 옥황상제 아래의 봉명신(천명을 받은) 옥동선자라는 의미가 되어 정산으로 보는 것이 논리적이다.[132] 이러한 관점에서 본다면 정산은 현무경의 원대주를 자신의 추대를 기원하는 형태로 변형했다고 볼 수 있다.

원대주는 태극도 시기에는 사용하지 않았다. 1925년 무극도주, 즉 진주(眞主)로 추대된 정산이 추대를 목적으로 하는 원대주를 더 이 상 사용할 이유는 없었을 것이다.[133] 다시 말해 정산은 증산이 선포 한 무극대도의 진법을 이 세상에 구현하는 도주로서 추대되자 원대 주는 그 도수를 다한 것으로 여겨 사용하지 않았다고 볼 수 있다. 원

---

130 全羅北道, 앞의 책, p.10.
131 최용환, 「伏魔殿을 차저서 無極敎正體 -8-」, 《동아일보》 1929.7.26; 村山智順, 앞 의 책, p.336.
132 옥동선자는 옥동성자의 오기로 봉명신과 옥동성자는 정산을 의미하는 용어다. 여 기에 대해서는 박상규, 「무극도 주문 연구: 의성김씨 천전과 소장 필사본 고증을 중심으로」, pp.47-50 참조.
133 『태극도통감』(1956)의 도주약력에는 정산이 문도들에 의해 도주로 추대(推戴)되 었다고 기술하고 있다. 『태극도통감』, (부산: 태극도본부, 1956), p.17 참조.

대주가 『무극대도교개황』(1925), 『조선의 유사종교』(1934), 증산법종교(1937) 주문에 나타나지 않는다는 사실은 무극도 도주로 정산이 추대된 후 사용되지 않았다는 것을 방증한다.[134]

2) 음양경, 운합주, 오방주

무극도 시기에만 사용된 주문들의 특징 중 하나는 중 정산을 의미하는 용어들이 주문 마지막의 기원문 앞에 배치된 것이다. 앞서 봉축주, 진법주, 개벽주(신명주) 등의 기원문 앞에 정산을 의미하는 무극도 주조정산, 봉명신, 우일 등이 있음은 확인했지만 이외에도 음양경(陰陽經) 운합주(運合呪), 오방주(五方呪) 등에도 정산을 의미하는 용어가 나타난다. "… 奉命身太一聖哲所願成就" "… 苗苗歸合太一聖哲苗苗歸合太一聖哲苗苗歸苗苗歸合太一聖哲聖哲 …" "… 降我局所侍吾主人太一聖哲吾奉三淸眞王唵唵如律令"등의 기원문에 나타나는 "봉명신태일성철(奉命身太一聖哲)", "태일성철(太一聖哲)", "오주인태일성철(吾主人太一聖)"등인데 봉명신, 주인, 태일성철이 모두 정산을 의미한다고 할 수 있다.[135]

이와 같은 특징은 무극도의 주문이 정산이 일을 이루도록 기원하는 목적을 지니고 있다는 것을 시사한다. 즉 정산은 증산의 계승자

---

134 원대주로 본다면 천전파 필사본은 1925년의 무극도 창도 이전 안동지역에 전해진 주문일 가능성이 크다. 필사본의 진법주가 구천응원뇌성보화천존강성상제하감지위가 아니라 구천상제하감지위인 것도 1925년 이전의 주문이라면 쉽게 설명된다.

135 정산은 1920년대 자신을 지칭하는 용어로 태일성철을 사용하기 시작했다. 박상규, 「무극도 주문 연구: 의성김씨 천전파 소장 필사본 고증을 중심으로」, pp.49-50 참조.

이자 진법의 완성자로서 천지공사에 따른 자신의 사명을 실현하기 위해 특정한 시기 특정한 주문을 만들거나 변형하여 무극도 신도들의 의례에 사용했다고 볼 수 있다. 결국 정산의 주문 변용은 증산이 짜 놓은 도수를 자신이 실현해 나가려는 과정에서 나타나는 현상으로 세계와 진법이 종통계승자에 의해 전환되고 완성되는 대순 신앙 체계의 독특한 특징을 반영하는 것이라고 할 수 있다.

3) 구령삼정주

무극도에서 사용된 구령삼정주는 도교 경전이나 중국 문헌에 수록된 것을 찾을 수 없다. 하지만 조선 후기의 것으로 추정되는 문헌에서 발견할 수 있고 한국의 명리학이나 선도 수행 전통에서 전승되고 있음을 확인할 수 있다.[136] 따라서 증산과 정산이 활동했던 시기에도 한반도 내에서는 전해지고 있었다.

구령삼정주는 『옥추보경』의 장 중 하나인 소구령삼정장(召九靈三精章)으로 기록되고 있었지만 실제 『옥추보경』이나 『옥추보경집주』에는 구령삼정주가 없다.[137] 『옥추보경』의 소구령장을 기반으로 한반도에서 만들어진 경문이 소구령삼정장으로 전해지고 이것이 주문으로 사용되었다고 볼 수 있다.

소구령삼정장과 무극도의 구령삼정주는 그 형태에 있어서 큰 차이가 없다.[138] 한국의 도교 문화 전통에서 나타난 주문을 정산이 무

---

136 박한진・채성훈, 『구령삼정주와 신살주술』(서울: 성숙한 삶, 2016), pp.6-18 참조.
137 「召九靈三精章」, UCI G701:B-00075369026 참조.
138 대순진리회교무부, 앞의 책, pp.210-211.

극도의 주문으로 적극 변용한 것은 소구령삼정장, 즉 구령삼정주가 보화천존신앙을 강력하게 드러내고 있기 때문일 것이다. 구령삼정주는 마지막이 "吾奉九天應元雷聲普化天尊玉淸眞王律令"으로 구천응원뇌성보화천존인 옥청진왕에게 기원을 하는 형태를 지니고 있어 정산이 도교의 보화천존 신앙을 변용하여 구축한 무극도 신앙체계와 부합했다.

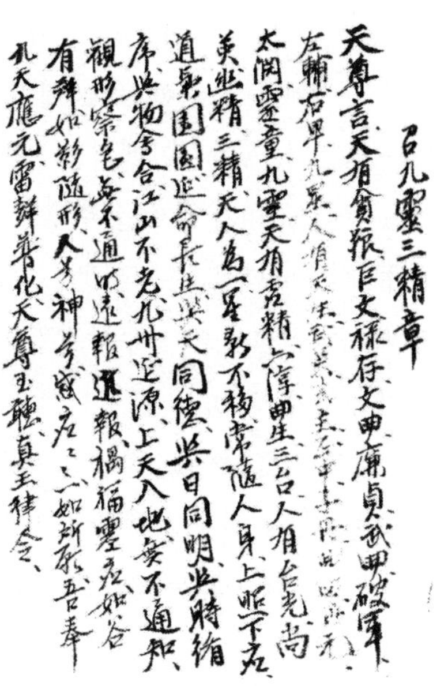
召九靈三精章
天尊言天有貪狼巨文祿存文曲廉貞武曲破軍

[그림 2] 소구령삼정장(召九靈三精章)

정산이 동아시아 보화천존신앙을 수용하여 무극도의 신앙체계를 구축하면서 증산을 보화천존 신앙체계에서 절대적 신격인 옥청진왕이자 그 화신인 구천응원뇌성보화천존로 해석하였다는 것을 구령삼정주는 잘 보여준다.

4) 여천지합기덕 여일월합기명 여사시합기서 여귀신합기길흉

필사본 무극도 주문의 원대주와 도통주 사이에는 "여턴지합기덕, 여일월합기명, 여사시합기서, 여신명합기길흉"의 주문이 있다.[139] 원래 "여천지합기덕(與天地合其德) 여일월합기명(與日月合其明) 여사시합

139 '여신명합기길흉'은 '여귀신합기길흉'의 오기로 추측된다.

기서(與四時合其序) 여귀신합기길흉(與鬼神合其吉凶)"은 『주역(周易)』의 서문과 건괘(乾卦) 문언전(文言傳)에 있는 문구로 주로 대인(大人)을 설명하는 말이다. 동아시아에서는 오래전부터 널리 알려진 문구인데 정산은 무극도 시기에 이를 주문으로 사용한 것이다. 고판례 교단이 이 문구가 포함된 '주역서문' 전체를 주문으로 사용했다는 점에서 본다면[140] 정산이 이 문구를 주문으로 사용하게 된 기원은 증산이었을 가능성이 크다.

필사본 주문 외에도 정산이 이 문구를 주문으로 사용했다는 것을 잘 보여주는 기사도 존재한다. 1936년 1~2월 총독부의 기관지라 할 수 있는 《매일신보》는 무극도 탄압 여론을 만들기 위해서 총 11회에 걸쳐 정산을 비난하는 기사를 게재했다.[141] 이 기사 중에는 정산이 사용한 벽력패에 쓰여진 부서(符書) 문구가 있는데 다음과 같다.

여천지합기덕 여일월합기명, 여사시합기서, 여귀신합기길흉 천문

---

140 고판례 교단은 이 문구가 포함된 주역의 서문 전체를 주문으로 사용했다. 고민환, 앞의 책, pp.131-132 참조.

141 《매일신보》는 1936년 1월 26일부터 2월 14일까지 총 11회에 걸쳐 무극도의 부정적 이미지를 대대적으로 보도했다. 권동우는 《매일신보》가 당시 총독부 기관지의 성격을 지녔다고 평가하고 당시에는 유래가 없었던 연속보도를 통해 총독부와 언론이 무극도에 대한 포위망을 좁히면서 탄압을 강화했다고 보았다. 권동우는 총 11회의 보도 중 3회는 보도된 바가 없고 7회와 10회는 《한국역사정보통합시스템》, (www.koreanhistory.or.kr)에서 내용을 확인할 수 없다고 했는데 3, 7, 10회 모두 국립도서관의 마이크로필름으로는 확인할 수 있으며 1회의 제목은 "民衆을 荼毒한 無極道의 極惡相'으로 다른 회차와 차이가 있다. 주문과 관련된 회차는 2, 9회이다. 권동우, 「'유사종교해산령'의 실체에 관한 연구: '무극도' 사례를 중심으로」, 『한국학』 165 (2014), p.68 참조; 「民衆을 荼毒한 無極道의 極惡相 (一)」, 《매일신보》 1936.1.26.; 「[二] 所謂無極道妖怪相」, 《매일신보》 1936.1.31; 「[九] 所謂無極道妖怪相」, 《매일신보》 1936.2.11 참조.

지리, 풍운조화, 팔문둔갑, 륙정륙갑, 지예용역을 소원성취로 천검일
휘, 천지진동, 천검이휘, 태산편쇄, 천검삼휘, 황하단류, 라는 문구를
열기한 후 부서(符書)를 벽조목(霹棗木) 삼칭으로 지은 까치집상양나무
(三層鵲巢上樑木)로 벽력패(霹靂牌)라는 것을 만들어 해석(海石)을 달아 쉰
을 쥐여 들고 도통한다는 공부를 한다…[142]

동일한 문구가 1922년 하반기에 이미 무극도의 포교 과정에서 정
산의 권능을 강조하는 교설로 사용되었다는 다음과 같은 기사도 있
다. 하지만 무극도의 교설을 유언비어로 몰고 가려는 목적에서 쓰여
진 글이라는 점에서 본다면 해당 문구는 주문으로 사용되면서 외부
로 알려져 기사화되었을 가능성이 더 크다고 볼 수 있다.

… 여천지합기덕(與天地合其德) 여일월합기명(與日月合其明) 여사시합
기서(與四時合其序) 여귀신합기길흉(與鬼神合其吉凶) 천문지리풍운조화
팔문둔갑륙정륙갑지예용역(天文地理風雲造化八門遁甲六丁六甲智慧勇力)
을 소원성취로 천검일휘에 천지진동(天劍一揮에天地震動) 천검이휘에 태
산편쇄(天劍二揮에泰山片碎) 천검삼휘에 황하단류(天劍三揮에黃河斷流)하
는 무극도주 조철제라고 철을 모르면 아니된다 … [143]

위의 주문에는 직접적으로 정산을 의미하는 용어는 없다.[144] 하지

---

142 같은 글.
143 「[二] 所謂無極道妖怪相」, 《매일신보》 1936.1.31.
144 "여련지합기덕 여일월합기명 여사시합기서 여신명합기길흉" 바로 앞의 "삼십삼
천, 도솔천, 옥황상제성영지하, 봉명신, 옥동선자"를 원대주가 아니라 이 주문과

만 문구가 정산의 공부에 벽력패의 부서(符書)로 사용되었고, 정산의 권능에 대한 설명으로 이해되었으며, 이를 통해 소원성취를 하면 천지를 뒤엎을 만한 권능을 지니게 된다는 의미를 지니고 있다는 점에서 본다면 무극도의 여러 주문처럼 정산이 개벽의 권능을 성취하기를 기원하는 주문으로 활용되었으리라 볼 수 있다.

정산은 태극도 시기에는 이 문구를 주문에 사용하지 않고 천년, 백년 간에 출세하여 중생을 구제할 복희, 단군, 문왕, 석가, 공자, 노자 등과 같은 제왕이나 스승의 경지를 설명하는 문구로 사용하였다. 특히 증산에 대해서도 이 문구를 사용했기에 무극도에서는 신앙대상이나 진인을 설명하는 핵심적인 개념이었다고 할 수 있다.[145]

Ⅳ. 맺음말

"나의 일이 장차 초장봉기(楚將蜂起)와 같이 각색이 혼란스럽게 일어나되 다시 진법이 나오게 되리라."는 증산의 예언처럼 증산의 주문도 그 원형이나 사용법을 명확히 알 수 없을 정도로 혼란스럽게 전승되었다. 본 연구에서 파편화된 증산의 주문 원형을 추적하여 복원

연결하면 옥황상제성령 아래의 정산이 성인의 경지에 오르기를 축원하는 의미를 지니게 된다.

145 1956년에 간행된 『태극도통감』의 태극도취지서에는 이와 거의 유사한 "度濟衆生者ㅣ 間千百年而一出하나니 所謂 與天地合其德하며 與日月合其明하며 與四時合其序하며 與鬼神合其吉凶者也라"는 내용이 있다. 우당은 태극도취지서를 일부 수정하여 대순진리회를 정의하는 글로 공표했다. 『태극도통감』(부산: 태극도본부, 1956), p.2; 「대순진리회」, 『대순회보』 38 (1993), p.2 참조.

하고자 하였으나 문헌 부족이라는 본질적인 한계를 뛰어넘지는 못했다. 하지만 본 연구는 증산의 주문에 대한 연구 기반으로 그 의의를 지닌다는 점은 분명하다. 제한된 성과이지만 증산의 주문 원형을 추론하여 복원함으로써 증산의 주문을 1920년대의 무극도 주문과 비교할 수 있게 된 것은 본 연구의 또 다른 성과이다.

비교 작업을 통해서 대략이나마 정산에 의해 이루어진 주문 변용의 내용과 의의를 확인할 수 있었다. 정산은 증산의 주문을 종통계승자인 자신을 위해 증산이 그려놓은 대순 신앙체계의 밑그림으로 보았고 따라서 주문을 증산의 천지공사를 구현하는 매개물이며 결과물로 인식했다. 즉 정산에 의해 변용된 증산의 주문은 증산이 짜놓은 도수를 정산이 실현하는 도구였고 실현된 도수의 결과물이었다. 따라서 증산의 주문에는 무극도의 신앙체계가 반영되었고, 정산을 의미하는 용어가 기원문의 앞에 배치되어 정산의 일이 실현되기를 소원하는 형태로 변용되었다.

무극도와 태극도는 모두 정산에 의해 전개된 연속된 종교운동이지만 주문에 있어서는 많은 차이를 보인다. 그 차이의 가장 큰 부분은 무극도에서 사용되던 주문 중 상당수가 더 이상 사용되지 않았다는 사실이다. 이는 증산이 짜놓은 도수가 정산에 의해 실현되면서 더 이상 해당 주문이 활용성이 없어진 상황을 반영한다고 볼 수 있다. 도수가 끝났다고 해석될 경우 더 이상 신앙체계로서의 중요성을 지니지 못하는 대순 신앙의 특성이 주문에서도 잘 나타난다.

태극도의 주문이 무극도와 큰 차이를 보이는 또 다른 부분은 사용주문이 제도화되고 정비되었다는 점이다. 이러한 변화는 정산에 의

한 진법의 완성이라는 대순 신앙의 핵심 교리체계와 통한다. 무극도의 많은 주문이 정산의 소원과 권능의 성취를 기원하는 형태를 지니고 있는 것도 이와 관련된다. 정산이 이루어야 하는 진법은 시간의 흐름에 비례하여 구축되어 정산이 서거하기 전에 완성되어야 한다. 따라서 정산의 종교활동 초기에는 많은 주문이 정산의 권능이 성취되기를 기원하는 형태를 지니다가 차차 사용이 되지 않거나 형태를 바꾸는 것이다. 결국 1950년대 중후반까지 주문의 제도화와 정비는 필수적이라고 할 수 있다. 정산이 서거할 때 태극도의 봉축주와 진법주 정도에만 정산의 소원성취를 기원하는 구조가 유지된 것은 진법의 완성이 거의 도래하였다는 것을 시사하는 것으로 해석될 수 있다.

대순 신앙의 주문 연구는 사실상 거의 미개척된 분야이다. 본 연구는 고증을 통해서 주문 연구 기반을 확보하고자 하는 의도에서 진행되었지만 분석되지 못한 내용이나 미발굴된 자료가 아직도 많을 것이다. 후속 연구에 본 연구가 마중물로서 기여할 수 있기를 기대한다.

참고문헌

『經國大典』
「召九靈三精章」, UCI G701:B-00075369026
『中華道藏』第6册.
『太上玄靈北斗本命延生眞經』, 서울: 三角山道詵菴, 1864.
고민환, 『선정원경』, 1962.

단국대학교동양학연구소, 『한한대자전 4』, 서울: 단국대학교출판부, 1999.

대순진리회교무부, 『전경』 초판, 서울: 서울대학교출판부, 1974.

대순종교문화연구소, 『증산의 생애와 사상』, 서울: 대순진리회출판부, 1979.

민영국(편), 『時鑑』, 보천교, 1984.

이상호, 『대순전경』 초판, 경성: 동화교회도장, 1929.

_____, 『대순전경』 2판, 경성: 동화교회도장, 1933.

_____, 『대순전경』 3판, 서울: 대법사편집국, 1947.

_____, 『대순전경』 4판, 서울: 대법사편집국, 1949.

_____, 『대순전경』 5판, 김제: 증산대도회본부, 1960.

_____, 『대순전경』 6판, 김제: 동도교증산교회본부, 1965.

_____, 『대순전경』 12판 서울: 도서출판 말과글, 2001.

_____, 『증산천사공사기』, 경성: 상생사, 1926.

이영호, 『보천교연혁사 상』, 보천교중앙총정원, 1948.

이정립, 『증산교요령』 재판, 김제: 증산교본부, 1983.

_____, 『증산교요령』 6판, 김제: 증산교본부, 1990.

_____, 『증산대도회요령』, 김제: 증산대도회, 1975.

자료조사실 편, 『고문서집성 7: 의성김씨천상각파편(Ⅲ)』, 성남: 한국정신문
　　　화연구원, 1990.

증산도종무원 편, 『주문』, 대전: 증산도, 2020.

태극도편찬위원회, 『진경전서』, 부산: 재단법인태극도, 1987.

_____, 『진경』, 부산: 태극도출판부, 1989.

『규정』, 부산: 태극도, 1963.

『법경』, 김제: 증산법종교본부.

『수도규정』, 부산: 태극도, 1966.

『순천도교본』, 김제: 순천도법방, 1969.

『주문』, 서울: 대순진리회수도부.

「주문」, 태극도.

『천도교의절』 증보삼판, 서울: 천도교중앙총부출판부, 1991.

『태극도통감』, 부산: 태극도본부, 1956.

권동우, 「'유사종교해산령'의 실체에 관한 연구: '무극도' 사례를 중심으로」,
　　　『한국학』 165, 2014.
　　　https://doi.org/10.25024/ksq.44.4.202112.41

김탁, 『한국의 관제신앙』, 서울: 선학사, 2004.

민원실, 「지남거(指南車): 상제님께서 알려주신 척신과 魔가 풀리는 원리」, 『대

순회보』 84, 2008.

박상규, 「근대 한국 신종교의 조직 연구: 연원제를 중심으로」, 한국학대학원
박사학위 논문, 2021.

_____, 「대순신앙의 천계(天界) 관념: 무극도를 중심으로」, 『종교연구』 82-2,
2022. https://doi.org/10.21457/kars.2022.8.82.2.175

_____, 「무극도 관련 문헌 연구」, 『대순사상논총』 41, 2022.
https://doi.org/10.25050/jdaos.2022.41.0.27

_____, 「무극도 주문 연구: 의성김씨 천전파 소장 필사본 고증을 중심으로」, 『대
순종학』 2, 2022.

박인규, 「한국 불교 진언과 대순진리회 주문의 비교 연구」, 『대순사상논총』 22,
2014. https://doi.org/10.25050/jdaos.2014.22.0.387

_____, 「한국 신종교의 주문 수행」, 『종교와 문화』 32, 2017.

박한진·채성훈, 『구령삼정주와 신살주술』, 서울: 성숙한 삶, 2016.

이재원, 「대순사상의 우주관 연구: 시간관과 공간관을 중심으로」, 『대순종학』
2, 2022.

차선근, 「대순진리회 상제관 연구 서설(Ⅱ)」, 『대순사상논총』 23, 2014.
https://doi.org/10.25050/jdaos.2014.23.0.241

_____, 「칠성주의 '문곡'과 '육순'」, 『대순회보』 237, 2020.

편집부, 「증산도의 연혁으로부터 도맥까지」, 『월간천지공사』 26, 1990.

홍범초, 『범증산교사』, 서울: 도서출판 한누리, 1988.

「[九] 所謂無極道妖怪相」, 《매일신보》 1936.2.11.

「民衆을 茶毒한 無極道의 極惡相 (一)」, 《매일신보》 1936.1.26.

「[二] 所謂無極道妖怪相」, 《매일신보》 1936.1.31.

「주문일부변경」, 《태극도월보》 (구)제4호, 1967.4.

「惑世誣民(혹세무민)하는 無極大道團(무극대도단)」, 《동아일보》 1925.7.6.

최용환, 「伏魔殿을 차저서 無極敎正體 -8-」, 《동아일보》 1929.7.26.

《증산법종교 홈페이지》 http://jsbeob.com

吉川文太郎, 『朝鮮諸宗敎』, 京城: 朝鮮興文會, 1922.

全羅北道, 『無極大道敎槪況』, 1925.

村山智順, 『朝鮮の類似宗敎』, 京城: 朝鮮總督府, 1935.

제3장

대순 신앙의 천계(天界) 관념

무극도를 중심으로

I. 머리말

종교적 세계에 있어 천계(天界), 즉 하늘의 체계(體系)는 신앙 대상의 특성 및 위상과 관련되어 상당히 중요하다. 특히 삼계(三界)라는 우주관에 기반하는 종교에 있어서 천계의 구조는 그 신앙체계의 핵심 토대를 형성하고 있다. 대순진리회 전통은 삼계를 기반으로 하는 동아시아의 유불선 전통을 그 신앙체계의 씨줄과 날줄로 하고 있다.[1] 따라서 천계가 지니는 세계 기반으로서의 중요성은 심대하다.

대순 신앙에서 신앙 대상인 증산의 정식 명호(名號)는 '구천응원뇌성보화천존강성상제(九天應元雷聲普化天尊姜聖上帝)'이지만 그 신격만을 지칭할 때는 인신으로서의 성을 표시하는 '강성(姜聖)'을 생략하기도

---

1 차선근, 「대순진리회 상제관 연구 서설(I)−최고신에 대한 표현들과 그 의미들을 중심으로−」, 『대순사상논총』 21(2013), pp.113-114; 박상규, 「대순사상과 정감록의 관계−증산이 변용한 한시 전거(典據)를 중심으로−」, 『대순사상논총』 36(2020), p.4 참조.

한다.[2] 이를 더 축약할 때는 '구천상제'로 칭하는데, 이를 통해 볼 수 있듯이 대순 신앙에서 구천(九天)은 핵심적 개념이다.[3] 자의(字意)만으로 보면 아홉 개의 하늘이 되는 구천은 상제 증산이 인신으로 강세하기 전의 신격인 '구천대원조화주신(九天大元造化主神)'에도 나타난다.[4] 신앙 대상의 신성(神性)에 대한 이해에 있어 구천이 가지는 위상이 상당히 중요하다는 사실을 잘 보여준다.

하지만 교단 내에서 구천에 대한 상세한 설명이나 해석은 찾기 어렵다. 증산이 강세하기 전 신성(神聖)으로서 거(居)하였고 화천(化天) 후 임어(臨御)한 지고한 하늘로 설명될 뿐이다.[5] 자의(字意)에 근거하여 아홉 개의 하늘이라고 설명한 교단 공식 기록은 없고, 교학적 연구가 있지만 희소하다.[6] 오히려 교단의 창설자인 정산은 하늘을 삼십육천(三十六天)으로 정의했다.[7] 대순 신앙의 천계 관념은 근본적으로 재검토되어야 할 필요가 있는 것이다.

---

2 1950~70년대에 발행된 교단 공식 문헌에는 '강성'이 생략된 예도 있지만, 의례에 사용된 주문 등에는 정식 명호가 표기되어 있다. 『태극도통감』 (부산; 태극도본부, 1956), p.5; 『도헌』 (부산: 태극도, 1963), p.1; 「주문일부변경」, 『태극도월보』 (구)4(1967), p.15; 『대순진리회요람』 (서울: 대순진리회교무부, 1969), p.6, p.8; 대순진리회교무부, 『전경』 초판 (서울: 서울대학교출판부, 1974), p.201, p.216 참조.

3 「권두사: 도문소자는 단결하라」, 『태극도월보』 9(1968), p.3 p.6; 대순진리회교무부 편, 『대순지침』 (서울: 대순진리회출판부), p.13, p.17, p.50 참조.

4 『태극도통감』, p.2; 『대순진리회요람』, pp.8-10 참조.

5 『대순진리회요람』, pp.6-7 참조.

6 장병길, 『증산종교사상』 (한국종교문화연구소, 1976), p.40; 장병길 편술, 『대순진리강화Ⅰ』 (대순종교문화연구소, 1987), p.31; 장병길 편술, 『대순진리강화Ⅱ』 (대순종교문화연구소, 1989), p.150; 장병길, 『대순종교사상』 (대순종교문화연구소, 1989), pp.12-13; 차선근, 「대순진리회 상제관 연구 서설(Ⅰ)-최고신에 대한 표현들과 그 의미들을 중심으로-」, p.109 참조.

7 대순진리회교무부, 앞의 책, p.216 참조.

근래 교단 내에서는 증산의 언행을 해석하여 구천을 주로 중천(重天)의 체계로 해석하고 있다.[8] 하지만 '구천응원뇌성보화천존'(이하 보화천존) 신앙의 소의 경전인 『구천응원뇌성보화천존옥추보경(九天應元雷聲普化天尊玉樞寶經)』(이하 『옥추보경』)에 대한 주석으로 본다면 구는 아홉이라는 의미보다는 상수학적 건수(乾數)로 양강(陽剛)의 특성을 지닌 천(天)이나 사방(四方)과 사우(四隅)의 중앙을 의미한다.[9]

물론 이러한 해석을 대순 신앙에 비판 없이 적용하는 것이 옳다고 생각하지 않는다. 하지만 신종교의 독특성을 무시하는 것이라 비판하면서 배제하는 것도 올바른 태도는 아니다. 증산이 유불선을 씨줄과 날줄로 하여 새로운 사상체계를 구성하였으므로 그가 구축한 종교적 세계를 이해하기 위해서는 그 씨줄과 날줄 및 그 교직(交織) 방식을 파악해야 하기 때문이다. 대순 사상 연구에 있어 유불(儒佛)의 관점에서 이루어진 연구를 비판적으로 수용함으로써 대순 사상의 특징을 포착하고 있다는 점을 참고한다면 도교적 관점에서 이루어진 대순 신앙이나 사상 해석을 격의(格義)라 비판하고 배제하는 것은 적절하지 않다.[10] 따라서 본 연구는 대순 신앙의 천계를 보다 근본적

---

8 같은 책, pp, 56-57 참조. 전경의 일화에 대한 해석에 근거하여 교단에서는 구천을 Ninth Heaven으로 번역하고 있다. *Essentials of Daesoon Jinrihoe* (3rd edition), translated by Daesoon Institute of Religion and Culture, Yeoju: Daesoon Jinrihoe Press, p.11 참조.

9 "蓋以九天之名者, 取其陽剛而不泯者之謂也.··· 九天雖曰乾數, 陽剛而不柔實乃九炁之生處也.··· 天有四方四隅, 分為九霄" (『九天應元雷聲普化天尊玉樞寶經集註』, 『中華道藏』 32冊, pp.301-303). 장병길은 1976년에는 구(九)를 '아홉'이 아니라 '완전'을 의미한다고 해석했다. 장병길, 『증산종교사상』, p.40 참조.

10 도교 교의를 바탕으로 한 무극도 및 대순 사상의 해석은 일정 정도 격의성을 띠고 있을 수밖에 없다는 것을 연구자는 기억할 필요가 있다.

으로 분석하기 위해 도교의 천계 담론을 활용하고자 한다.

대순 신앙의 천계가 그간 연구 대상으로 주목받지 못하고, 잘 드러나지 않았던 가장 중요한 이유 중 하나는 그 구조에 대해서 매우 단편적인 서술만이 경전 상에 존재하기 때문이다. 이러한 조건을 극복하기 위해서 필자는 교단 외 문헌이나 문헌 외의 자료를 활용했는데 1920~30년대의 무극도 상황을 기록한 관변 문헌, 신문 기사, 그리고 관련자 인터뷰를 통해 이를 탐색해 보았다. 종교 현상은 경전만이 아니라 의례나 건축물 등의 상징 체계에 투영되었을 수밖에 없고 이들은 외부의 관찰을 통해 자료화되기 때문이다.

Ⅱ. 대순 신앙 천계 연구

1. 대순 신앙의 천계 연구

대순 신앙은 증산과 그의 가르침에 대한 정산의 사유와 해석을 토대로 하고 있다. 따라서 그 종교적 세계의 핵심 요소라 할 수 있는 천계에 대한 관념 역시 정산의 가르침을 바탕으로 한다. 정산은 증산이 화천하여 '구천응원뇌성보화천존'의 제위에 올랐음을 선포하고 그를 '구천응원뇌성보화천존상제'로 봉안하였다. 구천의 조화주가 인세에 강세하여[應九天大元造化主神으로 從至氣而願爲大降于世하사] 대공덕을 세우고[竪大功德], 대율통을 드리우고[垂大律統], 대원념을 다시 세워[更立大願念], 해탈초신으로 상계로 가 보화천존의 제위에 올랐다는 것으로,[11] 대순 신앙에 있어 곧 구천이 최고의 하늘임을 명확히 한 것이다. 따라서 정산이 명시적으로 구천에 관해 설명한 바가 없다고 하더라도 구천은 가장 높은 하늘의 명칭이며 그 하늘의 주인인 구천응원뇌성보화천존은 상제로서 지고의 하느님을 의미한다.[12]

하지만 정산은 1954년 상제인 증산이 통솔하는 하늘을 36천이라 선언했다. 정산의 천계에 대한 정의는 "하늘은 삼십육천이 있어 상제께서 통솔하시며 전기를 맡으셔서 천지 만물을 지배 자양하시니 뇌성보화 천존 상제이시니라."라는 교설에 드러난다.[13] 대순 신앙의 세계에서 천은 36개의 하늘로 구성되어 있다는 것을 분명히 한 것이다.

이로 본다면 구천은 아홉 개의 하늘이라기보다는 36개 천을 총괄하는 지고신이 있는 경계(境界)의 고유한 명칭임을 알 수 있다. 『대순진리회요람』에도 구천은 삼라만상을 주재하는 가장 높은 하늘이라고 밝히고 있을 뿐, 명확히 아홉 개의 천계를 정의하고 있지 않다. 이는 보화천존 신앙에서 구천이 아홉 개의 천계가 아니라 구천응원뇌성보화천존의 신성(神性)을 상징하는 개념으로 해석되고 있다는 점과 유사하다.

한국 전통의 구천설, 신앙 대상의 명칭 등과 연관되어 대순 신앙의 천계 연구는 삼십육천보다는 구천에 편중되었는데 삼십육천에 대한 연구는 전무하다. 구천에 관한 연구는 구(九)가 복수(複數)인지 상징인지에 대한 명확한 검토도 없이 구천을 아홉 개의 천계로 전제하면서

---

11 『태극도통감』, pp.2-3 참조.
12 『대순진리회요람』, pp.6-7 참조.
13 대순진리회교무부, 앞의 책, p.216 참조

전개되었다. 아홉 하늘의 구조에 대해서는 수직적, 수평적 해석이 동시에 이루어졌는데, 『대순진리강화Ⅰ』(1987)와 『대순진리강화Ⅱ』(1989)는 『회남자』에 기반하여 구천을 방위에 대응하는 수평 체계로 나누고 있고, 『대순종교사상』(1989)은 도교적 세계관에 기반하여 구천을 중천(重天)의 수직 체계로 설명하고 있다.[14] 장병길에 의해 주도된 이 연구는 각각 중국 고대의 방위적 구천 개념과 도교에서 발전된 구천 개념을 도입하여 수평적 천계와 수직적 천계를 설명했다. 장병길의 연구는 중천(重天)의 담론을 교단 내에서 처음 공식화했다는 데서 그 해석 기반이 된 도교적 관점을 세밀하게 분석해 볼 필요가 있다.

정확한 근거를 밝히지 않았지만, 장병길은 『황정경(黃庭經)』 등에 나타난 구궁(九宮)을 구천의 이름으로 활용했다. 백옥섬(白玉蟾)이 제시한 "머리에 구궁이 있으니 위로는 구천에 상응한다.[頭有九宮 上應九天]"[15]라는 천인합일 원리를 활용하여 인체의 뇌 속에 있다는 구궁의 명칭을 구천의 명칭으로 사용한 것이다.[16] 백옥섬이 도교 내에서 보

---

14 장병길 편술, 『대순진리강화Ⅰ』, p.31; 장병길 편술, 『대순진리강화Ⅱ』, p.150; 장병길, 『대순종교사상』, pp.12-13 참조.

15 『紫淸指玄集』谷神不死論.

16 『黃庭內景玉經』은 "안면의 신들이 모두 니환을 종주(宗主)로 하며 니환의 아홉 진인은 모두 방(房)이 있다. [一面之神宗泥丸 泥丸九眞皆有房]"(『黃庭內景玉經註』卷上 第十三)라고 하여 뇌 속에 구궁(九宮)이라는 공간을 설정했다. 주석에 나타나는 구궁의 명칭과 장병길의 구천 명칭에 일부 차이가 나는 것은 해석상의 오류이다. 구궁의 명칭과 구조는 다음을 참고하라. "眉間却入一寸爲明堂宮左明童眞君右明女眞官中明鏡神君眉間却入二寸爲洞房左无英君右白元君中央黃老魂眉間却入三寸爲丹田宮亦名泥丸宮左有上元赤子君右有帝鄕君又却入四寸爲流珠宮有流珠眞神居之又却入五寸爲玉帝宮有玉淸神居之又當明堂上一寸爲天庭宮有上淸神女居之又洞房直上一寸爲極眞宮太極帝妃居之又丹田直上一寸爲玄丹宮有中黃太一君居又流珠直上一寸爲太皇宮" 『黃庭內景玉經註』卷上 第五.

화천존 신앙 형성에 중요한 역할을 한 도사였으므로[17] 그 해석 기반이 적절하지 않았다고 말할 수는 없다. 하지만 이 해석의 문제점은 구궁이 명확히 수직적 구조를 지니고 있지 않음에도 구천을 수직 구조로 해석했다는 것이다. 즉 명당(明堂), 동방(洞房), 니환(泥丸), 유주(流珠), 옥제(玉帝) 궁은 미간에서의 각 1촌 깊이로 구별되고, 천정(天庭), 극진(極眞), 현단(玄丹), 태황(太皇) 궁은 각각 명당(明堂), 동방(洞房), 니환(泥丸), 유주(流珠)의 1촌 위에 있어 구궁은 수평 5단계, 수직 2단계의 체계를 지니고 있다. 따라서 구궁-구천의 이론으로는 구천을 구중천의 수직 체계로 해석하는 것은 논리적이지 않다.

장병길의 연구 이후, 구천을 수직 체계로 설명하려는 경향이 강하게 나타났다. 증산이 '하늘 위에 하늘이 존재하는가?'하는 제자의 연속된 물음에 대해 아홉 번 긍정한 것을[18] 구중천에 대한 암시로 해석하는 경향이 교단 내에서 강해진 것으로 볼 수 있다. 대표적인 연구는 차선근에 의해 이루어졌는데 기성 종교와 한국 전통의 중천(重天) 관념을 통해 구천을 수직적 체계로 설명했다. 특히 대순 신앙의 세계가 일월오성(日月五星)이 상징하는 음양오행과 천문 28수를 중요한 토대로 삼고 있다는 점에 착안하여 도교의 천문학적 구중천 체계를 참고할 것을 제안했다.[19] 차선근은 대만에서 발행된『도교대사전(道

---

17 리웬구어, 「구천응원뇌성보화천존(九天應元雷聲普化天尊) 신앙 연구」,『대순사상논총』 21(2013), p.54, p.95 참조.
18 이 일화를 엄밀하게 해석하면 천계는 9중천이 아니라 10중천이 된다. 대순진리회 교무부, 앞의 책, pp.56-57 참조.
19 차선근, 「대순진리회 상제관 연구 서설 (Ⅰ)-최고신에 대한 표현들과 그 의미들을 중심으로-」, pp.109-111 참조.

敎大辭典)』의 구중천 항목을 제안의 근거로 활용했는데 해당 항목의
전거는 『한서(漢書)』 「예악지(禮樂志)」이다.[20]

하지만 『한서』 「예악지」에는 구중천 관련 내용이 없다. 도교 사전
에서 제시하고 있는 하늘의 구중(九重) 개념은 사실 초나라 굴원의
『초사(楚辭)』 「천문(天問)」에 있는 "환칙구중(圜則九重)"에서 문헌상 최
초로 등장한 후 도교 신앙에서도 발전하였다.[21] 하지만 일월오성과
28수에 기반한 천문학적 구중천 체계는 청대의 『이십사사통속연의
(二十四史通俗演義)』(1732)에 비로소 정확히 나타난다.[22] 『이십사사통속

---

20 대만에서 간행된 李叔還 編, 『道敎大辭典』(高雄: 巨流圖書公司, 2009)은 『道敎大
辭典』(杭州浙江古籍出版社, 1987)과 대부분의 내용이 동일하다. 李叔還 編, 『道
敎大辭典』(高雄: 巨流圖書公司, 2009), p.43 참조.

21 도교의 구천설은 대표적으로 영보경인 『洞玄靈寶自然九天生神章經』에 나타나
는데 원래 하나였던 玄, 元, 始의 三炁가 합하여 구기가 나타나고 구기가 구천이 되
었다고 설명한다. 九天은 "鬱單無量天, 上上禪善無量壽天, 梵監須延天, 寂然兜率
天, 波羅尼密不驕樂天, 洞元化應聲天, 靈化梵輔天, 高虛淸明天, 無想無結無愛天"
인데 중천(重天)으로 보기는 어렵다. 『洞玄靈寶自然九天生神章經』(『中華道藏』1
冊, pp.79-84) 참조. 麥谷邦夫는 『三天正法經』과 『洞玄靈寶自然九天生神章經』에
서 전개하는 구천설은 삼기가 각 삼기를 일으켜 구기가 되어 구천을 형성한다는
형태적으로 유사한 우주생성론을 가지고 있고 중국 고래의 전통적인 분야설의 연
장선상에 있다고 평가했다. 麥谷邦夫(Kunio Mugitani), 「道敎における天界説の
諸相—道敎敎理体系化の試みとの関連で.」, 『東洋学術研究』27 (1988), pp.55-59
참조. 하지만 상청경인 『高上太霄琅書瓊文帝章經』에 나타나는 구천은 천간의 거
리나 천인의 수명에 차이가 있어 수평적 분야보다는 수직적 구중천에 가깝다. 제1
천은 鬱單無量天, 제2천 上上禪善無量壽天, 제3천 梵監天, 일명 須延天, 제4천 兜
術天, 일명 寂然天, 제5천 不驕樂天, 일명 波羅尼密天, 제6천 化應聲天, 일명은 他
化自在天, 제7천 梵寶天, 일명 波羅尼耶拔致天, 제8천 摩迦夷天, 일명 梵衆天, 제
9천 波梨答想天, 일명 大梵天이다. 『高上太霄琅書瓊文帝章經』九天元始號 참조.

22 "從來言天地者, 日形如雞卵, 誠哉斯言.第以為悉如雞卵, 則又與雞卵不同.蓋雞卵
只一重, 而天凡九重.其第一重宗動天, 無星轉動, 有氣無形.為黑罡風, 瞬息千里,
其力甚猛, 帶三垣二十八宿天, 以至上, 木火日金水月輪諸重天, 自東而西, 一日繞
地一周, 而過一度.其外則渾淪一氣, 衝穆無際矣.又曰宗動天之外, 為元際天, 為常
靜天, 元遠無極, 宗動天之內. 其第二重為經星三垣二十八宿天, 與宗動天甚近, 帶
轉甚速, 其自西而東轉也, 一歲只差得一分, 六十年只行得一度, 七千年作一周.此

연의』의 구천은 월륜천(月輪天), 수성천(水星天), 금성천(金星天), 일륜천(日輪天), 화성천(火星天), 목성천(木星天), 토성천(土星天), 경성삼원이십팔수천(經星三垣二十八宿天), 종동천(宗動天)으로, 중세 서양 천문학의 영향으로 성립되었다고 볼 수 있어 도교적 사유와는 거리가 있다.[23]

1980년대 말부터 제시된 이상의 교학적 구천 설명 체계는 교단 내 주류 교학으로 자리 잡지는 못했다. 그 가장 큰 원인의 하나를 정산이나 그를 계승한 우당이 천계의 구조에 대해 구체적으로 설명한 바가 없었다는 점으로 돌릴 수도 있을 것이다. 하지만 정산이나 우당이 구체적으로 설명하지 않은 많은 교리적 영역이 교학 연구를 통해 체계화되었다는 점에 비추어 본다면 이는 원인이 될 수 없다. 교학적 설명이 대순 신앙체계와 얼마나 유기적인 관계를 지녔는지의 관점에서 그 원인을 찾는 것이 적절하다. 대순 신앙체계의 질료가 된 유불선의 사유 체계는 지금까지 대순 신앙에 관한 교학적 연구의 중요한 기반이 되었다. 따라서 천계 담론 역시 해석적 접점을 지니는 유불선 체계를 통해 논리적으로 구축될 수 있다면 그 담론은 대순 신앙에 유기적으로 통합되어 교단 내에 중요한 담론이 될 수 있다.

以下八重天, 俱自西而東行.然為宗動天所帶轉, 故在下望之, 俱升東而沒西也.第三重塡星, 即土星天, 去宗動天稍遠, 帶轉稍遲, 其自西而東行也, 二十八日差一度, 二十八年一周天.第四重歲星, 即木星天, 去宗動天漸遠, 帶轉漸遲, 其自西而東行也, 一日差一度, 十二年一周天.第五重熒惑, 即火星天, 去宗動天較遠, 帶轉較遲, 其東行也. 二日差一度, 二年一周天.第六重日輪天, 去宗動天遠, 帶轉遲, 其東行也, 一日差一度, 一年一周天.第七重太白, 即金星天. 第八重辰星, 即水星天, 去宗動天遠, 帶轉俱遲, 其東行也, 一日差一度, 一年一周天.第九重月輪天, 去宗動天愈遠, 且以近地, 帶轉極遲, 其東行也, 一日差十三度有奇, 一月一周天.”『二十四史通俗演義』第一回 盤古王一出世初分天地

23 정성희, 「서학이 유교적 천문관에 미친 영향」, 『국사관논총』 90 (2000), pp.22-26 참조.

대순 신앙체계의 중요한 씨줄과 날줄로 활용되어 많은 접점을 지니면서 동시에 천계 관념의 영역에서도 유사성을 지니는 신앙체계는 앞서 밝혔듯이 동아시아의 보화천존 신앙이다. 종교의 핵심적 기반이라 할 신앙 대상의 변용에서 이러한 유사성이 기원하였다고 보아야 한다. 따라서 대순 신앙의 천계를 해석하고 설명하기 위해서 보화천존 신앙의 천계 체계를 활용하는 것은 대순 사상 해석에 공통의 지평을 지닌 유불(儒佛)의 사유 체계를 활용하는 것과 같은 것이다. 대순 신앙은 '자신이 곧 미륵'이라는 증산의 선언을 미륵신앙과의 접점으로 삼아 미륵하생 신앙을 변용하여 보화천존인 구천상제가 곧 미륵존불이라는 교리를 교단에 공식화했다.[24] 이에 비추어 본다면 보화천존 신앙을 통한 대순 신앙의 천계 해석은 새로운 담론의 구축을 통해 미지의 영역으로 남아있던 문제를 해석할 수 있을 것이다.

보화천존 신앙의 천계 체계를 대순 신앙의 천계 해석에 활용하기 위해서는 공통의 해석적 지평을 더 많이 확보할 필요가 있다. 대순 신앙에서 신앙 대상을 보화천존으로 봉안하면서 신앙 대상과 관련된 천계 체계를 정의한 이는 정산이다. 따라서 더 많은 접점을 확보하기 위해서 본 연구는 정산의 종교활동이 남긴 흔적을 최대한 확보하여 이를 통해 무극도의 천계를 더욱 세밀하게 기술하고 도교, 특히 보화천존 신앙의 천계 관념과 비교하여 이를 해석해 보고자 한다.

---

24 "강증산(姜甑山) 성사(聖師)께서는 40년간에 걸친 유일무이한 진리를 법론(法論)·풍유(諷諭)·암시(暗示)로 연운(緣運)을 따라 인세(人世)에 선포하시며 이에 수반(隨伴)된 공사를 마치시고 해탈초신(解脫超身)으로 삼계의 보화천존(普化天尊) 제위(帝位)에 임어(臨御)하시니 구천상제(九天上帝)이시며 미륵존불(彌勒尊佛)이시다." 「대순진리회」, 『대순회보』 38 (1993), p.2.

2. 도교적 해석의 필요성

대순 신앙은 도교와 민간의 '보화천존' 신앙을 수용하여 한국 최초로 교단 차원에서 독자적인 '보화천존' 신앙체계를 구축한 무극도에서 시작되었으므로 '보화천존' 신앙의 천계 관념을 토대로 하였다. 경전에서 단편적으로 확인되는 무극도 천계 관념이 구천(九天)과 삼십육천(三十六天)이며 이것이 보화천존 신앙에도 동일하게 나타난다는 사실은 이를 방증한다. 구천과 삼십육천은 주로 도교에서 나타난 개념이기에[25] 대순 신앙의 천계관을 해석하기 위해서는 도교 천계설을 주로 비교, 활용해야 한다.

대순 신앙의 구천과 삼십육천을 도교적 관점에서 분석하기에 앞서 그 관점의 활용에 대해서 다시 한번 재검토해 볼 필요가 있다. 대순 신앙에 관한 교학 연구에 있어서 지금까지 도교적 관점이 적극적으로 활용되지 못한 가장 큰 이유 중 하나는 "'구천응원뇌성보화천존'과 '구천응원뇌성보화천존상제'가 동일한 신격이 아니다."라는 담론이었다.[26] 하지만 대순 신앙의 공식 문헌은 증산이 화천 후 "상계(上界)의 보화천존(普化天尊) 제위(帝位)에 임어(臨御)"하였다라고 기술

---

25 최수빈, 「도교에서 바라보는 저세상: 신선(神仙)과 사자(死者)들의 세계에 반영된 도교적 세계관과 구원」, 『도교문화연구』 41(2014), pp.303-304 참조.

26 대표적으로는 박마리아와 박용철의 연구가 있다. 박마리아, 「대순진리회의 구천응원뇌성보화천존강성상제와 도교 중의 구천응원뇌성보화천존에 관한 비교」, 『동아시아 신종교의 흥기와 전파 그리고 현대사회』(대만: 전경 번체본 출간기념 학술행사 발표집, 2012), p.129; 박용철, 「구천응원뇌성보화천존상제 신격 연구－'보화천존'과 '구천대원조화주신'의 관계를 중심으로－」, 『대순사상논총』 29(2017), pp.91-94 참조.

하여 '구천응원뇌성보화천존'과 '구천응원뇌성보화천존상제'가 동일한 존재라는 것을 분명히 하고 있다.[27] 이는 1920년대 정산이 사용한 주문인 구령삼정주에 "구천응원뇌성보화천존 옥청진왕(九天應元雷聲普化天尊 玉淸眞王)"이라는 문구가 있음을 본다면 더욱 명확해진다.[28]

그런데도 '구천응원뇌성보화천존강성상제'가 도교의 '구천응원뇌성보화천존'의 명칭만을 차용한 것이라는 주장이 전개된 것은 '구천응원뇌성보화천존'의 도교 내 위상에 대한 여러 해석 때문이라 할 수 있다. 즉 '구천응원뇌성보화천존'을 자연현상인 뇌(雷)를 관장하는 뇌신으로 보는 학문적 견해와 뇌성보화천존의 전신(前身)인 옥청진왕(玉淸眞王)을 원시천존(元始天尊)의 아들로 보는 도교 내의 담론 등이 뇌성보화천존을 조화주나 최고신으로 볼 수 없도록 하기에 대순진리회의 신앙체계와 충돌한다는 것이다.[29]

하지만 보화천존 신앙 운동을 강력하게 전개했던 이들이 '구천응원뇌성보화천존'을 자연신이나 하위 신으로 신앙하고 이러한 담론을 구축했다고 보기는 힘들다.[30] 그리고 그 신앙 운동을 주도하던 이들의 세계에서 이 담론이 주류적 지위를 차지했다고 보기도 어렵다. 중국의 보화천존 신앙의 대표적 소의 경전인 『옥추보경』에 뇌성보화천존이 제천을 다스리는 최고의 존재로 묘사되고 있고,[31] 1700년대 조

---

27 『태극도통감』, p.3, p.8; 『대순진리회요람』, p.6, p.8 참조.

28 대순진리회교무부, 앞의 책, p, 211 참조.

29 박마리아, 앞의 글, pp.127-132; 박용철, 앞의 글, pp.80-94 참조.

30 이정재, 「『옥추경(玉樞經)』의 성립과 활용 및 사상사적 의의」, 『한국종교』 42(2017), pp.151-156 참조.

선에서도 보화천존을 원시천존으로 인식하고 있었다는 것은 이를 잘 보여준다.[32] 도교와 대순 신앙이 최고신 문제에서 뇌성보화천존에 대한 해석이 다르다는 점을 근거로 대순 신앙 분석에 도교적 관점 도입을 배제하는 것은 사실 역사적으로 전개된 보화천존 신앙과 후대에 종합된 도교 교학 체계를 구분하지 않은 데서 비롯된 것이다.

물론 『옥추보경』에도 보화천존 위에 '대라원시천존'이 있다는 서술이 있다.[33] 하지만 발원이나 의논 대상이 있었다는 이유만으로 최고신이 아니라는 것은 동양 종교의 관점으로 본다면 적절하지 않다. 복수의 최고신이 존재하는 도교 신앙체계는[34] 동양 종교에서 유일무이의 절대성이 지고신이나 최고신의 필요조건이 아니라는 것을 잘 보여준다.

이러한 관점을 수용하기 어렵다고 하더라도 보화천존 신앙체계 내에서 원시천존을 단순히 옥청진왕이나 보화천존의 상위 존재로 보기

---

31 "爾時, 九天應元雷聲普化天尊在玉清天中, 與十方諸天帝君, 會于玉虛九光之殿 … 天尊大慈, 天尊大聖, 為群生父, 為萬靈師 … 惟有玉霄一府所統三十六天內院中司, 東西華臺, 玄館妙閣, 四府六院及諸有司, 各分曹局, 所以總司五雷天臨三界者也" 『九天應元雷聲普化天尊玉樞寶經』 (『中華道藏』 32冊, p.297); "無上玉清王, 統天三十六.九天普化君, 化形十方界." 『九天應元雷聲普化天尊玉樞寶經』 (『中華道藏』 32冊, p.300)

32 1700년대에 간행된 보현사 본 옥추경의 경우 삼청삼경천존 중 최고위라 할 수 있는 옥청원시천존을 뇌성보화천존으로 치환하고 있다. 구중회, 『옥추경연구』 (서울: 동문선, 2006), pp.222-223 참조.

33 "吾昔于千五百劫, 以先心綞此道, 逐位上眞, 意釀此功, 逐權大化.嘗于大羅元始天尊前, 以淸淨心發廣大願, 願於未來世, 一切眾生, 天龍鬼神, 一稱吾名, 悉使超渙." 『九天應元雷聲普化天尊玉樞寶經』 (『中華道藏』 32冊, p.297)

34 북극성의 변화가 최고신의 교체를 초래해 복수의 최고신이 존재하게 되었다는 주장도 있다. 김일권, 「북극성의 위치변화 및 한대의 천문우주론」, 『도교문화연구』 13 (1999), pp.324-336 참조.

는 어렵다. 『옥추보경집주』에는 원시조겁(元始祖劫)에[의] 일기(一炁)가 나누어져 진(眞)이 되었으니 옥청진왕이 응원(應元)의 체(體)라 설명하고 있다. 조겁(祖劫)은 천지를 화생(化生)하는 천지의 뿌리[근(根)], 일기(一炁)는 태일(太一)의 혼연한 선천의 기[太一混然先天之氣]로 양의(兩儀)를 생한다고 정의된다. 따라서 원시조겁의 일기는 무극이나 태극과 동일한 의미를 지닌다.[35] 이를 참조하여 "應元者, 仰惟元始祖劫一炁分眞, 玉淸眞王應元之體"를 직역하면 "응원은 삼가 생각하건데 원시조겁의 일기가 나뉘어져 진(眞)이 되니 옥청진왕이 응원의 체라는 뜻이다." 이 해석은 해당 주에 대한 의(義)를 참고해 본다면 기존의 해석보다 정확하다. 의(義)는 다음과 같다. "양강의 기가 응결하여 옥청진왕의 형을 이루었으니, 응원은 천지의 일기와 음양오행이 위로 펼쳐지고 아래로 흘러 천명을 받지 않고 음양의 기를 얻어 나타나는 사물이 하나도 없음이다.[九天雖日乾數, 陽剛而不柔實乃九炁之生處也. 於是結英聚靈, 成我玉淸眞王之化形也. 應元者, 天地一炁, 陰陽五行, 上布下流. 無一物不承天命, 而得陰陽之炁以所生也.]"[36] '일기가 음양으로 나뉘어 양(陽)이 응결하여 탄생한 존재가 옥청진왕이며, 음(陰)인 지(地)에서 만물이 나타났으므로 응원이라 한다'(『九天應元雷聲普化天尊玉樞寶經集註』, 『中華道藏』 32冊, 301, 303)라는 석(釋)으로 본다면 일기 중 양기는 옥청진왕이, 음기는 만물이 되었음을 알 수 있다.[37] 이

---

35 조겁(祖劫)은 천지를 화생(化生)하는 천지의 뿌리[근(根)], 일기(一炁)는 태일(太一)의 혼연한 선천의 기[太一混然先天之氣]로 양의(兩儀)를 생한다고 정의된다. 따라서 원시조겁의 일기는 무극이나 태극과 동일한 의미를 지닌다. 『道敎大辭典』(杭州: 浙江古籍出版社, 1987), p.1, p.487 참조.

36 『九天應元雷聲普化天尊玉樞寶經集註』(『中華道藏』 32冊, pp.301-302).

37 "應元者, 天陽地陰理之然也. 蓋我天尊, 生乎陽而居於天, 其健而剛也. 所以萬物生乎地, 莫不皆聽命於天尊, 使物物各得其宜.… 二炁雖分陰與陽, 玉淸高處化眞王.

는 일기 중 근원적인 부분이라 할 양기가 옥청진왕으로 화했음을 의미한다. 더 나아가 "청랑(淸朗)한 빛이 응결하니 원시(元始) 부조(父祖)가 신소(神霄)의 옥청진왕으로 화(化)했다.[結淸朗光, 元始父祖, 化神霄玉淸眞王]"[38]라는 주(註)는 원시부조가 상징하는 원시천존이 곧 옥청진왕으로 화했음을 시사한다. 위와 같은 『옥추보경집주』의 주석은 옥청진왕이 원시천존의 구자(九子)라는 신화를 문자 그대로 해석하기보다는 우주생성론의 관점에서 상징적으로 해석해야 함을 잘 보여준다.

이 맥락에서 보면 원시천존은 태극과 동일한 의미를 지닌 원시 조겁의 일기(一炁)로 볼 수 있고 옥청진왕은 그 기의 정순한 부분이 응결된 신에 대응하므로 단순히 상하(上下)의 신격이라고 말할 수 없다. 오히려 체와 용 또는 법신(法身)과 응신(應身)의 관계로 보는 것이 적절하다. 따라서 보화천존 신앙은 원시천존으로 상징되는 원시 조겁의 일기 또는 원시부조가 옥청진왕이 되었고, 옥청진왕이 발원을 통해 보화천존으로 화생했다는 교설을 그 토대로 하고 있음을 알 수 있다. 이 신앙체계는 태극과 상응하는 구천대원조화주신이 지기(至氣)를 좇아 강세하였고, 대공덕과 대원념을 세운 뒤 화천하여 보화천존제위에 임어했다는 대순 신앙의 핵심 교리와 그 구조적인 유사성을 보인다.[39]

후대에 종합되고 체계화된 도교 교학을 대순 신앙과 비교하면 이러한 유사성은 드러나지 않는다. 신비교주의의 관점에서 본다면 이

上天下地能相合, 闡教分形遍十方"『九天應元雷聲普化天尊玉樞寶經集註』, (『中華道藏』32册, p.301, p.303)

38 『九天應元雷聲普化天尊玉樞寶經集註』, (『中華道藏』32册, p.302)

39 『태극도통감』, pp.1-3 참조.

는 잘못된 맥락에서 이루어진 비교의 전형적인 예다. 도교는 체계적으로 단일하게 종합된 종교운동이나 현상이 아니라 힌두교처럼 장구한 역사 속에서 비체계적으로 묶인 종교 현상을 통합하려는 개념이며 담론이다. 따라서 도교 전체와 대순 신앙을 비교하는 것은 적절하지 않다. 대순 신앙 세계의 실제를 그려내기 위해서는 맥락적인 비교를 통해 유사점과 차이점을 드러내어야 하며[40] 이를 위해서는 보화천존에 대한 신앙을 성립시킨 도교 신소파나 옥추경을 중심으로 한 한국의 보화천존 신앙과 같이 역사적으로 특정된 단일 종교 현상을 대순 신앙과 비교해야 한다.

대순 신앙이 도교의 여러 신앙체계 중 선택적으로 보화천존 신앙체계를 수용하며 변용했다는 여러 증거를 본다면 이는 명확하다. 증산이 제시한 구원관에 보화천존 신앙에서 강력하게 유행했던 명호(名號)를 통한 구원 체계가 있고,[41] 무극도를 설립한 정산이 수행에 활용한 구령삼정주에 "오봉구천응원뇌성보화천존옥청진왕율령(吾奉九天應元雷聲普化天尊玉淸眞王律令)" 등의 보화천존 신앙체계가 있었으며, 『대순진리회요람』에 『옥추보경집주』가 활용되었고,[42] 우당이 '뇌성

---

40 차선근, 「대순진리회의 역사와 교리」, 『동아시아 신종교의 흥기와 전파 그리고 현대사회』 (대만 『전경』 번체번역본 발행 기념 학술대회 논문집, 2012), pp.35-36 참조.
41 대순진리회교무부, 앞의 책, pp.312-313 참조. 보화천존의 명호를 통한 구제신앙은 소의 경전인 『九天應元雷聲普化天尊玉樞寶經』을 통해 확인할 수 있다. "願於未來世, 一切衆生, 天龍鬼神, 一稱吾名, 悉使超渙. 如所否者, 吾當以身身之. 爾等洗心, 爲爾宣說. … 若未來世, 有諸衆生, 得聞吾名, 但冥心黙想作是念, 言九天應元雷聲普化天尊, 惑一聲, 惑五七聲, 惑千百聲, 吾卽化形十方. 運心三界, 使稱名者, 咸得如意. … 水火不受, 卽稱九天應元雷聲普化天尊, 作是念言, 萬神稽首, 咸聽吾命. … 佩帶此經, 衆人所欽, 鬼神所畏. 遇諸險難, 一心稱名九天應元雷聲普化天尊, 悉得解脫." 『九天應元雷聲普化天尊玉樞寶經』 (『中華道藏』 32冊, pp.297-298, p.300)

보화천존'에 대한 전설을 증산에 대한 비결로 해석했다는 점[43] 등은 대순 신앙의 '구천응원뇌성보화천존상제'가 도교의 '보화천존'의 명호만이 아니라 신앙체계의 핵심을 변용한 것임을 잘 보여준다. 여기에 더해 증산이 남긴 "우보상최등양명(禹步相催登陽明)" 등의 시구와 정산이 1923년 행한 '진인보두법(眞人步斗法)'이 보화천존 신앙체계와 밀접하게 관련되어 있다는 사실도 기억할 필요가 있다.[44] 이처럼 대순 신앙이 도교의 보화천존 신앙체계를 선택적으로 씨줄과 날줄로 변용하고 있다는 것은 그 천계관 또한 변용하였음을 강하게 시사한다. 따라서 대순 신앙의 천계관을 이해하기 위해서는 도교, 특히 보화천존 신앙의 천계와 비교, 분석할 필요가 있다.

---

42 "應者, 無物不承天命而生也 … 雷者, 乃天令也 … 雷者, 陰陽二炁結而成雷 … 聲者, 天地之仁聲也" 『九天應元雷聲普化天尊玉樞寶經集註』(『中華道藏』 32冊, pp.301-302). "삼라만상(森羅萬象)이 다 천명(天命)에 응(應)하지 않고 생성(生成)됨이 없음을 뜻함이며, 뇌성(雷聲)이라 함은 천령(天令)이며 인성(仁聲)인 것이다. 뇌(雷)는 음양이기(陰陽二氣)의 결합(結合)으로써 성뢰(成雷)된다." 『대순진리회요람』, p7.

43 "상제님께서는 기유년(己酉年) 6월 24일에 화천 하셨다. 6수(數)는 6·6해서 36으로, 36은 360을 뜻하고 360은 도(道)를 말한다. 360에는 24절후가 들어있으니 그러므로 24일에 화천 하신 것이다. 이는 『옥추보경』에도 있다." 기사년 3월 7일 (양력 1989.4.12) 도전 훈시; 차선근, 「대순진리회 상제관 연구 서설(Ⅰ)-최고신에 대한 표현들과 그 의미들을 중심으로-」, p.113 참조.

44 우보법은 보화천존 신앙을 구축한 신소파의 뇌법에 포함되는 도교 과의이다. 증산이 남긴 한시 중 "我得長生飛太清 衆星照我斬妖將 惡逆摧折邪魔驚 躍罡履斗濟九靈 天回地轉步七星 禹步相催登陽明 一氣混沌看我形 唵唵急急如律令"은 1~7구를 역순으로 하면 도교 도사들이 북두칠성을 땅에 그려놓고 우보(禹步)를 밟으며 외우는 보두주(步斗呪)와 대부분 일치한다. 정산이 행한 '진인보두법'에서 보두는 우보를 의미하는데 '하우씨칠성보'라고도 한다. 대순진리회교무부, 앞의 책, pp.149-150, p.199; 『道法會元』 卷之一百七十二, 元應太皇府玉冊 贊皇猷篇; 김우제, 『홍연진결정해』(서울: 명문당, 1993), p.156; 신병삼, 『인사명리 천문지리 기문둔갑』(서울: 명문당, 1996), p.211 참조.

Ⅲ. 무극도의 천계

1. 신전에 나타난 무극도의 천계: 삼십삼천도솔천

정산이 무극도를 창도하며 도장을 건설한 태인(泰仁) 도창현(道昌峴, 일명 돌챙이 고개)은 일찍이 증산이 자주 머물렀던 곳으로, 도통군자의 출현이 예정된 성지로 정산에게 인식되어 있었다.[45] 정산이 일제의 탄압에도 불구하고 대규모 성전을 계획하고 이를 시행한 이유는 자신에게 예정된 증산의 공사와 도수를 현실화하기 위한 것으로, 1924년 4월 조성되기 시작한 최초의 신전인 태인 도장은 1925년 준공되었다.

이때 정산은 교단의 명칭을 무극도로 공식 선포하고, 신앙 대상인 증산을 '구천응원뇌성보화천존상제(九天應元雷聲普化天尊上帝)'로 봉안하였으며, 종지(宗旨) 및 신조(信條)와 목적(目的)을 정하였다.[46] 정산은 태인에 무극도장을 조성하면서 증산을 봉안한 영전(靈殿) 외에 성전(聖殿)을 따로 조성하여 두 신전을 병렬로 배치하며 이원화하였다. 신앙의 대상인 '구천응원뇌성보화천존상제'를 봉안한 영전과는 명확히 구분되는 신전인 성전에 증산 외의 신명을 봉안하였고 그곳에서 정산의 수행과 공부, 여러 의례가 행해졌다.

대부분 종교에서 신전의 구조는 그 종교적 세계를 상징한다. 따라서 무극도장 신전의 이원화된 구조적 상징체계를 세밀하게 분석해

---

45 박인규, 「일제강점기 증산계 종교운동 연구–차월곡의 보천교와 조정산의 무극도를 중심으로–」 (서울대학교 대학원 종교학과 박사학위논문, 2019), p177 참조.

46 전라북도, 『무극대도교개황』 (1925). p.19; 대순진리회교무부, 앞의 책, pp.200-202 참조.

본다면 그 천계의 구조를 추론해 볼 수 있으므로 다음 평면도를 통해 이를 명확하게 이해할 필요가 있다.[47]

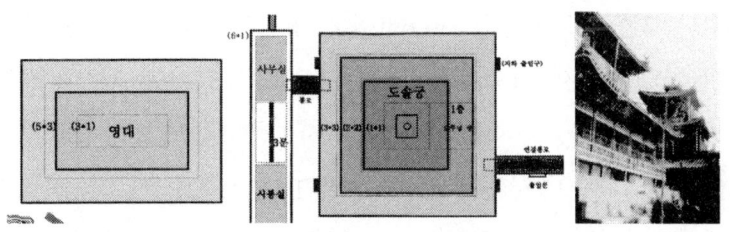

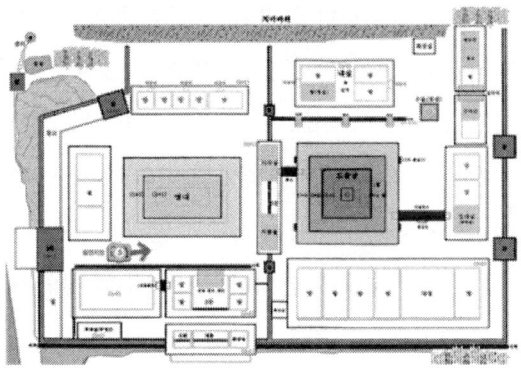

[그림 1] 무극도장의 건물 배치도

왼쪽(북쪽)의 중심 건물은 영전(靈殿)으로 증산을 '구천응원뇌성보화천존상제'로 봉안한 영대(靈臺)가 최상층(3층)에 있다. 영전과 담으로 분리된 오른쪽의 중심 건물은 증산 외의 모든 신명을 각 층에 봉

---

47 2013년에 대순진리회 여주본부도장에서 있었던 2차 종단 역사 사진전의 자료를 참고하였다. 대순진리회교무부는 이전된 건물과 정산의 장남인 조준래와의 인터뷰를 통해 무극도장에 대한 자료를 정리하여 역사 사진전에 이 평면도를 전시하였다.

안한 성전(聖殿)으로 33천을 봉안한 도솔궁(兜率宮)이 최상층에 있었다.[48] 영전은 5층의 계단 위에 지어진 건물로, 1층은 정면 5칸·측면 3칸, 2층은 정면 3칸·측면 1칸의 규모였고, 외관상 2층이지만 실제 내부는 3층이었으며 한 칸이 6자였다. 성전은 지하 1층, 지상 3층의 건물이었으나 지상 1층이 둘로 나뉘어 있었다. 1층에는 정산이 사용하는 수련실인 중궁(中宮)이 있었으며 지하층은 높이 1m 80cm 정도였고, 출입구가 네 군데였다. 1층은 정면 3칸·측면 3칸, 2층은 정면 2칸·측면 2칸, 3층은 정면 1칸·측면 1칸으로 한 칸은 8자였다.[49]

성전은 영전과 거의 동일한 크기였고, 봉안된 신격은 영대에 봉안된 '구천응원뇌성보화천존상제'를 제외한 모든 제신이었다.[50] 4층 도솔궁에는 삼십삼천(三十三天), 3층 칠성전(七星殿)에는 칠성(七星), 2층 봉령전(奉靈殿)에는 그 외의 천지신명이 봉안되었다고 하는데, 3층과 2층에 봉안된 신은 정산이 사용하였다고 알려진 주문에 나타난 제신과 관련이 있다.[51] 도솔궁의 삼십삼천이 복수의 신인지 단수의 신인지에 대해서는 1929년 도솔궁을 참례한 기자의 기사를 통해 알 수 있다. 4층에는 청수 한 그릇과 향로 하나가 있었으며 북향 사배의 예

---

48 村山智順, 『朝鮮の類似宗教』 (京城: 朝鮮總督府, 1935), p.332, p.336 참조.

49 2013년에 대순진리회 여주본부도장에서 있었던 2차 종단 역사 사진전 자료와 村山智順, 앞의 책, p.336 참조.

50 강돈구는 영대가 48간이고 도솔궁은 72간이므로 도솔궁의 중요도가 더 컸다고 주장한다. 그 층수와 평면 구조로 본다면 이는 올바른 지적이다. 도솔궁이 무극도 종교활동의 중심으로 그 활용도가 높았다는 점에서 이견은 없다. 하지만 영전 3층의 영대 규모가 성전 4층의 도솔궁보다 2~3배가량 크다는 점에서 본다면 영대보다 도솔궁이 더 상위의 성소였다는 논리는 성립하기 어렵다. 강돈구, 「대순진리회의 종교교육」, 『종교연구』 62 (2011), p.243 참조.

51 村山智順, 앞의 책, p.336; 대순진리회교무부, 앞의 책, pp.206-210 참조.

를 행했다고 기록하고 있는데,[52] 이는 삼십삼천이 하나의 신격이며 4배의 예를 갖추어야 하는 중요한 존신임을 알려준다.

삼십삼천의 신격이 구체적으로 무엇인지는 무극도 간부 임명 시 사용된 다음의 제문을 통해 알 수 있다.

年 月 日　　氏名

部分員以表徵誠連絡補職責盡其心力至誠祭○于三十三天兜率天玉皇
上帝聖灵之下敢告納名[53]

관련 내용으로 본다면 이 제문은 부분원(府分員)을 연락보(聯絡補)로 임명하면서 올린 제례에서 사용한 소지(燒紙)로 그 대상은 삼십삼천 도솔천(三十三天兜率天)의 옥황상제(玉皇上帝)이다.[54] 이는 도솔궁이 삼십삼천도솔천을 상징하고, 이 하늘은 옥황상제가 주재하며, 도솔궁에 봉안된 삼십삼천이 곧 옥황상제라는 사실을 알려준다. 또한 무극도의 중요 의례 일부가 옥황상제를 중심으로 이루어졌다는 사실도 알 수 있는데 무극도의 신앙체계에서 옥황상제가 증산 다음으로 중요한 존재임을 시사한다.[55]

---

52 최용환, 「伏魔殿을 차저서 無極教正體 -8-」, 《동아일보》, 1929.7.26. 참조.

53 글씨가 보이지 않는 부분은 ○로 표시하였다. 원문은 兜가 変으로 오기되어 있다. 전라북도, 『무극대도교개황』, p.10.

54 부분(府分)과 연락(聯絡)의 한자가 무극도 도규나 신문 기사와 다르다는 사실은 제문이 구술로 작성되었음을 시사한다. "중반(中班) 이상을 임명할 때는 같은 반원(班員)의 추천에 따라 도주가 왼쪽(다음)과 같은 문서에 의해 임명한다. 임명 후에는 신전(神前)에 예배하고 그 문서를 소각한다고 한다." 같은 책, p.10.

55 구천상제인 증산에 대한 의례는 탄일(誕日, 9.19)과 둔일(遁日, 6.24)의 기념 치성으로 도규 12조에 명문화되어 있어 가장 중요한 행사임을 알 수 있다. 같은 책, p.24

일제 강점기에 필사된 것으로 보이는 진법주를 통해서도 이상의 사실을 확인할 수 있다. 이 문헌에는 '구천상제'와 무극도 초기에 사용된 '옥동성자(玉東聖子)'라는 명칭이 있어 무극도에서 기원한 1920년대의 필사본임을 알 수 있는데, 구천상제하감지위, 옥황상제하감지위, 서가여래하감지위 등의 순으로 진법주의 신위가 나열되어 있고, 주문 중에 "…삼십삼천도솔천옥황상제성영지하…"의 신위가 나타난다.[56]

성전은 증산의 삼계공사를 계승한 정산이 도솔궁에 봉안된 삼십삼천도솔천옥황상제(三十三天兜率天玉皇上帝) 아래의 제신(諸神)과 더불어 공부와 의례를 행한 중요한 공간이었음을 알 수 있다.[57] 당시 "옥

참조. 옥황상제에 대한 의례는 도규에 없지만, 간부 임명에 사용된 소지와 신도들이 매일 4회(아침, 점심, 저녁 식전 및 자정) 옥황상제성령지위를 써서 그 앞에 청수를 놓고 주문으로 기도를 드렸다는 정보 보고와 입춘, 입하, 입추, 입동에 치성을 드렸다는 기록을 참고한다면 옥황상제의 위상은 구천상제에 버금가는 위상임을 알 수 있다. 같은 책, p.10, p.13; 村山智順, 앞의 책, p.336 참조.

56 의성김씨 천전파에서 발굴된 문헌에서 발견된 진법주는 한글로 기록되어 있다. 아래아를 사용하고 있어 1933년 이전의 필사본으로 보인다. 진법주 뿐만 아니라 운장주, 도통주, 이십사절주, 이십팔수주, 칠성주, 기도주 등이 제목없이 연속되어 기록되어 있는데 정산이 당시 사용했다고 알려진 원대주(願戴呪)와 관음주(觀音呪)로 추측되는 주문도 보인다. 증산 종단 중 증산을 구천상제라는 신격으로 부르고 진법주의 시작이 구천(九天)하감지위가 아니라 구천상제(구천응원뇌성보화천존강성상제)하감지위였던 교단은 무극도가 유일하기에 이 문서는 무극도에서 기원한 것이다. 1920년대 무극도에서만 사용된 것이 확인되는 옥동성자, 삼십삼천도솔천옥황상제성영지하(三十三天兜率天玉皇上帝聖灵之下) 등이 나타난다는 점도 이를 명확히 해 준다. 자료조사실 편, 『고문서집성 7 − 의성김씨천상각파편(Ⅲ) −』(성남: 한국정신문화연구원, 1990), pp.868-869; 「判決文」(大邱地方法院安東支廳 CJA0001575, 1927.6.21.), p.1019; 차선근, 「대순진리회 상제관 연구 서설(Ⅱ) − 15신위와 양위상제를 중심으로 −」, 『대순사상논총』 23(2014), pp.263-265; 박상규, 「무극도 주문 연구 − 의성김씨 천전파 소장 필사본 고증을 중심으로 −」, 『대순종학』 2 (2022), pp.33-63 참조.

57 『무극대도교개황』에는 매일의 기도 의례 대상이 도솔천의 옥황상제이며, 신자의

황상제폐하(玉皇上帝陛下) 어하(御下) 천상천하(天上天下) 봉명행령(奉命行令) 위의(威儀) 도원수(都元帥) 도대장군(都大將軍) 태일성철정령(太一聖哲定領)"이라는 축문을 인쇄하여 신자들이 외우고 소각했으며, 그 의례가 정산이 최고의 위에 올라 천하를 다스리도록 한다고 믿어졌다는 기록도 이를 방증한다.[58] 결국 성전은 삼계개벽공사가 이루어지는 삼계, 도솔궁은 삼계를 주재하는 천계의 상징으로 볼 수 있다.

무극도의 영전, 성전 가운데에는 포정부(布正府)가 있었다.[59] 그 이름으로 본다면 영대의 기운이나 명(命)이 삼계로 펼쳐진다는 의미인데 영대에 봉안된 구천상제의 명이 도솔궁에 봉안된 삼십삼천도솔천옥황상제를 통해 삼계에 전해지는 것으로 해석할 수 있다. 주문이나 의례에서 신격의 위상이 구천상제, 옥황상제의 순으로 나타난다는 것도 이를 잘 보여준다. 무극도의 많은 의례가 옥황상제를 중심으로 한 것도 이와 관계있다고 보아야 한다.[60] 그러므로 삼십삼천도솔

<hr />

치성 시 축문 또한 옥황상제를 부르는 '옥황상제 폐하'라는 말로 시작한다고 기록하고 있다. 『무극대도교개황』, p.10, p.13 참조.

58 「判決文」(大邱地方法院 安東支廳 CJA0001575, 1927.6.21.), pp.1019-1020 참조.

59 「(三) 所謂無極道妖怪相」, ≪매일신보≫ 1936. 2. 4 참조.

60 1934년경 무극도를 조사한 무라야마는 증산이 자신을 '옥황상제와 미륵의 재생'이라고 하였으며 이를 무극도에서 수용하고 있다고 기술하여 무극도에서 증산을 옥황상제로 신앙하는 것처럼 기록했다. 村山智順, 앞의 책, p.335; 강돈구, 「대순진리회의 신관과 의례」,『종교연구』73 (2013), p.153 참조. 이것은 옥황상제를 중심으로 한 무극도의 의례와 수행 등에서 비롯된 오류일 가능성이 크다. 1958년 정산의 서거 이후 정산은 조성옥황상제로 신앙이 되었다. 이 때문에 정산이 옥황상제를 도솔궁에 봉안하고 의례와 수행의 중심으로 삼은 것은 의례의 주관자와 의례의 대상이 같아 모순된다는 주장도 있다. 하지만 조성옥황상제와 옥황상제가 동일한 존재라는 근거는 없다. '조성옥황상제'로 봉안되기 전 정산은 '태극도주 조정산'으로 주문에 명시되어 염송되었고, 스스로 자신의 전생을 단주와 초패왕으로 밝힌 바 있었다. 기사년 3월 7일(양력 1989.4.12.) 도전 훈시(대순종교문화연구소 제공) 참조. 따라서 교단 내에는 옥황상제와 조성옥황상제를 다른 존재로 보고

천은 무극도의 이원적 천계 구조의 경계로서, 뇌성보화천존상제가 있는 구천과 삼계를 연결하는 접점이라고 볼 수 있다.

이처럼 중요한 위치에 있는 삼십삼천도솔천을 구성하는 삼십삼천과 도솔천의 개념은 불교에서 기원했다.[61] 따라서 무극도 신전이 상징하는 천계의 이원 구조를 더 깊이 이해하기 위해서는 삼십삼천, 도솔천과 관련된 불교 천계설과 무극도의 천계관을 비교 검토해 볼 필요가 있다.

불교 경전에서는 천계가 19~32중천으로 다양하게 나타나지만, 중국 도교는 그 중 28중천을 수용하였다.[62] 아래로부터 욕계 6천, 색계 18천, 무색계 4천의 이십팔중천(二十八重天)이다.[63] 삼십삼천은 욕계 2천을 의미하는 용어로 천계 전체를 의미하지는 않는다. 사천왕천 위에 있는 욕계 2천은 사방 8천의 32천과 중심이 되는 천을 합하여 33천으로 이루어져 있어 삼십삼천으로 지칭된다. 범어로 33은 '도리'이므로 도리천(忉利天)으로 음사되었고 동아시아에서는 삼십삼천, 삼십삼천도리천 등으로 번역되었다.[64] 도솔천(兜率天)은 미륵이

정산이 새로이 옥황상제라는 자리에 등극하여 조성옥황상제가 되었다는 담론이 존재한다. 차선근, 「대순진리회 상제관 연구 서설(II) − 15신위와 양위상제를 중심으로−」, pp.275-283 참조. 증산이 명부공사를 행하여 묵은 하늘의 신명을 교체했다는 교리로 본다면 이 담론은 신빙성이 크다.

61 도교에도 삼십삼천과 도솔천이 있지만 불교의 천계설에 영향을 받아서 성립되었다고 볼 수 있다.

62 불교 경전에서는 28중천이 19~32중천으로 다양하게 나타난다. 본 연구에서는 중국 도교에서 수용한 28중천을 일반적인 불교 중천설로 보았다. 염중섭, 「Kailas山의 須彌山說에 관한 종합적 고찰」, 『불교학연구』 17(2007), pp.323-324; 최수빈, 앞의 글, p.315 참조.

63 같은 글, p.315 참조.

64 염중섭, 「樓炭經 계통과 大毘婆沙論 계통의 須彌山 宇宙論 차이 고찰−'忉利天의

있는 하늘로, 삼십삼천(도리천)에 포함된 하늘이 아니라 이십팔중천 중 욕계 4천으로 도리천 위의 하늘이다.[65] 따라서 불교의 삼십삼천 이나 도솔천은 피상적으로 본다면 무극도의 '삼십삼천도솔천'과 그 명칭 외에는 접점을 지니지 않는 듯이 보인다.

그러나 불교의 천계가 지표면에 존재하는 하늘인 지거천(地居天)과 공중에 존재하는 하늘인 공거천(空居天)으로 이원화되어 있다는 점에 주목해 본다면 불교의 천계관은 무극도의 이원적 천계와 구조적인 유사성을 지닌다. 이십팔중천 중 가장 낮은 제1천 사천왕천과 제2천 삼십삼천(도리천)만이 지거천으로 삼계를 구성하는 하늘이고, 나머지 욕계·색계·무색계의 26중천은 모두 공거천으로 엄밀하게 지계, 인계와 접점이 없는 삼계 밖의 천외천이다.[66] 즉 삼계를 주재하는 계

구조'와 '地獄의 문제'를 중심으로—」, 『철학논총』 56-2 (2009), pp.230-231 참조.

65 "비구들아, 수미산 중턱 높이 4만 2천 유순에 사대천왕(四大天王)의 궁이 있고 수미산 상에는 삼십삼천의 궁전이 있는데 제석(帝釋)들이 살고 있다. 삼십삼천에서 한 갑절 올라가면 야마천이 있는 궁이 있고, 야마천에서 위로 또 한 갑절 올라가면 도솔타천들이 있는 궁이 있고, 도솔천 위로 또 한 갑절 다시 올라가면 화락천들이 있는 궁전이 있고, 화락천 위로 또 한 갑절 다시 올라가면 타화자재천들이 있는 궁이 있고, 타화천 위로 또 한 갑절 다시 올라가면 범신천들이 있는 궁이 있다. [諸比丘.須彌山半.高四萬二千由旬.有四大天王所居宮殿.須彌山上.有三十三天宮殿. 帝釋所居.三十三天已上一倍.有夜摩諸天所居宮殿.夜摩天上.又更一倍.有兜率陀天所居宮殿.兜率天上.又更一倍.有化樂諸天所居宮殿.化樂天上.又更一倍.有他化自在諸天宮殿.他化天上.又更一倍.有梵身諸天所居宮殿.]" 『起世經』 卷第一 漢文大藏經(http://tripitaka.cbeta.org, 2022.4.9.) 도솔천은 도교에서는 옥황상제와 태상노군이 있는 최상위의 하늘이지만 불교에서는 최상위가 아니었다. 하지만 미륵신앙의 영향으로 도솔천은 인간이 갈 수 있는 천상의 정토로서 완전한 정토인 아미타 정토에 갈 수 있는 디딤돌로 여겨지고 있었다. 이경화, 「정토사상의 근원과 동아시아의 전개—인도·중국·한국의 아미타와 미륵 불비상(佛碑像)을 중심으로」, 『불교미술사학』 15 (2013), pp.25-26 참조.

66 염중섭, 「樓炭經 계통과 大毘婆沙論 계통의 須彌山 宇宙論 차이 고찰—'忉利天의 구조'와 '地獄의 문제'를 중심으로—」, pp.230-231 참조.

내(界內) 최상위 하늘은 삼십삼개의 하늘로 구성된 삼십삼천이며, 삼계 밖인 계외(界外)에 천외천이 있다. 무극도 성전과 도솔궁이 상징하는 삼계와 삼십삼천, 영전과 영대가 상징하는 삼계와 분리된 구천이라는 이원적 상징 구조는 불교의 천계와 구조적으로 일치한다.[67]

구조적 공통점에서 보면 무극도의 천계는 삼계의 천과 계외(界外)의 천이라는 이원적 구조로 해석될 수 있다. 다시 말해 성전(聖殿)은 삼계(三界), 도솔궁(兜率宮)은 계내(界內)의 천인 삼십삼천도솔천이며 영전(靈殿)은 계외(界外)의 천외천(天外天), 영대(靈臺)는 천외천을 주재하는 구천(九天)을 상징한다. 삼십삼천도솔천을 경계로 삼계의 내외(內外)가 확연하게 분리되는 이원적 신전(神殿) 구조는 대순 사상의 핵심이 되는 대순(大巡)과 삼계개벽의 천지공사 신앙체계에도 정확하게 부합된다. 삼계를 내외로 구분하고 계외의 천외천에 삼라만상을 조화하는 지고의 존재를 전제할 때 구천대원조화주신의 대순(大巡)이 인계와 지계만이 아닌 천계까지 걸쳐 있었고,[68] 천지공사의 대상에 묵은 하늘로 표현되는 삼계의 천과 그 신명이 포함되었다는 사실이 논리적으로 해석되기 때문이다.[69] 정산이 구축한 신전의 이원적 구

---

67 대순진리회의 도장에 사천왕이 그려져 있다는 점에서 본다면 대순 신앙이 불교적 천계관을 부분적으로 수용했음을 알 수 있다. 특히 여주본부도장의 정각원 외부 벽에는 출입문이 아님에도 사천왕의 벽화가 자리 잡고 있다.

68 "상제께서 구천에 계시자 신성·불·보살 등이 상제가 아니면 혼란에 빠진 천지를 바로잡을 수 없다고 호소하므로 서양(西洋) 대법국 천계탑에 내려오셔서 삼계를 둘러보고 천하를 대순하시다가" 대순진리회교무부, 앞의 책, p.311.

69 "상제께서 어느 날 종도들이 모여 있는 자리에서 「묵은 하늘은 사람을 죽이는 공사만 보고 있었도다. 이후에 일용 백물이 모두 핍절하여 살아 나갈 수 없게 되리니 이제 뜯어고치지 못하면 안 되느니라」 하시고 사흘 동안 공사를 보셨도다.", "공우가 여쭈기를 「살을 떼어 쓰신다는 말씀만 계시고 행하시지 않으셨으나 그 후로부터 상제와 제가 수척하여지오니 무슨 까닭이오니까.」 상제께서 「살은 이미 떼어

조와 의례는 증산이 삼계 밖 천외천의 지고신임을 명확히 하고, 성전을 중심으로 한 의례와 공부가 증산의 명에 따라 계내의 제신명과 더불어 삼계 전체를 개벽하는 것이라는 것을 공표한 것이라 해석할 수 있다.

'삼십삼천도솔천'을 계내의 하늘로 보면 그 해석은 '33번째 층의 하늘인 도솔천'이 아니라 '33천으로 구성된 도솔천'이라고 해석해야 한다. 동아시아 불교 전통에서 삼계를 주재하는 천을 33개의 하늘로 구성되어 있다고 해서 삼십삼천이라 명명했기 때문이다. 따라서 삼십삼천도솔천은 삼계의 하늘이 도솔천이라는 의미이다. 이는 증산의 공사와 정산의 공부에 의해 삼계의 하늘이 도솔천이 되었다는 것으로, 달리 말하자면 정산은 삼계의 천계가 묵은 하늘에서 새로운 하늘인 미륵의 도솔천으로 변화되었다고 선언한 것이다. 이는 증산이 자신을 미륵이라 선언하며 묵은 하늘을 새로운 하늘로 바꾸는 공사를 행했고,[70] 정산이 석가여래를 신앙체계에 통합하며 이를

썼느니라. 묵은 하늘이 두 사람의 살을 쓰려 하기에 만일 허락하지 아니하면 이것은 배은이 되므로 허락한 것이로다」고 일러주셨도다.", "新天地家家長歲 日月日月萬事知", "세속에 전하여 내려온 모든 의식과 허례를 그르게 여겨 말씀하시길 「이는 묵은 하늘이 그르게 꾸민 것이니 장차 진법이 나리라」 하셨도다.", "상제께서 광구천하하심에 있어서 「판 안에 있는 법으로써가 아니라 판 밖에서 새로운 법으로써 삼계공사를 하여야 완전하니라」 하셨도다.", "그 삼계공사는 곧 천 · 지 · 인의 삼계를 개벽함이요" "상제께서 이 세상에 탄강하여 하늘도 뜯어고치고 땅도 뜯어고쳐서 신명이 사람에게 드나들 수 있게 하시고 세상에서 버림을 받은 자들을 찾아 쓰고 모든 것에 운을 붙여 쓰기로 하셨도다. 이것은 삼계를 개조하기 위함이로다." 같은 책, p.100, p.135, p.168, p.225, p.312.

70 "나는 곧 미륵이라. 금산사(金山寺) 미륵전(彌勒殿) 육장금신(六丈金神)은 여의주를 손에 받았으되 나는 입에 물었노라.", "상제께서는 약방에 갖추어 둔 모든 물목을 기록하여 공우와 광찬에게 주고 가라사대 「이 물목기를 금산사에 가지고 가서 그곳에 봉안한 석가불상을 향하여 그 불상을 업어다 마당 서쪽에 옮겨 세우리

증산의 공사를 실현하는 일로 선언한 데서 잘 드러난다.[71] 정산이 도솔궁으로 삼계의 하늘인 삼십삼천도솔천을 상징한 것은 불교적 삼계관과 미륵신앙을 변용하여 삼계의 하늘이 제석(帝釋)과 석가여래의 도리천에서 미륵의 도솔천으로 전환되었음을 선언한 것으로 해석해 볼 수 있다.[72]

라고 마음속으로 생각하면서 불사르라」하시니 두 사람이 금산사에 가서 명하신 대로 행하니라. 이로부터 몇 해 지난 후에 금산사를 중수할 때 석가불전을 마당 서쪽에 옮겨 세우니 미륵전 앞이 넓어지느니라 이 불전이 오늘날의 대장전이로다.", "동학 신자는 최 수운의 갱생을 기다리고, 불교 신자는 미륵의 출세를 기다리고, 예수 신자는 예수의 재림을 기다리나, 누구 한 사람만 오면 다 저의 스승이라 따르리라." 같은 책, p.22, pp.117-118, p.336.

71 정산이 마하사에서 공부 한 후 마하사의 불상이 머리를 숙였다는 일화와 직후 증산의 공사를 자신이 풀어간다는 말한 것을 대순 신앙에서는 증산의 공사에 따라 정산이 석가여래를 봉안할 수 있게 된 것으로 해석한다. "도주께서 기축년 겨울에 동래 마하사(摩訶寺)의 방 한간에서 정화수 스물 네 그릇을 받들고 四十九일을 한 도수로 정하시고 공부를 하셨도다. 이 광석(李光石)이 대웅전에서 도주를 위해 발원 염불을 올리니라. 四十九일이 거의 될 무렵에 도주께서 승려와 시종자에게 「법당의 불상을 자세히 보았느냐」고 물으시므로 그들이 달려가 보니 불상이 머리를 숙이고 있는도다.", "도주께서 마하사에서 도수를 마치고 도장에 돌아오시니 여러 사람들이 모여 있느니라. 도주께서 그 자리에서 少年才氣拔天摩 手把龍泉幾歲磨 世界有而此山出 紀運金天藏物華 應須祖宗太昊伏 道人何事多佛歌의 상제의 글귀를 외우시고 「상제께서 짜 놓으신 도수를 내가 풀어나가노라」고 말씀하셨도다." 같은 책, pp.212-213.

72 삼십삼천의 주인은 제석(帝釋)으로 인드라에서 유래한 신이다. 천제, 천황이라고도 하는데 석가여래가 제석천에 가서 설법을 하는 일화도 경전에 전해진다. 염중섭, 「Kailas山의 須彌山說에 관한 종합적 고찰」, p.329; 염중섭, 「樓炭經 계통과 大毘婆沙論 계통의 須彌山 宇宙論 차이 고찰-'忉利天의 구조'와 '地獄의 문제'를 중심으로-」, pp.236-239 참조. 석가여래의 시대에서 미륵의 시대로의 전환에 대해서는 다음의 도전 훈시를 참고할 필요가 있다. "…구천상제님께서는 절과 연관해서 강세하셨다. 금산사에 임어하셨다. … 선지조화(仙之造化), 불지형체(佛之形體), 유지범절(儒之凡節)이라 하지 않았느냐. 불지형체(佛之形體)이니 불교란 것은 쉽게 얘기해서 형상만 있는 것이지 실체는 없다. 나오지도 않은 뱃속의 태아다. 그래서 하는 법이 태아가 앉는 태좌법이다. 태속에 들은 어린애다. 석가불은 어린애이니 미성(未成)이다. … 어린애니 머리를 박박 깎고 앉아있다. 미륵불은 갓 쓰고 서 있는 어른이다. 어른 된다고 하면 근본은 어린애서부터 어른이 되는 것

결국 무극도 신전에서 영전의 영대는 삼계의 밖에 있는 천외천으로 가장 높은 하늘인 구천을 상징하며, 성전의 도솔궁은 삼계의 새로운 하늘인 도솔천으로 옥황상제가 구천상제의 명을 받아 삼계의 제신명이 통할하며 개벽을 역사하는 곳을 상징한다. 무극도의 세계에서 지계와 인계를 직접 관할하는 천계는 도솔천이며, 이 도솔천 위로 천외천의 하늘인 구천이 존재하고 이 구천은 36천으로 구성되어 있다고 해석할 수 있다. 이에 대해서는 다음절에서 상술하겠다.

2. 도교적 관점에서 본 무극도의 천계

삼십삼천도솔천의 의미에 대해서는 미륵신앙의 지평에서 해석할 수 있었다. 하지만 도솔천의 옥황상제에 대해서는 도교적 해석이 필요하다. 도솔천궁에서 옥황상제가 삼계를 통솔한다는 믿음은 도교와 그 영향을 주고받은 동아시아의 민간에 있던 신앙체계이기 때문이다.

이를 가장 잘 드러내는 문헌은 『여조전서(呂祖全書)』와 『서유기(西遊記)』이다. 『여조전서』에는 옥황상제가 도솔능소천궁(兜率凌霄天宮)에서 오로제군(五老帝君)을 비롯한 삼계의 진선을 회집하여 '개천황극보제묘법(開天皇極普濟妙法)'을 설한다는 내용이 있다.[73] 『서유기』에는 옥

이다. 이게 진리이고 원칙이다. 처음부터 어른이 될 수는 없다. 석가불은 삼천 년 운이고, 미륵불은 오만 년 운이다. 작은 것이 먼저 나오고 긴 것이 나중에 나오는 것이 순리다. 앞으로는 미륵불 운이다. 그래서 상제님께서 미륵불로 오신 것이다. 불교가 있으므로 해서 우리의 법이 나올 수 있는 것이고, 그래서 석가모니를 봉안한 것이다." 경오(1990)년 12월 28일(양력 1991.2.12) 도전훈시.

황상제가 있는 천계에 태상노군이 거처하는 도솔궁이 있으며 이 도
솔궁이 33천의 위에 있다는 이야기가 있다.[74]

　삼십삼천을 주재하는 도솔천궁의 옥황상제라는 도교 세계관은
천계관에 있어서 도교와 무극도의 접점을 구천과 36천 외에도 33천
과 도솔천궁으로 확장한다. 불교보다 도교의 도솔천은 무극도의 천
계와 접점이 더 크다. 도솔천궁의 옥황상제를 신앙하는 『여조전서』
의 일부 내용을 대순진리회를 창설한 우당이 자신의 가르침에 부연
하거나, 자신의 거소 명칭으로 사용한 바 있기 때문이다.[75] 불교의
도솔천은 이십팔중천 중 4천이지만 도교의 도솔천은 가장 높은 하

---

73 "爾時 玉皇至尊, 在兜率凌霄天宮, 同瑤池聖母, 演說開天皇極普濟妙法, 五老帝君,
　偕十洲三島五嶽四瀆三界眞仙, 咸集左右, 聽說妙法." 『呂祖全書』(32卷本) 卷十
　前八品經.

74 『서유기』 등의 소설은 민간의 신앙체계를 일정부분 반영하면서 각색되었으므로
　이를 통해 민간의 천계 관념을 추론하는 것은 가능하다고 볼 수 있다. 이에 더해서
　증산이 소설의 서사를 적극적으로 수용하여 신학으로 전화하였다는 주장은 『서
　유기』를 매개로 한 무극도 천계 연구의 개연성을 더욱 높여준다. 정재서, 「동아시
　아 신화와 문학의 증산 신학적 전개-상상력의 법술(法術)과 전유(專有)의 신학-」,
　『대순사상논총』 35 (2020), pp.21-32) 《大聖擾亂勝會》… 性搗玉帝他就跑出兜率
　宮 回至花果山」… 《觀音路降衆妖》… 欺心擾亂蟠桃會, 大膽橫行兜率宮」… 《孫行
　者收伏妖魔》… 老君回歸兜率宮, 逍遙直上九重天」… 《觀音, 老君收伏妖魔》… 觀
　音提魚回海上. 老君乘牛兜率宮…(『西游記傳』); 《第五回亂蟠桃大聖偸丹 反天宮
　諸神捉怪》… 信步亂撞, 一會把路走差, 不是齊天府, 卻是兜率宮, 頓然醒悟. 道兜
　率宮是三十三天之上, 乃離恨天如何錯到此間…《第三十一回豬八戒義激猴王 孫
　行者智起世經卷第一降妖怪》…三公主思凡下界, 妄念迷却眞性, 奎木狼兜率宮燒
　除…《第三十五回 外道施威欺正性 心猿獲寶伏邪魔》揭開葫蘆淨陽瓶, 倒出兩股
　仙氣, 化為金銀二童子, 相隨, 到此地位, 聖胎完成, 霞光萬道, 縹緲同歸兜率院, 逍
　遙直下大羅天, 大丈夫功成名遂, 豈不快哉…《第三十九回 一粒金丹天上得 三年
　故主世間生》行者到離恨天兜率宮, 老君吩咐看丹的童兒仔細, 偸丹的賊又來非
　了…『西遊原旨』 참조.

75 차선근, 「대순진리회 도장 건축물 내정(內庭)에 대한 연구」, 『대순사상논총』 37
　(2021), pp.7-13 참조.

늘인 대라천 바로 아래의 하늘이었다는 것도 이를 방증한다.[76]

　도교의 삼십삼천은 32천에 대라천을 더한 체계인데 32천은 동서 남북의 사방에 각각 8천을 배치하는 형식이 주류이다. 이는 불교의 삼십삼천 체계와 유사한데 도교의 천계가 불교의 영향을 받았기 때문이다. 이러한 삼십삼천 체계에서 대라천은 불교의 제석천과 제석천 위의 26중천을 모두 합한 하늘에 대응한다. 제석천은 대라천의 하위에 있는 삼청천과 대응한다고 볼 수 있다.[77] 불교의 이십팔중천 체계를 수용하고 여기에 사종민천(四種民天)과 대라천을 더하는 종적인 삼십삼중천 체계도 도교에 나타난다. 하지만, 사종민천이 남북조 시대 도교의 종말론에서 비롯된 것이므로 주류의 삼십삼천 체계와는 차이가 있다.[78] 삼십삼중천 체계에서 도솔천은 대라천 아래의 32천으로, 무극도와는 차이가 있어 이 체계를 무극도 천계 해석에 활용하는 것은 적절하지 않다.[79]

　도교 신앙에서 본다면 도솔천은 옥황상제와 태상노군이 있는 하늘이며 이 두 신격은 각각 삼청천 중 청미천(淸微天)의 옥청경(玉淸境)과 대적천(大赤天)의 태청경(太淸境)에 있는 것으로 믿어졌다.[80] 옥황상

76　『道敎大辭典』, p.19, p.96 참조.

77　같은 책, pp.18-19; 최수빈, 「도교에서 바라보는 저세상: 신선(神仙)과 사자(死者)들의 세계에 반영된 도교적 세계관과 구원」, 『도교문화연구』 41(2014), pp.312-313 참조.

78　같은 글, pp.313-315, pp.319-320 참조.

79　도솔천이 32천에 있다는 사전의 내용은 전거를 확인할 수 없다. 도솔천에 태상노군이 있다는 신앙에서 도솔천을 대적천과 동일하게 놓아 대라천 밑으로 추론하여 32천으로 본 듯하다. 『道敎大辭典』, p.19, p.96 참조.

80　옥황상제는 청미천의 옥청경에 거주한다고 믿어졌는데 옥청경은 대라천의 아래이므로 도솔천에 해당한다. 이러한 천계 이론에 따라서 도솔궁은 옥황상제와 태

제를 기준으로 본다면 도솔천은 삼청천 중의 청미천인데, 삼십삼천 체계에서는 사방 8천의 32천에 대라천만을 추가하기에 삼청천은 대라천에 포함된다. 따라서 대라천 하부에서 삼계를 관장하는 도솔천(청미천)이라는 도교의 천계와 구천 아래에서 삼계를 관장하는 도솔천이라는 무극도의 천계는 정확히 일치하고 있다. 삼청천의 핵심적 체계인 옥청진왕(玉淸眞王)과 삼청(三淸)이 무극도의 주문에 나타난다는 사실은 정산이 인식한 천계에 삼청이 도솔천과 밀접하게 연계되어 있음을 보여주며 무극도와 도교의 천계 구조가 강력한 유사성을 지니고 있음을 방증한다.[81]

무극도와 도교의 천계관이 지니는 유사성은 삼십육천 체계로도 입증된다. 도교의 천계관은 최종적으로 삼십육천으로 정립되었고, 무극도의 공식적인 천계관도 삼십육천이기 때문이다. 삼십육천은 도교에만 나타나는 천계관으로 종래의 삼천-구천설, 32천설(삼십삼천설)을 모두 종합하여 남북조 시기 이후부터 성립된 천계관이다. 삼십육중천(三十六重天), 분야(分野)적 삼십육천(이하 삼십육천), 기론(氣論)적 삼십육천이 각각 독립적으로 발전하였다고 볼 수 있다.[82] 구조적 유사성이 그 해석 지평으로서의 가능성을 높여주기 때문에 어떤 체계가 무극도와 가장 구조적 유사성을 지니고 있는지를 살펴볼 필요가 있다.

삼십육중천은 불교의 이십팔중천 천계에 사종민천을 더한 삼십

상노군 등의 신선이 있는 곳으로 믿어졌다. 李叔還 編, 앞의 책, p.19, p.37, p.96, p.450 참조.

81 대순진리회교무부, 앞의 책, pp. 210-211 참조.

82 최수빈, 앞의 글, pp.313-322 참조.

이중천 위에 삼청천과 대라천의 사중천을 더한 체계이다. 이십팔중천-사종민천-삼청천-대라천의 체계로 이 체계에서 도솔천에 해당하는 청미천은 35천이 되어 무극도 체계와 일치하지 않는다.

삼십육천은 대라천 아래에 삼청천이 존재하고 이를 중심으로 사방에 각 8천의 32천이 배치되는 체계이다.[83] 이 천계는 대라천과 삼청천의 4천이 32천 중심에 배치되는 구조로 불교의 천계와 비교하면 제석천과 그 상위에 존재하는 공거천을 모두 합한 하늘이 삼청천과 대라천에 해당한다.[84] 삼청천이 삼십삼천의 중심에 해당하므로 청미천에 해당하는 도솔천은 삼십삼천이 되어 도교와 무극도의 천계가 구조적으로 유사하다. 하지만 대순 신앙에서는 구천에 포괄되는 옥청경이 대라천과 명확히 구분되어 미묘한 차이가 있다.

기론적 삼십육천은 본래 하나였던 대라의 삼기가 삼청천이 되고, 삼기가 각각 삼기를 생하여 구기가 되어 구천을 이룬 후, 구천이 각각 삼천을 생하여 27천을 이루게 되고, 이 27천에 원래의 구천을 합하여 36천이 된다는 교설이다.[85] 그 명칭을 기록하였다는 『상청외국

---

83 『道教大辭典』, p.19 참조.

84 천계는 수평적으로 33~36천, 수직적으로 1~4천이 된다. 대라천과 삼청천을 같은 위상에 배열하여 32천의 중심에 놓으면 1층으로 볼 수 있고 대라천만 위에 놓으면 2층, 삼청천을 대적천-우여천-청미천의 순으로 계층화하면 32천·대적천-우여천-청미천-대라천의 4층으로 볼 수 있다. 1, 2층 체계에서는 도솔천이 되는 청미천이 33~35천이지만 4단계 체계에서는 35천이 된다.

85 "『태진과』에서 이르길 삼천(三天)의 최상을 불러 대라(大羅)라고 하니 이는 도경(道境)의 극진이다. 묘기는 본래 하나이니 오직 이 대라가 현, 원, 시 삼기를 생하여 삼청천으로 변화했다. 첫째는 청미천의 옥청경으로 시기가 이루어진 바요, 둘째는 우여천의 상청경으로 원기가 이루어진 바요, 셋째는 대적천의 태청경으로 현기가 이루어진 바다. 이 삼기로부터 각각 삼기가 생하니 모두 구기이며 이로써 구천이 이루어진다. 구천의 이름은 실제 『통진경』에 있다. 구천은 각각 삼천을 생하

방품청동내문(上淸外國放品靑童內文)』에는 36천이 삼청천에 관련된 각 12천으로 구성되어 있고, 12천이 각 4천씩 상중하로 구분되어 있다.[86] 대라천이 삼청천으로, 삼청천이 각 12천으로 나누어졌다는 교

니 27천인데 본디의 구천을 합하면 36천으로 그 이름은 『외국방품경』에 나온다. [太眞科云, 三天最上, 號曰大羅, 是道境極地. 妙氣極一, 唯此大羅生玄元始三氣, 化爲三淸天也. 一曰淸微天玉淸境, 始氣所成. 二曰禹餘天上淸境, 元氣所成. 三曰大赤天太淸境, 玄氣所成. 從此三氣, 各生三氣, 合爲九氣, 以成九天. 九天名號, 眞在 洞眞經中. 九天各生三天, 三九二十七天, 就本九三十六天, 其名號出外國放品經下." 『道敎義樞』 卷七 第二十三三界義(『中華道藏』 5冊 pp.569-570); "이 구천은 곧 시기(始氣)의 정이니 여러 진(眞),제(帝),황(皇)이 다스리는 곳이다. 천별로 각 3천을 두었다. 3천은 모두 이 구천을 달리 부른 것으로 모두 합해 36천이다. [此九天是始氣之精, 衆眞帝皇所治.其天別置三天.三天者, 皆是九天之別號, 合三十六天也]" 『高上太霄琅書瓊文帝章經』九天元始號.

[86] "第一無景無色鬱單無量天 … 第二無形淸微天 … 第三無精波羅褥天 … 第四入色水無量億羅天 … 四天之音, 元始自然氣, 在高上玉淸之上 … 第五無極洞淸上上禪善無量壽天 … 第六玄微自然上虛禹餘天 … 第七玄淸上無那首約靜天 … 第八梵行上淸氣稽那邊淨天 … 四天之音, 上始胤梵自然氣, 在高虛玉淸之中 … 第九無窮洞虛極上須延天 … 第十玄梵玉虛無精炁羅迦浮月天 … 第十一炁玄天達上靈赤天 … 第十二大梵玄元炁離想行如天 … 四天之音, 九空始陽洞冥之氣, 在玄虛玉淸之下 … 第十三無極上靈炁空玄洞寂然天 … 第十四寶梵天色上眞炁潘羅玄妙天 … 第十五飛梵行眞上玄答謾福德天 … 第十六雲梵流精中元近惑際淳天 … 四天之音, 梵行上始洞虛之氣, 在虛皇上淸之上 … 第十七玄上洞極無崖不驕樂天 … 第十八大梵玄靑無精答奮近際天 … 第十九行梵紫虛上元首帶快見天 … 第二十虛梵上淸化靈須陁結愛天 … 四天之音, 飛梵行上虛紫元之氣, 在虛皇上淸之中 … 第二十一上極無景洞微化應聲天 … 第二十二大梵九玄中元炁阿那給道德天 … 第二十三行梵元淸下靈炁須達天 … 第二十四極梵洞微九靈無須帶阿那天 … 四天之音, 四天之音, 極寶梵上靈玄淸之氣, 在虛皇上淸之下 … 第二十五無名至極洞微梵寶天 … 第二十六微梵玄天炁帶扇給道德天 … 第二十七虛梵炁蟬然識慧天 … 第二十八空梵中天績元伊檀天 … 四天之音, 玄微上元梵天之氣, 在虛無太淸之上 … 第二十九太極無崖紫虛洞幽洞迦摩夷天 … 第三十綠梵自然識慧入天 … 第三十一玄梵大行無景無所念慧天 … 第三十二天雲梵上行維先阿檀天 … 四天之音, 淸玄元虛寶梵之氣, 在虛無太淸之中 … 第三十三無色玄淸洞微波梨答想天 … 第三十四洞微玄上梵炁阿竭含那天 … 第三十五玄上綠梵滅然天 … 第三十六極色上行梵泥維先若那天 … 四天之音, 極無虛洞無色梵天, 在虛無太淸之下." 『上淸外國放品靑童內文』 卷下 高上九玄三十六天內音.

설에 가깝다.[87] 이 체계는 도교의 전통적인 우주생성론에 그 기원을 두고 있는데 36천 간의 계층 구별이 없거나 명확하지 않고 수평적 구조에 가깝다. 또한 삼계와는 기적인 상응 관계를 지니지만 삼십육천에 삼계의 하늘이 포함되어 있다고 보기 어려워 삼계의 천과는 독립된 천계이며 대라천, 삼청천, 구천이 명확하게 구별되지 않아 무극도의 천계와 모순은 없다.

기론적 천계관에 주목할 부분은 원시의 일기에서 구천이 생성되었다는 우주생성론이 『옥추보경집주』의 교설과 많은 부분 상통한다는 점이다. "보화천존이 구기의 진왕이다.[九炁之真王]", "동남의 구기로 인해 구천이 생하니[始因東南九炁而生]", "원시조겁의 일기가 나뉘어져 진이 되니 곧 옥청진왕이 구소를 주재한다.[本元始祖劫一炁分真, 乃玉清真王, 九霄主宰]", "구기가 형을 이루고 구천이 응결하여 삼십육천 위에 있으니 시방삼계의 조기이다.[是時九炁成形, 結為九天, 在三十六天之上, 十方三界之祖炁也]", "구(九)를 용(用)하였기에 그 기의 기원은 삼청의 체에 근본하니 구천의 이름을 씀이 의당하다.[所以用九之故, 其炁元本乎三清之體, 而用乎九天之名宜矣]"라는 주석과 해석은 이를 잘 보여준다.[88] 『옥추보경집주』는 기론적 삼십육천의 천계관의 기반에서 대라천에 해당하는 구천이 삼십육천의 천계로 구성되어 있다고 설명한 것이다.

실제 『옥추보경집주』의 36천은 방위를 기준으로 나누어지는데 사방 각 8천의 32천과 사유(동북, 동남, 서남, 서북)의 4방위를 합쳐서 36천이다. 동아시아의 방위는 기의 분화를 수반하므로 방위에 따른 삼십

---

87 『道教大辭典』, p.19 참조.

88 『九天應元雷聲普化天尊玉樞寶經集註』(『中華道藏』 32冊, pp.301-303) 참조.

육천의 분화는 기론적 천계설과 상통한다고 볼 수 있다. 또한 옥청진
왕부가 있는 고상신소천(高上神霄天)이 삼십육천을 통괄하고 있어 천
간의 계층은 발생하지 않아 기론적 천계관과 구조적으로 유사하
다.[89] 기론적 삼십육천과 『옥추보경집주』의 삼십육천은 삼계 밖의
천계이며, 삼십육천을 관장하는 기(炁)와 천(天)에 상응하여 구기, 구
천을 상정하고 있다는 데서 공통적이다. 기론적 삼십육천설은 보화
천존 신앙의 천계설과 많은 공통점을 지니고 있다는 점에서 무극도
의 삼십육천 해석에 더 적극적으로 활용할 수 있다.

대순 신앙의 천계관이 공식적으로 어떠한 삼십육천설에 기반하
였는지는 모호하다. 하지만 위에서 검토된 바에 따라 기론적 천계관
을 기반으로 무극도의 천계를 해석하면 구기는 대순 신앙의 지기(至
氣)에, 구천은 대순 신앙의 구천에 대응되어 대순 신앙의 구천은 삼
계를 초월하는 천외천 중 최고(最高) 최중(最中)의 하늘, 삼십육천은 구
천이 기의 분화에 따라 나뉘어져 사방으로 펼쳐진 천외천이 된다.
이에 기반하여 무극도의 천계 구조를 해석하면 구천대원조화주신,
구천응원뇌성보화천존상제가 있는 하늘의 명칭은 구천이며, 이 구

---

89 "高上神霄天中玉淸眞王府, 居三十六天之上天中 … 上統三十六天. 東方八天謂高
上道寂天, 高上陽岐天, 高上洞光天, 高上紫冲天, 高上玉靈天, 高上淸虛天, 高上微
果天, 高上正心天. 南方八天, 高上道元天, 高上太皇天, 高上玄冲天, 高上極眞天,
高上梵炁天, 高上輔帝天, 高上玄宗天, 高上歷變天. 西方八天, 高上左罡天, 高上主
化天, 高上符臨天, 高上保華天, 高上定精天, 高上靑華天, 高上景琅天, 高上丹精
天. 北方八天, 高上安琿天, 高上廣宗天, 高上浩帝天, 高上希玄天, 高上慶舍天, 高
上天婁天, 高上變仙天, 高上昇玄天. 東北方 高上敬皇天, 東南方 高上移神天, 西南
方 高上瓊靈天, 西北方 高上昇極天. 下鎭三十六壘, 每方有九陽梵炁, 以應一年三
十六炁, 每十日一炁上應. 天有一帝, 統治一炁, 天仙神鬼功過, 付與本天校勘." 『九
天應元雷聲普化天尊玉樞寶經集註』(『中華道藏』 32册, p.304)

천은 36개의 하늘로 이루어져 있는 천외천이며, 구천과 삼계의 접점에는 옥청경에 해당하는 도솔천이 사방 32개의 하늘을 거느리며 삼십삼천으로 인계, 지계와 더불어 삼계를 형성하는 세계를 그려낼 수 있다. 이 구조에서는 구천, 삼십육천뿐만 아니라 삼십삼천도솔천, 옥청진왕, 삼청, 구천응원뇌성보화천존, 옥황상제 등의 개념과 존재가 충돌 없이 설명된다.

이러한 결론은 정산이 도교의 우주생성론에 기반한 보화천존 신앙의 구천, 삼십육천과 불교의 중천(重天) 및 삼계(삼십삼천) 체계의 정수를 인정하고 이를 기반으로 무극도의 천계를 정의하였음을 시사한다. 구천응원뇌성보화천존상제를 구천을 상징하는 영대에 봉안하고, 옥청경을 미륵의 도솔천과 등치하면서 삼십삼천도솔천을 상징하는 도솔궁을 영대와 대등하게 설치하여, 도솔천에서 삼계를 주재한다고 도교나 민간에서 신앙이 되었던 옥황상제를 봉안한 것도 이를 잘 보여준다.

Ⅳ. 맺음말

무극도 도장의 영전 영대에 증산 외의 다른 신격이 봉안되었다는 당대의 기록은 존재하지 않는다.[90] 이것은 당시 무극도의 세계에서

---

90 태극도에서 1987년에 출판한 『진경전서』에는 1925년 영대에 증산을 봉안할 때 삼십삼천과 제대신명도 함께 봉안하였다고 기술하고 있다. 정산이 신전을 둘로 나누어 영대와 도솔궁을 건립하면서 두 곳에 동일한 신격을 봉안했다는 주장인데 신빙성이 없다. 『진경전서』에 1955년에 옥황상제, 석가여래, 관성제군, 칠성대제

구천이 명확히 독립된 천계였다는 것을 뜻한다. 즉 정산이 영전과 성전으로 신전을 이원화하여 건립한 것은 당시의 천계를 삼십삼천 도솔천을 경계로 삼계 외의 구천(九天)과 삼계 내의 천(天)으로 명확히 구분한 것이다. 또한 도솔궁 아래 3층의 칠성전과 2층의 봉령전은 삼계의 하늘에도 계층이 있음을 알려준다. 제신이 계층화된 각각의 공간에 독립적으로 봉안되어 각기 다른 의례에 따라 제례를 받았다는 점에서 본다면 무극도의 천계는 아래부터 ① 봉령전이 상징하는 천지신명의 하늘 ② 칠성전이 상징하는 칠성의 하늘 ③ 도솔궁이 상징하는 삼십삼천도솔천 ④ 영대가 상징하는 구천으로 계층화될 수 있다. 도솔천은 구천이 삼계와 접하는 경계로 옥청경 또는 삼청천에 해당하며 구천에도 포괄될 수 있다는 점에 유의해야 한다.

무극도 신전의 이원 구조는 초월적 최고신인 증산이 가장 높은 하늘인 구천에서 삼계를 살펴보고 있고, 증산의 종통을 계승한 정산이 자신의 수련실인 성전 1층의 중궁에서 2~4층의 제신명과 함께 증산의 공사와 도수를 실현하는 것을 의미했다. 교인들이 정산의 수련실인 중궁을 거쳐 천지신명, 칠성, 옥황상제, 구천상제를 접할 수 있는 신전 구조와 이에 따른 의례는 증산의 계승자로서의 정산의 위상과 권위를 확고히 했고, 교리를 더욱 깊이 이해하도록 유도하여 신앙심

를, 1957년에 명부시왕, 오악산왕, 사해용왕, 사시토왕, 직선조, 외선조, 칠성사자, 우직사자, 좌직사자, 명부사자를 순차적으로 영대에 봉안하였다고도 기술하고 있기 때문이다. 태극도편찬위원회, 『진경전서』(부산; 재단법인태극도, 1987), p.302, p.374, pp.437-438 참조. 삼십삼천이 옥황상제이고 제대신명에 칠성이 포함되기에 만약 1925년 영대에 삼십삼천과 제대신명을 봉안했다면 1955년에 정산이 행한 봉안은 의미가 없는 것이 된다. 태극도편찬위원회는 삼십삼천이 옥황상제라는 사실을 인식하지 못한 것이다.

을 강화했다고 볼 수 있다. 도장 건립 이후 무극도 교세의 급성장과 이에 따른 일제의 탄압 강화는 이를 방증한다.[91]

우당의 훈시에 따르면 정산이 영대에 진법주에 나타나는 신위를 모두 봉안하는 시점은 1955~57년경으로 판단된다.[92] 대순 신앙에서 적어도 1955년까지 천계는 무극도와 같이 구천과 도솔천, 그리고 칠성 이하의 신명이 있던 하위의 영역으로 나누어져 있었지만 이후 정산에 의해 차례로 통합되어 최종적으로는 계외와 계내의 하늘이 하나의 천계로 통일되었음을 알 수 있다. 1925년 당시 영대에는 증산만이 봉안되었고 진법주의 나머지 신격은 각각의 공간에 따로 봉안되었다가 이후 정산의 공부에 따라 순차적으로 영대에 봉안되었다는 서사가 전해지는데 정산이 무극도장의 성전에 봉안되었던 제 신

---

91 교세 급성장의 단적인 예는 많은 보천교 신자가 무극도의 교인으로 전환된 것을 들 수 있을 것이다. 1926년 3월 조선일보의 기사는 의성 일대의 무극도 교인이 삼천 명에 이르렀는데, 사천 명의 보천교 교도 중 500명 외에는 대부분 무극도 신자가 된 것으로 분석하고 있다. 「義城一帶에 無極敎가 蔓延」, ≪조선일보≫, 1926. 3.31. 참조. "1928년 ≪조선일보≫ 3월 3일자 기사에서 신도 수가 3만여 명으로 추정되었는데, ≪동아일보≫ 1929년 7월 26일자 기사에는 6~7만이라고 추측하였다." 박인규, 앞의 글, p.182. 1925년 이후 언론매체의 무극도 비판과 일제 경찰의 감시 감독의 강화에 대해서는 같은 글, pp.179-183 참조.

92 "도주님께서 무자년(1948) 부산 보수도정에 상제님을 봉안하신 후 11년 동안 계셨고"(도전훈시 1984.11.6.); "해방 후 무자년(1948)에 부산 보수동에 영대를 모셨다.… 보수동 일대 야산에는 6·25사변 후 도인 마을이 형성되었고 그로부터 9년만인 병신년(1956)에 감천으로 옮겨가게 되었다. 대강전을 건립하셨고 정유년(1957)에는 영대를 봉안하시고 석가여래, 관성제군, 칠성을 모셔두었다. 공부가 시작되었다."(도전훈시 1988.10.27.); "무자년(1948)에 본부를 보수동에 설치하고 해 나오다가 을미년(1955)에 영대를 봉안했다."(도전훈시 1989.5.22.); "대강전을 건립하셨고 정유년(1957)에는 영대를 봉안하시고 석가여래, 관성제군, 칠성을 모셔두었다. 공부가 시작되었다."(도전훈시 1988.10.27.); "무자년(1948)에 본부를 보수동에 설치하고 해 나오다가 을미년(1955)에 영대를 봉안했다."(도전훈시 1989.5.22)

명을 부산의 태극도 도장(보수도정과 감천도장) 영대에 순차적으로 구천상제와 함께 봉안하였고 의례 역시 여기에 맞춰서 변경되었다는 내용이다.

이러한 관점에서 도솔궁은 진법주에 있는 신명을 최고신의 영역인 구천을 상징하는 영대로 옮겨 봉안하기 전에 각각의 영역으로 분리하여 봉안한 신전으로 볼 수 있다. 다시 말해 정산이 행한 공부에는 증산이 설정한 도수에 따라 천계를 통일하고 신명을 모으는 일이 포함되었다고 볼 수 있다.[93] 이렇게 천계의 구조가 고정되지 않고 변동되었다는 점이 대순 신앙의 가장 큰 특징의 하나이다. 대순 신앙은 삼계의 개벽을 전제하기에 천계 역시 변동되어야 했다. 증산이 짜놓은 도수를 정산이 실현하는 과정에서 천계의 통일도 포함되어 있으며 이는 신전의 구조 변화로 나타난다고 볼 수 있다.

본 연구는 대순 신앙, 특히 무극도의 천계가 도교, 특히 신소파에서 시작된 보화천존 신앙을 기반으로 직조되었다는 점에 의거하여 그 천계 구조를 도교 천계관과 비교하여 그 대략의 구조를 해석한 것이다. 물론 씨줄과 날줄이 지닌 특성과 직조 방식만을 통해서 옷감의 구체적 모습을 완전히 밝히기는 어렵다는 점에서 본다면 본 연구의 성과는 제한적이다. 하지만 대순 신앙체계에서 거의 연구되지 않아 설명되지 않았던 천계 관념에 관해 시론적인 연구 기반을 구축했다는 점에서 그 의의를 찾을 수 있을 것이다. 본 연구를 통해 추론된 무

---

93 강돈구는 외부자의 관점에서 차선근은 교학자의 관점에서 학문적 분석을 통해 이를 입증하고 있다. 강돈구, 「대순진리회의 신관과 의례」, 『종교연구』 제73집, 2013, 161쪽; 차선근, 「대순진리회 상제관 연구 서설(Ⅱ)-15신위와 양위상제를 중심으로-」, 『대순사상논총』 제23집, 2014, pp.245-246 참조.

극도 천계 구조를 태극도 및 대순진리회의 신전 구조에 나타나는 천
계 구조와 비교하여 시대별 차이를 더욱 세밀하게 포착할 수 있다면
대순 신앙의 천계 관념의 전개 과정과 그 특징에 관한 이해는 보다
진전될 수 있을 것이며 이는 한국 근대 종교연구에 새로운 계기가 될
수도 있을 것이다.

참고문헌

대순진리회교무부, 『전경』, 서울: 서울대학교출판부, 1974.
태극도교화부, 『선도진경』, 부산: 청문사, 1965.
자료조사실 편, 『고문서집성 7 − 의성김씨천상각파편(Ⅲ)−』, 성남: 한국정신
　　　　문화연구원, 1990.
『대순진리회요람』, 여주: 대순진리회교무부, 1969.
『태극도통감』, 부산; 태극도본부, 1956.
『高上太霄琅書瓊文帝章經』(『正統道藏』30册)
『九天應元雷聲普化天尊玉樞寶經』(『中華道藏』32册)
『九天應元雷聲普化天尊玉樞寶經集註』(『中華道藏』32册)
『起世經』(漢文大藏經 http://tripitaka.cbeta.org, 2022.4.9.)
『道教義樞』(『中華道藏』5册)
『道法會元』(『正統道藏』923册)
『上清外國放品青童內文』(『正統道藏』1041册)
『西游記傳』(中國哲學書電子化計劃 https://ctext.org/zh, 2022.4.9.)
『西遊原旨』(中國哲學書電子化計劃 https://ctext.org/zh, 2022.4.9.)
『呂祖全書』(32卷本)
『二十四史通俗演義』(中國哲學書電子化計劃 https://ctext.org/zh, 2022.4.9.)
『洞玄靈寶自然九天生神章經』(『正統道藏』165册)
『紫清指玄集』
『楚辭』
『黃庭內景玉經註』(『正統道藏』190册)

全羅北道,『無極大道教槪況』, 1925.

村山智順,『朝鮮の類似宗教』, 京城: 朝鮮總督府, 1935.

「判決文」, 大邱地方法院 安東支廳 CJA0001575, 1927.6.21.

Essentials of Daesoon Jinrihoe (3rd edition), Yeoju: Daesoon Jinrihoe Press.

강돈구,「대순진리회의 신관과 의례」,『종교연구』73, 2013.
    http://doi.org/10.21457/kars..73.201312.145

_____,「대순진리회의 종교교육」,『종교연구』62, 2011.
    http://doi.org/10.21457/kars..62.201103.237

구중회,『옥추경연구』, 서울: 동문선, 2006.

김우제,『홍연진결정해』서울: 명문당, 1993.

김일권,「북극성의 위치변화 및 한대의 천문우주론」,『도교문화연구』13, 1999.

대순진리회교무부.『전경』, 서울: 서울대학교 출판부, 1974.

_____ 편.『대순지침』, 서울: 대순진리회 출판부, 1984.

리웬구어(李远国),「구천응원뇌성보화천존(九天應元雷聲普化天尊) 신앙 연구」,『대순사상논총』21, 2013.
    http://doi.org/10.25050/jdaos.2013.21.0.29

박상규,「대순사상과 정감록의 관계-증산이 변용한 한시 전거(典據)를 중심으로-」,『대순사상논총』36, 2020.
    http://doi.org/10.25050/jdaos.2020.36.0.1

_____,「무극도 주문 연구-의성김씨 천전파 소장 필사본 고증을 중심으로-」,『대순종학』2, 2022.

박마리아,「대순진리회의 구천응원뇌성보화천존강성상제와 도교 중의 구천응원뇌성보화천존에 관한 비교」,『동아시아 신종교의 흥기와 전파 그리고 현대사회』, 대만: 전경번체본 출간기념학술행사 발표집, 2012.

박용철,「구천응원뇌성보화천존상제 신격 연구-'보화천존'과 '구천대원조화주신'의 관계를 중심으로-」,『대순사상논총』29, 2017.
    http://doi.org/10.25050/jdaos.2017.29.0.71

박인규,「일제강점기 증산계 종교운동 연구-차월곡의 보천교와 조정산의 무극도를 중심으로-」, 서울대학교대학원종교학과 박사학위논문, 2019.

신병삼,『인사명리 천문지리 기문둔갑』, 서울: 명문당, 1996.

염중섭,「樓炭經 계통과 大毘婆沙論 계통의 須彌山 宇宙論 차이 고찰-'忉利天의 구조'와 '地獄의 문제'를 중심으로-」,『철학논총』56-2, 2009.
    http://uci.or.kr/G704-000634.2009.56.2.002

_____, 「Kailas山의 須彌山說에 관한 종합적 고찰」, 『불교학연구』 17, 2007. http://doi.org/10.21482/jbs.17..200705.317

이경화, 「정토사상의 근원과 동아시아의 전개-인도·중국·한국의 아미타와 미륵 불비상(佛碑像)을 중심으로-」, 『불교미술사학』 15, 2013. http://uci.or.kr/G704-SER000009630.2013.15..005

이정재, 「『옥추경(玉樞經)』의 성립과 활용 및 사상사적 의의」, 『한국종교』 42, 2017.

자료조사실 편, 『고문서집성 7-의성김씨천상각파편(Ⅲ)-』, 성남: 한국정신문화연구원, 1990.

장병길, 『증산종교사상』, 서울: 한국종교문화연구소, 1976.

_____, 『대순종교사상』, 서울: 대순종교문화연구소, 1989.

_____ 편술, 『대순진리강화 I 』, 서울: 대순종교문화연구소, 1987.

_____ 편술, 『대순진리강화Ⅱ』, 서울: 대순종교문화연구소, 1989.

정성희, 「서학이 유교적 천문관에 미친 영향」, 『국사관논총』 90, 2000.

정재서. 「동아시아 신화와 문학의 증산 신학적 전개-상상력의 법술(法術)과 전유(專有)의 신학-」, 『대순사상논총』 35, 2020. https://doi.org/10.25050/jdaos.2020.35.0.1

차선근, 「대순진리회의 역사와 교리」, 『동아시아 신종교의 흥기와 전파 그리고 현대사회』, 대만 『전경』 번체번역본 발행 기념 학술대회 논문집, 2012.

_____, 「대순진리회 도장 건축물 내정(內庭)에 대한 연구」, 『대순사상논총』 37, 2021. http://doi.org/10.25050/jdaos.2021.37.0.1

_____, 「대순진리회 상제관 연구 서설(I)-최고신에 대한 표현들과 그 의미들을 중심으로-」, 『대순사상논총』 21, 2013. http://doi.org/10.25050/jdaos.2013.21.0.99

_____, 「대순진리회 상제관 연구 서설(Ⅱ)-15신위와 양위상제를 중심으로-」, 『대순사상논총』 23, 2014. http://doi.org/10.25050/jdaos.2014.23.0.241

최수빈, 「도교에서 바라보는 저세상: 신선(神仙)과 사자(死者)들의 세계에 반영된 도교적 세계관과 구원」, 『도교문화연구』 41, 2014. http://uci.or.kr/G704-001241.2014.41..010

태극도편찬위원회, 『진경전서』, 부산; 재단법인태극도, 1987.

「주문일부변경」, 『태극도월보』 (구)4, 1967.

「권두사: 도문소자는 단결하라」, 『태극도월보』 9, 1968.

李叔還 編,『道敎大辭典』, 高雄: 巨流圖書公司, 2009.

『道敎大辭典』, 杭州: 浙江古籍出版社, 1987.

麥谷邦夫, 「道敎における天界説の諸相—道敎敎理体系化の試みとの関連で」, 『東洋学術研究』27, 1988.

최용환, 「伏魔殿을 차저서 無極敎正體 -8-」, ≪동아일보≫ 1929.7.26.

「(三) 所謂無極道妖怪相」, ≪매일신보≫ 1936.2.4.

「義城一帶에 無極敎가 蔓延」, ≪조선일보≫, 1926. 3.31.

제3부

위상의 정립

대순사상의 종교사적 위상

제1장

대순사상과 『정감록』의 관계

증산이 변용한 한시 전거(典據)를 중심으로

I. 서언

증산 연구자 중에는 증산이 읊거나 쓴 한시나 글이 기존의 문헌에서 인용되었다는 것을 근거로 증산이 그 글 또는 작자의 사상에 영향을 받았거나 받았을 가능성이 크다고 주장하는 이들이 있다. 심지어는 증산이 유년 시절 외가에 자주 머물렀다는 전언을 근거로 외가 쪽의 인물과의 사상적 관계를 주장하기도 한다.[1] 어떤 이의 사상이 역사적 맥락을 떠나 주변과는 독립되어 형성된다는 것은 사실상 불가능하며 최소한 간접적인 영향이 존재함을 필자는 부정하지 않는다. 하지만 증산을 비롯한 한국 자생 종교 창시자들 연구에 있어 이와 같

---

1 가장 대표적인 것은 김성환의 주장으로 증산이 외가 쪽 선조인 권극중(權克中, 1585~1659)의 "정신적 영향을 받지 않을 수 없었다."고 주장한다. 권극중은 조선 중기인 17세기에 증산의 외가가 있던 고부 서산리 지역에서 활동했던 성리학자이며 도교학자이다. 김성환, 「한국 선도의 맥락에서 보는 증산사상」, 『대순사상논총』 20 (2009), p.329 참조.

은 주장이 심도 있는 연구에 기반하여 전개되는지에 대해서 많은 의문이 든다. 다수의 연구가 구체적 사실관계를 확인하지 않고 종교현상의 유사성에 초점을 맞추면서 추상적 일반화로 귀결되는 문제를 지니고 있다고 보이기 때문이다.

20세기 말 종교 현상들의 차이를 부각한 다원적 종교문화의 이해를 강조하는 새로운 비교주의(new comparativism)가 등장했다. 그 후 비교를 통해 동일성과 유사성을 지적하며 교집합을 밝히는데 치중하는 것보다는 다른 지점을 드러내어 보다 깊은 이해를 가능하게 하는 것이 비교 연구의 주된 흐름이 되었다. 이것은 비교작업이 차이를 식별하는 근본적 도구라는 보다 본질적인 명제에 근거한다.[2] 하지만 현재도 대순사상 연구는 고전적 비교주의(classical comparativism)에 머물러 있는 듯하다. 물론 최근 대순사상에 대한 보다 깊은 이해를 위해 차이를 드러내는 많은 비교 연구가 시도되고 있다는 점은 크게 반가운 일이다. 하지만 기존 연구성과의 문제점을 지적하며 새로운 논쟁점을 제시하는 작업이 더욱 필요하다는 것이 필자의 생각이다.[3]

대순사상을 이해하기 위해서도 표면적으로 쉽게 발견되는 기존사상의 한 단면으로 대순사상을 분석하는 오류를 범해서는 안 될 것이다. 증산은 자신의 사상이 명확한 의도에서 다양한 결의 종교와

---

2 윌리엄 페이든, 『비교의 시선으로 바라본 종교의 세계』, 이진구 옮김 (파주: 청년사, 2004), p.19 참조.

3 김방룡은 2009년 증산 사상 연구 상황을 검토하면서 증산 사상에 관한 철학적 종교학적 주요 주제에 대한 담론이 심도 있게 전개되지 못하고 있다고 평가했다. 김방룡, 「증산사상의 연구 동향과 대순사상의 학문적 과제」, 『대순사상논총』 20 (2009), p.59 참조.

사상을 재구성하여 융합하였음을 암시했다.[4] 즉 기성 종교와 사상을 씨줄과 날줄로 하여 독특한 직조방식으로 존재하지 않던 새로운 옷감을 만들어낸 것에 비유할 수 있다. 따라서 단순하게 증산이 어떤 문헌을 인용하였다고 해서 이를 근거로 깊은 영향을 주장하고 평가하는 것은 마치 사용된 씨줄과 날줄 몇 올로 천이 지닌 특성을 추론하고 이에 근거하여 유사성에 기반한 일반화를 시도하는 것에 비유할 수 있는 것이다.

가령 대순사상에 대한『정감록』의 영향을 주장하는 것이 그 대표적인 예이다. 증산이 사용한 한시나 글귀에『정감록』에 수록된 것과 같은 내용이 있다는 것을 근거로 증산으로부터 시작된 대순사상이『정감록』의 예언 사상과 의미 있는 교집합을 지닌다는 주장이 있어온 것이다.[5] 이러한 주장은 증산을 계승한 식민지 시대 증산 종단 사이에 활용된『정감록』관련 예언과 관련 사건에 근거하여 더욱 신빙성을 지니기 시작했다.[6] 증산의 사상이『정감록』의 강력한 영향 아래 있었다고 주장하는 연구자도 증산의『정감록』에 대한 명확한 비판들을 부정하지는 못한다. 하지만 증산이 인용하거나 남긴 한시나 글을 근거로 증산이 한편으로는『정감록』에 심취하였고 상당한 영향을 받았다는 주장을 히는 것이다.[7] 맥락을 아우르는 종합적인 비교를 통해 인용(引用)인지 변용(變用)인지, 오마주(hommage)인지 패러디

---

4 『전경』, 예시 73절 참조.

5 김탁,『조선의 예언사상』(성남: 북코리아, 2016), pp.540-542 참조.

6 김탁,『일제강점기의 예언사상』(성남: 북코리아, 2019), p.289, p.331, p.364, p. 375, p.397, p.431, p.482, p.500 참조.

7 김탁,『조선의 예언사상』p.542 참조.

(parody)인지를 분석하지 않고 있는 것이다.

그러나 이 글은 이를 구분하고자 기획된 것은 아니다. 본 연구는 이를 구분하기 이전의 보다 근본적인 문제를 밝히기 위한 것이다. 즉 '증산에 대한 『정감록』의 상당한 영향'이라는 주장을 원점에서 재검토하여 『정감록』의 문헌이라고 주장되는 증산의 한시가 실제로 『정감록』에 수록된 것인지를 먼저 확인해 보자는 것이다. 그래서 본 연구는 주로 이를 자세하게 논증하는 것을 주 내용으로 한다. 이에 더하여 기존의 주장이 지닌 문제점들을 분석하고자 한다. 그럼으로써 증산의 정감록에 대한 일견 모순되게 비치는 모습이 잘못된 사실관계에 기반한 연구로 구축된 것임을 밝혀 대순사상이 『정감록』의 영향을 받았다는 주장을 비판하고자 한다.

Ⅱ. 증산의 비결시와 『정감록』의 관계

1. 증산의 비결시와 『정감록』

대순사상 연구의 기본 문헌이라 할 『전경』의 여러 장 중에서 예시(豫示)는 주로 증산의 미래에 대한 예언으로 구성되어 있다. 비결시 중에는 모두 8수의 칠언절구(七言絕句) 또는 율시(律詩)가 있는데 84절에는 다음과 같은 칠언율의 비결시가 있다.

七八年間古國城 畵中天地一餅成

黑衣飜北風千里　白日傾西夜五更

東起靑雲空有影　南來赤豹忽無聲

虎兎龍蛇相會日　無辜人民萬一生

　바로 증산이 『정감록』에 심취했으며 상당한 영향을 받았다는 주
장의 근거가 되는 비결시다.[8]

　『정감록』은 익히 알려져 있듯이 조선 중기 이후 민간에 널리 퍼진
예언서다. 실존 인물인지를 정확히 알 수 없는 이심(李沁), 이연(李淵)
형제와 정감(鄭堪)의 대화 형식으로 되어있는데 풍수 사상에 근거하
여 국가 운명과 생민존망(生民存亡)에 대한 예언을 담고 있다. 하지만
조선 중기 이후 급속도로 유포된 이유는 조선이 망하고 정씨에 의해
계룡산을 도읍으로 한 새로운 왕조가 들어선다는 반체제적 역성(易
姓)혁명을 암시하는 비결 내용 때문이었다.

　위 한시가 실제 『정감록』에 수록되어 있는지가 중요한 이유는 다
음과 같은 『전경』의 일화 때문이다.

　　… 상제께서 「우리 겨레에서 정 감(鄭堪)을 없앴는데도 세상에서 정
　　감의 노래가 사라지지 아니하기에 혹시 이(李)씨가 정(鄭)씨의 화를 받
　　을까 염려스러워 이제 그 살을 풀고자 이씨의 기운을 돋우고 정씨의
　　기운을 꺾는 공사를 보았노라」 일러 주시니라.[9]

8　1990년대부터 이를 주장한 가장 대표적인 연구자는 김탁이다. 김탁, 「증산 강일순
　　이 인용한 한시 연구」, 『한국종교』 19 (1994), pp.81-84; 김탁, 『조선의 예언사상』,
　　pp.540-542 참조.

9　『전경』, 권지 2장 29절.

이 일화는 증산이 정감(鄭堪)과 관련된 운수나 기운을 없애셨고 또한 정감의 노래, 즉 『정감록』에 대해 부정적이었음을 알려준다. 증산이 정감의 노래를 사라져야 할 비결이라고 하였기에 만약 예시 84절이 『정감록』에 수록된 비결시를 종도들에게 외워준 것이라면 『정감록』에 대한 증산의 가르침은 일견 모순된 것이다. 과연 일각의 주장처럼 예시 84절의 시가 『정감록』에 수록되어 있다는 주장의 근거는 정확한 것인가?

증산이 읊은 예시 84절의 한시와 몇 글자 차이가 있는 유사한 시가 수록된 문헌들은 남아있다. 그 문헌 대부분은 현재 통상 『정감록』으로 지칭되고 있는 비결 모음집들이다. 그래서 위의 한시가 『정감록』에 수록되어 있다는 주장이 나오는 것이다. 조선조에서 대부분의 비결서들은 그 반체제적인 성격으로 인해 집안이나 가까운 지인간에 구전과 필사로 전해졌다. 그래서인지 해당 한시도 약간의 차이가 있다.

해당 한시와 형태상 가장 유사한 것은 『유산결(遊山訣)』이라는 필사본 비결 모음집에서 볼 수 있다.[10] 8절로 길이가 『전경』의 한시와 유사하지만 다른 글자가 10여 자 있고 어떤 글자는 정확히 어떤 한자인지 알 수 없을 정도다. 아마도 전승 과정에서 형태와 글자가 훼손되거나 오기된 듯하다.[11] 이름에서 짐작할 수 있듯이 이 비결 모음

---

10 김탁은 가장 유사한 시가 『유산결정감록(遊山訣鄭鑑錄)』의 〈윤고산여겸암문답(尹孤山與謙菴問答)〉에 수록되어 있다고 지적했다. 김탁은 『유산결』을 『유산결정감록』으로 〈윤고산여류겸암문답〉을 〈윤고산여겸암문답〉으로 표기했다. 김탁, 앞의 글, p.83; 안춘근 편, 『정감록집성』 (서울: 아세아문화사, 1981), p.73 참조.
11 원문의 〈윤고산여류겸암문답(尹高山與柳謙庵問答)〉으로 본다면 高山은 孤山의

서는 정감(鄭堪)이 완산백(完山伯)[12]의 세 아들과 함께 조선의 산(山)들을 유력(遊歷)하면서 풍수를 문답한 내용인 〈유산결(遊山訣)〉이라는 비결로 시작한다. 이 비결은 『정감록』과 약간의 차이가 있지만, 전체적으로 유사하여 제목만 다른 『정감록』의 이본으로 평가된다. 비결 모음서인 『유산결』은 그 권두가 〈유산결〉이라는 비결이기에 제목이 '유산결'이 된 것일 뿐 사실 여러 비결의 모음이다. 대부분 비결 모음서는 권두의 비결로 그 명칭을 삼았다. 해당 시는 『유산결』이라는 비결 모음서에 수록은 되어있지만 〈유산결〉에 속한 것은 아니다. 〈유산결〉 다음에는 양(楊) 씨와 류(柳) 씨의 비결이라는 뜻의 〈양류결(楊柳訣)〉, 전라도의 풍수에 관련된 비결인 〈호남도평(湖南道評)〉, 윤고산(尹高山)과 류겸암(柳謙庵)의 문답이라는 〈윤고산여류겸암문답(尹高山與柳謙庵問答)〉 등이 나열되는데, 해당 시는 그 뒤에 부록처럼 연결되어 있다.[13] 따라서 『유산결』이 곧 『정감록』의 이본이므로 해당 시가 원래 정감 비결이었다고 하는 주장은 합당하지 않다.

오기로 필사 과정의 실수나 착간이다. 다른 비결 부분과는 달리 윤고산과 류겸암의 문답이 끝난 다음 삼도봉시의 마지막 8구가 전혀 맥락 없이 수록되어 있어 필사한 원본 자체가 불완전한 것으로 추측된다. 따라서 이 기록은 필사 과정에서 앞부분이 유실되어 가장 뒤의 팔구만 남은 것으로 보는 것이 합리적이다.

12 완산(完山)은 전주이며 백(伯)은 우두머리나 백작(伯爵)을 의미한다. 실제 고려에서 완산백을 지냈다고 전해지는 이는 이자선(李子宣, 1331~1356)으로 태조 이성계의 조부인 도조(度祖, ?~1342) 이춘(椿)의 셋째 아들이다. 후에 완원대군(完原大君)으로 추증되었다.

13 시 뒤로도 〈윤고산비결(尹高山秘訣)〉과 〈청학동비결(靑鶴洞秘訣)〉이 이어진다. 윤고산(尹高山), 류겸암(柳謙庵)은 고산(孤山) 윤선도(尹善道, 1587~1671)와 겸암(謙庵) 류운룡(柳雲龍, 1539~1601)의 오기이다. 겸암 류운룡은 서애 류성룡의 형이다. 두 사람 모두 후대에 신비한 능력이나 풍수 도참과 관련된 설화로 유명했다.

『전경』예시 84절의 한시와 유사한 시 중 가장 온전한 형태의 것으로 볼 수 있는 것은 '삼도봉시(三道逢詩)'라는 제목을 지닌 비결에 수록되어 있다. 해당 시와 유사한 부분은 〈삼도봉시〉라는 비결의 마지막 부분이다. 비결시 중에서도 가장 난해한 시의 하나로 알려져 있는데 남아있는 전문은 아래와 같다.

三道相逢益友三	淸談三夜坐三三	天道胡然移極五	人彝沉復敦綱三
先丙八年壬後七	後辛四月戊先三	一着碁翻那定一	三分鼎沸必遷三
四木七金埋六六	二弓五矢發三三	千楸風雨烏門八	萬壑雲烟兎窟三
九九宮行離後九	三三門路艮先三	五星福地宮尋四	一日災年節驗三
丹心故國忠無二	白首深山樂有三	論三百計無全十	愧我翁年六十三
六八運餘故國城	畵中天地一餅成	黑衣飄北風千里	白鷗登西夜五更
東起靑雲空抱影	南來赤幟暗無聲	龍蛇虎兎相催世	無罪人民萬一生

마지막의 8구가 『전경』예시 84절의 한시와 유사하지만 10여 글자가 차이가 있어 뜻은 달라진다.

2. 현대 『정감록』의 기원

현재 〈삼도봉시〉는 근현대 이후 『정감록』이라는 제목으로 출판된 책 대부분에 실려있다. 이러한 사실로 증산이 『정감록』의 시를 인용하였다고 주장할 수 있을까? 그렇게 결론을 내릴 수는 없다. 이 시가 실제 『정감록』이라는 제목의 책에 수록되어 『정감록』으로 대중에 알려지고 『정감록』의 한 부분으로 여겨지기 시작한 시점은 증산이 서거한 후인 일제 강점기이기 때문이다.

〈삼도봉시〉라는 한시가 필사가 아니라 정식으로 활자화되어 처음 시중에 출판된 것은 1923년이다.[14] 일본인 호소이 하지메가 1923년 2월 일본 도쿄에서 출판한 『정감록(鄭鑑錄)』에서 처음 활자화된 것이다.[15] 호소이 『정감록』의 중요 저본이 되는 비결서 원제목은 『비결집록(秘訣輯錄)』이다. 하지만 그는 당시 가장 유명했던 비결서 『정감록』으로 책을 출판한다. 활자화되기 전의 필사본 원제목 『비결집록』은 책의 목차에 기재하였다.[16] 한국에서 〈삼도봉시〉가 활자화된 것은 같은 해 3월 김용주라는 이에 의해 경성, 즉 서울에서 발행된 『정감록(鄭鑑錄)』이 처음이다.[17] 그해 4월에는 비결에 대한 설명과 비평을 곁들인 『비난정감록진본(批難鄭鑑錄眞本)』이 현병주라는 이에 의해 출판되는데 여기에도 수록되었다.[18]

---

14 안춘근 편, 앞의 책, p.8, p.871 참조.

15 이에 관해서는 백승종의 연구가 대표적이다. 백승종, 『한국의 예언 문화사』, (서울: 푸른역사, 2006) pp.233-234 참조. 호소이 하지메 (細井肇, 1886~1934)는 동경 아사히 신문의 기자로 우치다 료헤이의 한일 합병 운동을 지원하고 1920년대에는 식민지배를 위한 조선 민족 연구 사업을 전개한 인물이다.

16 細井肇 編著, 『鄭鑑錄』 (東京: 自由討究社, 1923), pp.20-21 참조.

17 백승종, ' 백승종의 정감록 산책 (20) 현대판 정본 정감록의 배후를 찾아라」, 《서울신문》 2005.5.26, 26면 참조.

18 백승종은 현병주의 『批難鄭鑑錄眞本(비난정감록진본)』의 간행시기를 1930년대 또는 1940년대 초반으로 추정하는데 이는 안춘근이 편찬한 『鄭鑑錄集成』에 서지사항이 없었기 때문인 듯하다. 그러나 현재 남아있는 온전한 판본을 찾을 수 있으며 서지사항에 대정 12년 4월 18일로 발행 시기가 특정되어 있다. 이는 한승훈에 의해서 2019년 이미 지적된 바 있기도 하다. 백승종, 『한국의 예언 문화사』, (서울: 푸른역사, 2006) p.238; 현병주 편, 『批難鄭鑑錄眞本』 (京城: 槿花社, 1923), pp. 72-73; 한승훈, 「조선후기 변란의 종교사 연구: 추국 자료로 본 반란과 혁세 종교」 (서울대학교 박사학위논문, 2019), p.125 참조.

1923년 2, 3, 4월 차례로 출판된 이 세 종의 책들을 비교 분석하면 수록된 비결들은 거의 동일한 문헌을 기초로 한 25가지의 비결을 공통으로 수록하고 여기에 각자 자신들이 수집한 비결을 추가한 것임을 알 수 있다.[19] 그렇다면 공통된 25가지 비결들의 저본이 되는 문헌은 무엇일까? 그 저본으로 추측되는 문헌은 세가지『정감록』에 공통으로 수록된 비결과 그 내용과 순서가 거의 일치하는 필사본인데 현재 서울대 규장각에 소장 되어있는 『비결집록(秘訣輯錄)』이라는 고문서다.[20]

수록된 비결은 〈감결(鑑訣)〉 등 25종으로 서울대의 전신인 경성제국대학에 소장되었던 것인데 여러 비결서를 모아놓은 형태로 그 필사 시기를 정확히 확인 할 수 없다. 조선총독부 도서라는 인장이 없어서 경성제국대학이 설립된 1924년 이후의 것으로 볼 수도 있지만 1913년 이전의 것이 분명하다. 동일한 내용으로 편집방식까지 일치하는 필사본이 1913년 2월 이전에 분명 존재했기 때문이다. 동일한 필사본에 대해 1913년 2월 간략한 설명인 해제를 달아 권두에 추가한 문헌 자료가 현재도 남아있는 것이다.[21]

---

19 각 편집자들간의 수집자료와 비결들 간이 주종 관계 구분 방식이 다르다. 이에 대해서는 백승종이 자세히 분석한 바 있다. 백승종, 같은 책, pp.239-260 참조. 본 연구에서는 제목이 달린 글을 하나로 보고 〈삼도봉시(三道峯詩)〉에 이어지는 〈무제(無題)〉의 시를 별도로 하여 25종으로 하였다.

20 『秘訣輯錄』 [규장각 한국학연구원 규장각서고 청구기호: (古書) 奎 7568]; 백승종, 같은 책, pp.247-254 참조.

21 이에 관해서는 백승종이 이미 2005년 밝힌 바 있다. 본 연구자는 백승종이 문헌을 찾았다고 주장한 국립중앙도서관에서는 해당자료를 찾지 못하였고 해당 자료가 일본 동경대학 도서관에 원본이 있고 부산대학 도서관에 복사본이 있음을 확인한 후 부산대학 도서관 자료를 통해 연구를 진행했다. 백승종, 같은 글, 26면 참조. 『鄭鑑錄』 (1913) [일본 동경대학 도서관 소장 등사판 청구기호: 漢籍小倉 44771]; 『鄭

해제가 추가된 이 필사본은 현재 일본의 동경대학과 한국의 부산대학에 소장되어 있는데 해제를 단 사람은 일본인 관변학자 아유가이 후사노신(鮎貝房之進, 1864~1946)이다.[22] 명성황후시해사건과 러일전쟁에도 관계했다고 알려진 그는 필사본 비결모음서에 대한 해제를 앞쪽에 달면서 표지에 '정감록(鄭鑑錄)'이라 기재한다. 그가 분석한 필사본은 〈감결(鑑訣)〉로 시작했지만, 그는 〈감결〉을 책 제목으로 삼지는 않았다.[23] 아유가이가 자신의 필사본 비결집을 '정감록'이라 명명하는 이유는 권두의 해제를 통해 드러난다. '비결집에 반드시 정씨의 문답이 실려있어서 가장 현저하게 나타나는 이름이다'라고 밝힌 것이다.[24]

아유가이는 자신이 '정감록'으로 명명한 필사본 비결집을 조선총독부 학무과(學務課) 분실(分室)에 소장되어 있던 여러 종의 비결서 들과 비교 검토하여 내용의 차이를 분석했는데 우리는 이를 통해서 당시 총독부에 이미 적어도 총 7권의 비결서들이 소장되어 있었음을 알 수 있다. 위와 같은 사실은 필사본 비결집 여백에 아유가이가 남긴 메모로 알 수 있다. 아유가이가 필사본 비결집의 여백에 남긴 메모의 위치와 뜻은 다음과 같다.[25]

鑑錄解題』(1913) [부산대학도서관 소장 등사본 청구기호: OMO 3-10 4] 참조.

22 이에 대해서는 백승종이 최초로 밝혔고 자세히 연구했다. 백승종, 같은 글, 26면 참조.

23 『鄭鑑錄』(1913) [일본 동경대학 도서관 소장 등사판 청구기호: 漢籍小倉 44771), 『鄭鑑錄解題』(1913) [부산대학도서관 소장 등사본 청구기호: OMO 3-10 4] 참조.

24 같은 책, p.1.

25 최초로 아유가이의 메모에 주목하고 이를 부분적으로 해석하여 소개한 이는 백승종이다. 백승종, 앞의 글 참조. 하지만 메모에 대한 해석이 부분적이고 빠진 곳도

① 14번째 장 앞면 〈감결(鑑訣)〉 끝: 학무과(學務課) 분실(分室) 소장(藏) 『정감록(鄭鑑錄)』의 기재(記載)는 전(全)적으로 쓰인[記] 것과 동일(同一)해서 일자(一字) 일구(一句)의 차(差)를 보이지[認] 않는다.

② 14번째 장 뒷면 〈무학전(無學傳)〉 제목 밑: 학무과(學務課) 분실(分室) 장서(藏書) 『무학비기(無學秘記)』는 〈무학전〉, 〈오백론사〉, 〈오백론사비기〉의 세 글을 포함한다.

③ 18번째 장 뒷면 〈도선비결(道宣秘訣)〉 끝: 학무과(學務課) 분실(分室)에 소장(藏)된 『도선비결(道宣秘訣)』과 비교(比較)하면 상기(上記) 결구(結句)의 존안(尊安) 이하(에는) 백 육십 자를 빠뜨렸다. (예를 들면 '壬申之間酉口不淸'云云) 다음 백 육십 자의 글은 26번째 장 뒷면 제3행의 〈옥룡자기(玉龍子記)〉 전문(全文)과 같다.

④ 19번째 장 뒷면 〈정북창비결(鄭北窓秘訣)〉 끝: 학무과(學務課) 분실(分室)의 장서(藏書)와 전체(全體) 동일(同一)

⑤ 21번째 장 앞면 〈남사고비결(南師古秘訣)〉 끝: 학무과(學務課) 분실(分室)의 장서(藏書)와 전체(全體) 동일(同一)

⑥ 22번째 장 뒷면 〈남경암산수십승보길지지(南敬庵山水十勝保吉之地)〉 끝: 이상(以上)(은) 학무과(學務課) 분실(分室)의 장서(藏書) 『남사고비결』 내(內) 포함

⑦ 23번째 장 앞면 〈서산대사비결(西山大師秘訣)〉 끝: 학무과(學務課) 분실(分室)의 장서(藏書) 『서산대사비결』과 전체(全體) 동일(同一)

⑧ 26번째 장 뒷면 〈옥룡자기(玉龍子記)〉 제목 밑: 〈무학전(無學傳)〉

있어서 본 연구에서는 메모 전체를 모두 분석하여 번역했다.

중(中) 16번째 장의 뒷면 제6행의 존안(尊安) 이하의 결문(欠文)은 바로 이곳의 〈옥룡자기(玉龍子記)〉의 전문(全文)을 가리킨다.[26]

⑨ 27번째 장 앞면 〈경주이선생가장결(慶州李先生家藏訣)〉 제목 밑: 학무과(學務課) 분실(分室)의 장서(藏書) 『서계가장결』과 동일해서 〈삼봉도시〉와 〈서계이선생가장결〉을 포함한다.[27]

결국, 이 메모는 당시 총독부 학무과에 『정감록(鄭鑑錄)』, 『무학비기(無學秘記)』, 『도선비결(道宣秘訣)』, 『북창비결(北窓秘訣)』, 『남사고비결(南師古秘訣)』, 『서산대사비결(西山大師秘訣)』, 『서계가장결(西溪家藏訣)』의 7가지 비결서가 각각 독립된 문헌으로 존재했음을 알려준다. 실제로 이 비결서 들은 총독부에서 경성제대 그리고 해방 후에는 서울대 규장각으로 이관되어 현재도 서울대 규장각에 소장되어 있음이 확인된다.[28] 여기에 더해 아유가이의 메모에는 나타나지 않았지만 『토정가장결(土亭家藏訣)』과 『두사총비결(杜師聰秘訣)』이 현재 총독부 도서로 더 확인되며 내용도 거의 같다.[29] 결국, 1913년 당시 적어도 총 9가지의 독립된 비결서 들이 조선총독부 학무과 분실에 있었던 것이다.

---

26 이 부분의 아유가이 메모는 착오가 있다. 도선비결을 무학전으로 쓰고 있다.

27 아유가이는 삼도봉시를 삼봉도시라 오기하고 있다.

28 『鄭鑑錄』[규장각서고(古書) 奎 12371]; 『無學秘記』[규장각서고(古書) 奎 12372]; 『道宣秘訣』[규장각서고(古書) 奎 12373]; 『北窓秘訣』[규장각서고(古書) 奎 12374]; 『南師古秘訣』[규장각서고(古書) 奎 12375]; 『西山大師秘訣』[규장각서고(古書) 奎 12376]; 『西溪家藏訣』[규장각서고(古書) 奎 12378] 참조.

29 필자가 대조해본 결과 내용은 거의 같다. 『土亭家藏訣』[규장각서고(古書) 奎 12379]; 『杜師聰秘訣』[규장각서고(古書) 奎 12377] 참조.

이상에서 본 바와 같이 오늘날 통상 '정감록'으로 포괄되어 지칭되는 대부분 비결은 각각 독립적으로 전해지거나 하나로 묶여 소장되다가, 국권 침탈 전후로 일제에 의해 수집되고 연구되다가 1920년대 이후 활자화되면서 '정감록'으로 명명된 것들이다. 즉 다양한 비결들이 모두 '정감록'으로 불리게 된 것은 일제와 이에 동조하던 일본 관변학자들이 비결서에 대한 민중들의 신앙을 이용하여 한일 강제 병합을 정당화하거나 식민통치를 합리화하기 위해 여러 비결서들을 수집하고 연구하면서 하나로 묶인 비결들을 모두 당시 가장 유명했던 비결서인 '정감록'으로 지칭하면서 시작된 것이다.[30] 실제 원(源)『정감록』이 존재하고 이것이 현대『정감록』의 일부분에 불과하기에 조선 시대의 원(源)『정감록』과 현대『정감록』은 큰 차이가 있

---

30 아유가이가 비결집을 '정감록'으로 명명하면서 해제를 썼던 것은 비판을 위해서라기보다는 한일합방 합리화 등 식민지배의 정당화를 위한 실용적인 목적에서였다고 할 것이다. 이는 그의 다음과 같은 해제 내용으로 알 수 있다. "… 즉, 조선의 풍수설이라는 것은, 신라 대(代)에 있어 도선 등의 고승(高僧)이 당나라 승려 일행(一行)의 지리설을 전해 받은 것이 그 시초가 되었고, 고려·조선에 이르러 불교와 함께 성행하여 세간에 유포되었다. 고려 말의 고승 무학대사가 창도(唱導)한 이래, 이조에 이르러서는 신분 고하를 막론하고 풍습(관습)이 되어, 당당한 유학자조차도 이를 존중해서 믿을 정도에 이르렀고, 뿌리 뽑을 수 없는 하나의 습속을 형성하게 된 것을 알 수 있다. 풍수설이 믿을 만한 것인가 아닌가는 잠시 논외로 하고, 동요가 참언이라는 동요위참(童謠爲讖)의 속담처럼 역시 일률적으로 배척할 수 없는 것이 있다. '이조오백년망(亡)'이라는 것은 우리가 명치 년에 한국에 건너올 당시 이미 귀에 익숙했던 참언이었다. 또 '聖歲(庚戌)之望漢陽之運移去紅日之下(한양의 운을 경술년에 바라보니 붉은 해 아래로 옮겨간다)'라고 하는 것도, 러일전쟁 전 이미 우리의 귀에 익숙하던 참언이었다. 그리하여 우리는 깊은 흥미를 갖고 계속 관찰해 온 것이다. 그것은, 어찌 되었든 간에 우리가 이 책을 바보[痴人]의 꿈 얘기라 하여 한마디로 배척할 수 없는 다른 이유가 되는 것이다. 즉, 조선인의 신앙 및 습속을 연구하는 데 있어, 하루도 빼먹을 수 없는 참고서가 되는 것이 바로 이것이다. 그 이유를 말하자면, 조선인 다수는 지금도 여전히 이 신앙과 습속 위에서 태연하게 잘살고(不然晏居) 있기 때문이다. 다만, 유감스러운 것은, 책 중에 은어가 많아 읽고 그 뜻을 알기가 어렵다는 것뿐이다."『鄭鑑錄解題』(1913), p.6.

는 것이다.[31]

그렇다면 많은 비결서 중 하나였던 원(源) 『정감록』이 한국 역사 기록에 처음으로 등장하는 시점은 언제인가? 필자가 검토한 바로는 『정감록』은 영조 15년 5월 15일(음)의 역사 기록에 처음 등장한다.[32] 『승정원일기(承政院日記)』 890책 영조 15년 5월 15일 기사에 '鄭鑑錄'을 '正鑑錄'이라 표기하고 있는 것이다. 영조가 '정감록(正鑑錄)'이 어떤 책인지 묻자 좌참찬이었던 조현명이 '참서비기지류(讖書祕記之類)', 즉 참서로 비결이라고 대답하는데 아마 『승정원일기』 기록자는 당시 정감이 사람 이름이라는 것을 쉽게 파악하지 못한 듯하다.[33]

이처럼 1739년 역사 기록에 처음 등장한 『정감록』이라는 비결서는 1913년 아유가이라는 일본 관변학자에 의해 한국의 모든 비결서를 포괄하는 서적으로 명명되기 시작했다. 그리고 이후 또 다른 일

---

31 백승종은 "1910년대 초반까지 『정감록』의 본체는 아유가이가 감결이라 이름한 비결이었으며, 거기에 3편의 부록, 즉 〈동국역대기수본궁음양결〉, 〈역대왕도본궁수〉 및 〈삼한산림비기〉가 포함된 것이다."라고 하여 원(源) 『정감록』은 현대 『정감록』이 공통으로 수록한 25개의 비결 중 〈감결〉·〈동국역대기수본궁음양결〉·〈역대왕도본궁수〉·〈삼한산림비기〉 4개로 구성되었음을 밝혔다. 백승종, 앞의 책, p.259 참조.

32 『승정원일기』 890책, 영조 15년 5월 15일 경신 30/30 기사 참조. 본 연구자와 같은 주장은 한승훈에 의해 2019년 이미 이루어진 바 있다. 한승훈, 앞의 글, p.91 참조. 백승종은 『비변사등록』 영조 15년 (1739) 6월 15일(음)의 기사를 근거로 1739년 6월 15일을 주장한다. 백승종, 같은 책, pp.78-80 참조. 김탁은 1739년 6월 9일을 주장하는데 『승정원일기』 892책 영조 15년 6월 9일 갑신 36/36 기사를 근거한 것이다. 김탁, 「정감록 출현의 역사적 과정과 의의」, 『충청문화연구』 20 (2018), p.35 참조. 조선왕조실록의 정감록 관련 기록은 『영조실록』 영조 15년 8월 6일 기사에서 '정감의 참위서[정감참위지서(鄭鑑讖緯之書)]'라 지칭된 것이 처음이다.

33 『승정원일기』 890책, 영조 15년 5월 15일 경신 30/30 기사. 이러한 문답이 오고 간 내력에 대해 자세히 알고자 한다면 김신회의 연구를 참고할 필요가 있다. 김신회, 「'정감록' 기억의 형성과 예언서 출현: 1739년 이빈(李濱) 사건을 중심으로」, 『한국문화』 84 (2018), pp.235-249 참조.

본 관변학자인 호소이 하지메가 결이 다른 여러 비결들을 모두 혹세무민의 미신으로 몰아 『정감록』에 합쳐서 활자화했다.[34] 그 결과 많은 연구자는 20세기 초반 정책적 상업적 이유로 수집 간행된 특정 판본의 『정감록』을 토대로 현전 도참 비기 중 하나에 불과했던 『정감록』 혹은 〈감결〉을 별다른 근거 없이 조선 후기 예언문화 전체의 원형으로 보는 오류를 범하고 있다.[35] 『정감록』과는 큰 차이를 보이는 다양한 비결서 들의 단편을 모두 『정감록』으로 포괄하여 그 예언 사상의 특징을 파악하지도 않은 채 모두 『정감록』의 부록으로 여긴 것이다.

3. 증산 비결시의 전거

다시 본론으로 돌아가서 증산이 종도 들에 외워준 예시 84절 한시를 추적해 보자. 아유가이는 자신이 '정감록'으로 명명한 『비결집록』 27번째 장 앞면의 〈경주이선생가장결〉 제목 아래 "학무과(學務課) 분실(分室)의 장서(藏書) 『서계가장결』과 동일해서 〈삼봉도시〉와 〈서계이선생가장결〉을 포함한다."는 메모를 남겼다. 즉 〈경주이선생가

---

34 이것은 1919년 3.1운동 이후, 독립된 새 국가에 대한 희망을 비결서에 대한 믿음으로나마 지키려 했던 한국 민중들의 희망의 불씨를 끄기 위해서라 판단된다. 백승종, 「백승종의 정감록 산책 (19) 1923년 일본인들의 정감록 처형」, 《서울신문》 2005.5.19, 22면 참조. 호소이가 권두에 '정감록의 검토'라는 단락을 두고 계룡산에 정씨가 건국한다는 참언(讖言)이 여러 종교와 독립운동에 어떻게 악용되었고 실패했는지를 적나라하게 나열한 것으로 이러한 의도를 확인할 수 있다. 안춘근 편, 앞의 책, pp.667-673 참조.

35 백승종, 앞의 책, pp.229-260; 한승훈, 앞의 글, p.7 참조.

장결〉·〈삼도봉시〉·〈서계이선생가장결〉을 합치면 『서계가장결』
과 일치한다는 것이다. 100여년전인 1913년 아유가이는 『전경』 한
시의 원형으로 추측되는 〈삼도봉시〉가 『정감록』이 아닌 『서계가장
결』이라는 비결서에 수록되어 있음을 확인했던 것이다. 이것은 현
재 남아있는 문헌을 통해서도 확인할 수 있다.[36]

그렇다면 『서계가장결』은 어떤 문헌인가? 『서계가장결』은 서계
(西溪) 이득윤(李得胤, 1553~1630)의 비결로 통상 알려져 있다.[37] 현재 대
부분 비결서 들이 지은이를 가탁(假託)하여 비결 제목으로 삼았다고
여겨지는데 『서계가장결』은 서계가 지은 것이라 여겨지고 있는 점
에서 주목할 만하다.[38] 서계의 본관이 경주(慶州)이기에 『서계가장
결』은 『경주이선생가장결』로 불리기도 하는데 앞부분, 즉 『비결집
록』의 〈경주이선생가장결〉에 해당하는 부분은 〈토정가장결〉 가운
데 부분과 거의 같다.[39] 그 뒤로 〈삼도봉시〉 등 7자로 된 한시 68구가
있고 다시 비결이 뒤따르는데 간지를 상징하는 용어를 국운, 사건,
세태, 피난법 등과 조합한 것이다.[40] 마지막은 간지로 표시된 시점에

---

36 『서계가장결』 1면에는 서울대학교도서라는 인장 아래 조선총독부도서지인(朝
鮮總督府圖書之印)의 인장이 있다. 『서계가장결』 참조.
37 서계의 저작에 『서계가장결』을 포함하기도 한다.
《한국민족문화대백과사전》 http://encykorea.aks.ac.kr/Contents/Item/E0044093
(2020.11.19 검색) 참조.
38 한국고전번역원의 『서계집』 해제는 다음과 같이 서술하고 있다. "고청 서기(孤靑
徐起)와 수암 박지화(守庵 朴枝華)의 문인으로, 역학(易學)에 밝았으며 그가 남겼
다는 〈서계이선생가장결(西溪李先生家藏訣)〉은 「정감록(鄭鑑錄)」의 일부로 되
어있다." 규장각의 『서계가장결』 해제는 "이득윤(李得胤)이 후손들에게 전해주
기 위하여 적어 놓은 비결(秘訣)"로 소개하고 있다.
39 안춘근 편, 앞의 책, pp.586-587, 593-594 참조.
40 『서계가장결』 내용을 분석해 보면 〈삼도봉시〉 부분이 가장 정감 비결의 영향을 받

무슨 일이 일어날 것이며 그때는 어느 곳으로 피난하여야 하며, 어느 비기(秘記)에는 어떻게 쓰여 있다는 등의 내용과 시세(時勢)를 논한 사자구(四字句)를 나열한 후 후손에게 하는 당부의 말로 비결을 마무리하고 있다.[41]

　그 구성과 내용으로 본다면『서계가장결』의 실제 지은이를 서계라 볼 확실한 근거는 없다.[42] 그런데도 현재까지 서계의 저작으로 말해지는 것은 아마도 서계의 예지력에 관한 서사 때문일 것이다.[43] 서계는 토정 이지함(李之菡, 1517~1578)의 제자인 서기(徐起, 1523~1591)와 박지화(朴枝華, 1513~1592)를 직접 찾아가 그들의 문하에서 수학했는데 당대에는 박지화와 함께 역학의 쌍벽으로 일컬어졌다고 전해진다. 이는 1602년 주역(周易)의 주를 교정하기 위한 설국(設局)이 있자 역학에 밝은 자를 가려 그 일을 담당하게 하였는데 서계가 우선하여 선발된 사실에서도 입증된다. 이와 연관되어 그의 예지력에 관한 일화가 조선왕조실록과 묘갈명(墓碣銘)에 다음과 같이 전해져 온다.

지 않은 곳으로 보인다.

41 『서계가장결』끝부분에 "略陳來事 以曉後生 一念在玆須從此示(간략히 앞일을 늘어놓으니 후손들에게 일러주어 일념으로 잊지 말고 반드시 이 가르침을 따르라)"라는 글이 있다.

42 백승종은 이에 대해 19세기 후반 그 이름을 빌려 위작한 것으로 보았다. 하지만 서계가 활동하던 시대의 사정을 반영하는 부분과 그 특징으로 본다면 서계의 본뜻을 담고 있는 대목도 있을 것으로 추정했다. 백승종, 「백승종의 정감록 산책 (29) 이득윤과 '서계이선생가장결'」,《서울신문》, 2005.7.28, 26면 참조.

43 『서계선생문집』의 행장과 묘갈명, 규장각의『서계가장결』해제, 한국고전번역원의『서계선생문집』해제, 그리고 이종관의 연구를 기초로 하여 작성되었다.『서계집(西溪集)』은『서계선생문집』이라고도 한다. 이종관, 「청주 사림의 학맥과 서계 이득윤과의 관계에 대한 연구」,『Journal of the Korea Academia-Industrial cooperation Society』16-2 (2015) pp.1092-1100 참조.

괴산 군수(槐山郡守) 이득윤(李得胤)이 죽었다. 처음의 이름은 덕윤(德胤)이고 자는 극흠(克欽)으로 경주인(慶州人)이다. … 서울에 와 사은하는 길에 도성 사람들의 음성을 듣고는 사람들에게 말하기를, "아직도 쇳소리가 거세게 나오고 있으니, 난리가 끝이 안 났다." 하였는데, 정묘년에 이르러 그가 한 말이 과연 들어맞았다.[44]

내가 계해년 겨울 예문관(藝文館)에 있을 때 일찍이 공의 상소를 보았는데 비록 상세하지 않지만 대략 오음(五音)으로 사람들을 살피니 조화를 잃어 변란이 있을까 두렵다는 내용이었다. 역적 이괄(李适)의 반역 기미가 없을 때였기에 이를 마음속으로 괴이하다 생각했다.[45]

이상의 서사들은 대부분 서계가 역학에 능통한 당대 최고의 학자 중 하나였으며 미래를 예지하는 능력을 지녔던 기인이었음을 자타모두 인정하고 있었다는 사실을 잘 보여준다. 결국, 서계가 지닌 서사가 그가 『서계가장결』을 저술했다는 주장의 개연성을 강화했고 『서계가장결』이 『정감록』으로부터 그 독립성을 장시간 확보할 수 있도록 이바지했다. 더불어 말세의 징후를 전쟁에서 찾는 『정감록』과는 달리 전염병과 자연재해에서 찾고 부지런히 농사를 짓는 것이 말세를 헤쳐나가는 최고의 방법이라 주장하여[46] 그 사상적 지향점을 『정감록』 달리했다는 점도 『서계가장결』이 독립성을 유지할 수

---

44 『인조실록』, 인조 8년 (1630) 5월 28일.
45 이경석, 「묘갈명병서(墓碣銘并序)」, 『서계선생문집』 4권.
46 백승종, 앞의 글, 참조.

있었던 중요한 이유가 되었을 것이다.

결론적으로, 『전경』 예시 84절의 한시를 증산이 『정감록』에서 인용한 것이라고 하는 것은 부정확한 것이다. 이 한시는 통상 서계 이득윤이 지었다고 민간에 알려진 비결시이며 증산이 활동하던 시기에도 서계의 저작으로 회자하였던 『서계가장결』에 수록되어 있었다. 그러므로 시대의 지평에서 보면 증산이 외운 옛글은 정확하게는 『서계가장결』의 〈삼도봉시〉 마지막 8구를 변용한 것으로 보아야 한다.

Ⅲ. 대순사상과 『정감록』의 관계

이상에서 살펴보았듯이, 증산이 "『정감록』의 예언 사상에 심취하였으며 상당한 영향을 받았다."라는 주장의 근거가 된 한시는 정씨의 계룡산 건국설을 주제로 하는 조선 시대 원(源) 『정감록』과는 관계가 없음이 밝혀졌다. 따라서 해당 한시를 근거로 증산 및 대순사상과 『정감록』 간 교집합이 존재한다는 주장은 그 근거를 잃는다.

하지만 증산의 『정감록』 인용이 이 한시에만 한정된 것이 아니라는 반론도 존재할 수 있다. 실제로 이러한 주장은 이미 전개되었다. 대표적인 것이 바로 "불지형체선지조화유지범절(佛之形體仙之造化儒之凡節)", "… 천개어자 … 지벽어축 … 인기어인(… 天開於子 … 地闢於丑 … 人起於寅)"[47],

---

47 『전경』, 공사 3장 39절.

"··· 모악산하(母岳山下)에 금불(金佛)이 능언(能言)하고 ···"[48] 등의 증산
이 남긴 글과 비결시의 주요 내용이『정감록』에서 기원한다는 주장
이다.[49] 하지만 이 세 가지 어구를 통해 대순사상과 정감 비결의 유
사성을 차이의 관점에서 보면 양자 사이에는 교집합의 관계는 없다
는 것이 확인된다.

먼저 "천개어자 지벽어축 인기어인(天開於子 地闢於丑 人起於寅)"의 어
구를 살펴보자. 이 어구는『정감록』의 이본으로 평가되는『징비록』,
『운기구책』,『요람역세』등에 수록되어 있는데[50] 이것 들이 증산보
다 앞선 시대에 성립된 것이라 가정하더라도 증산이 이를 인용하였
다고 하는 것은 논리적 허점을 지닌다. 증산이 이 어구를『정감록』에
서 인용했다고 주장하는 연구자 들도 인정하듯이 이 어구는 소강절
의『황극경세서』에 나오는 말이기 때문이다. 주자학이 통치 이념이
었던 조선 시대의 지평에서 본다면 이 어구는 일상적으로 쓰이던 말
인 것이다. 춘향전이라는 대중 소설과 판소리에서조차 재담으로 사
용되던 유명 어구를[51] 증산이『정감록』에서 인용하였다고 주장한다
는 것은 증산의 사상 전체의 맥락을 전혀 고려하지 않은 것이다. 증
산이『정감록』에 심취하였다는 결론을 이미 내린 채 그 사상을 연구
힌 결과이다. 증산은 소강절을 예시에 있어 죄고의 인물로 평가했고

---

48 같은 책, 예시 14절.
49 김탁,「한국종교사에서의 증산교와 민간신앙의 만남」,『신종교연구』2 (2000),
   pp.220-226; 김탁,『일제강점기의 예언사상』, p.331, p.336 참조.
50 안춘근 편, 앞의 책, p.485, p.501, p.515.
51 "천개자시생천 하니 태극이 광대 하늘 천, 지벽축시생후 하니 오행팔괘로 따 지"
   김진영 외 역주,『춘향가 명창 장자백 창본』(서울: 박이정, 1996), p.55.

소강절의 사상을 계승한 주자를 유교의 종장으로 임명하기까지 한다.[52] 굳이 증산이 이 어구를 『정감록』의 맥락에서 인용할 이유는 없는 것이다. 이 어구를 통해 우리는 대순사상과 정감 비결이 같은 텍스트를 활용하고 변용하는 관계임을 확인할 수 있을 뿐이다.

두 번째로 "… 모악산하(母岳山下)에 금불(金佛)이 능언(能言)하고 육장 금불(六丈金佛)이 화위 전녀(化爲全女)이라"는 비결시를 살펴보자. 〈이토정비결〉과 『운기구책』에는 증산이 남긴 비결시의 '모악산하(母岳山下)에 금불(金佛)이 능언(能言)하고'와 유사한 표현이 있다. "모악산두 금불능언(어)[母岳山頭 金佛能言(語)] 천관산변(하) 금인봉옥(새)[天冠山下(邊) 琴人奉璽(玉)]"의 구절인데 바로 이어서 또는 몇 구 뒤에 "일룡(뇌)도해삼군[一龍(雷)渡海三軍]"의 어구가 따른다.[53] 증산은 『정감록』의 중요 주제를 함축한 구절을 변용하고 있다. 그렇다면 이를 근거로 증산이 『정감록』의 영향을 깊이 받고 있다고 판단할 수 있을까?

비결서의 어구는 해당 시점이 되면 "모악산 정상의 금불, 즉 미륵 또는 초월적 존재의 계시나 징표가 확실해지면 정씨 진인이 천자의 위에 오르며 해도에 준비된 삼군이 바다를 건넌다."로 해석될 수 있으며 이는 『정감록』의 주제와 직결된 내용이다. 『운기구책』과 〈이토정비결〉은 증산의 생전에도 존재했던 비결들이기에 증산이 이를 본 것은 분명하다. 하지만 증산은 이 어구를 변용하여 사용한다. 뒤집는 것이다. 바로 모악산두를 모악산하로 전환하는데, 이는 모악산의 금불, 즉 미륵으로 상징되는 신적 존재가 천상을 의미하는 산상을

---

52 『전경』, 교법 2장 42절; 교운 1장 65절.
53 안춘근 편, 앞의 책, p.497, p.601 참조.

벗어나 지상을 의미하는 산하에 강림함을 은유한 것이다. 따라서 금불의 천명을 받아 천자에 등극하는 금인은 더는 존재할 필요도 없으며 존재하지 않을 것을 암시한다. 결국, 증산은 변용을 통해 정감의 비결을 해체함으로써 비결을 이용하여 왕조의 교체를 도모하는 이들을 견제하고 있다. 그리고 정치적 담론인 새 천자 등극의 비결 대신 금불, 즉 미륵이 하생하여 강(姜) 성의 인간으로 왔다는 종교적 구원의 메시지를 '화위전녀(化爲全女)'의 어구를 통해 암시한 것이다.[54] 정감의 비결을 이용하여 정감의 비결을 비판하고 새로운 비결을 던져놓은 행위를 『정감록』의 영향으로 볼 수는 없을 것이다.

　마지막으로 "불지형체선지조화유지범절(佛之形體仙之造化儒之凡節)"의 어구를 살펴보자. 이 어구는 대순 신앙과 사상이 지닌 유불선 조화 방식을 특징짓는 매우 중요한 전범이다. 따라서 이 글이 조선 시대 『정감록』에 존재하고 증산이 이를 인용하거나 변용하였다면 『정감록』이 증산에 상당한 영향을 주었다는 주장은 설득력이 있게 된다. 1995년 처음 이러한 주장을 제기한 김탁은 1981년 간행된 『정감록집성』의 『초창결(蕉蒼訣)』에 이 어구가 있음을 지적했다.[55] 필자는 본 연구를 진행하면서 글자의 차이가 있는 다른 필사본도 존재함을 알 수 있었는데 비결의 명칭이 '초창결(蕉蒼訣)'이 아니라 '초창결(蕉窓訣)' 또는 '초창록(蕉窓錄)', '남초창결(南蕉窓訣)'이다.[56] 여러 판본 중 그

54　대순 신앙에서 전녀(全女)는 증산의 성인 강(姜)의 파자로 이해된다.

55　김탁은 다른 비결서인 『요람역세』에도 있다고 했지만, 해당 문헌에서 같은 내용을 발견할 수 없었다. 따라서 "佛之形體儒之風節仙之造化"가 발견되는 비결서는 현재까지 『초창결(蕉蒼訣)』이 유일하다. 김탁, 「한국종교사에서의 증산교와 민간신앙의 만남」, 『월간천지공사』 68 (1995), p.22 참조.

출처가 가장 명확하고 정확하다고 보여지는 한국국학진흥원 소장 『초창록』을 중심으로 하여 여러 판본을 조합하면 해당 내용은 다음과 같다.[57] "大抵鄭氏之運鬼神世界儒佛仙三道(家)合爲一家佛爲宗主無傷殘之事佛之形體儒之風節仙之造化鷄龍山運會白日昇天此此有之矣美哉此時運也擧世都是蓮花世界也[대개 정씨의 운은 귀신 세계로 유, 불, 선 삼도(가)를 합쳐서 일가를 이루는데, 불이 종주가 되어 해치고 죽이는 일이 없다. 불의 형체, 유의 범절, 선의 조화가 계룡산의 운에 모이면 대낮에 하늘에 올라 신선이 됨이 빈번히 있게 된다. 아름답구나! 이때의 운이여! 온 세상 모두 연꽃 세계이다.]" 『정감

---

56 한국국학진흥원에는 2007년 수집 소장된 『초창록』이 있는데 의성 김씨 지촌 김방걸(芝村 金邦杰) 종가가 한국국학진흥원에 기탁한 고문서다. 국립중앙도서관에는 1961년 필사된 『초창록』과 경신년(1920) 필사한 것으로 주장하는 『남초창결(南蕉窓訣)』이 있다. 고서 경매 시장에서도 『초창록』과 『남초창결(南蕉憁訣)』을 볼 수 있다. 『蕉窓錄』 [한국국학진흥원 06447]; 초창, 『蕉窓錄』 (刊寫地未詳: 刊寫者未詳, 1961) [국립중앙도서관 청구기호 古1496-54]; 남도순 편, 『南蕉窓訣』 [국립중앙도서관 청구기호 古1496-45] 참조.

57 한국국학진흥원 소장 『초창록』은 의성김씨 종가에서 소장하고 있던 기록으로 다른 비결서와 합본되어 있지 않으며 중간 중간 『초창결』에 나타나지 않는 내용이 보인다. 특히 뒤로 『초창결』에 없는 200-300 글자가 더 있다. 또한 글의 마지막에 쓰여진 시기와 저자가 기술되어 있다. 더하여 다른 판본과 달리 1977년 공개된 『격암유록』이라는 서명을 언급하지 않고 모두 『격암록』으로 표기하고 있다. 이로 본다면 『격암유록』이 알려지지 않았을 시점에 필사된 것으로 보인다. 따라서 현 시점에서는 가장 필사 시기가 오래되었다고 할 수 있다. 국립중앙도서관 소장 『남초창결』은 한국국학진흥원 소장 『초창록』과 유사하나 누락된 부분이 일부 있어 보인다. 서문에 저술된지 300년 후인 경신년(1920) 필사한 것으로 되어 있다. 하지만 서문 자체에 만주국 성립을 의미하는 만몽합국의 비결을 근거로 이 비결서의 정확성을 평가하고 있어서 만주국 성립시기인 1931보다 필사년이 이를 수는 없는 판본이다. 1998년 국립중앙도서관에 고서로 등록된 『초창록』은 신축년(1961) 필사되었음을 알 수 있고 한글로 된 약초재배법이 합본되어 있어 그 필사시기가 『남초창결』보다 이를 수는 없다. 특히 국립중앙도서관 소장 두 필사본은 모두 1977년 공개된 『격암유록』을 그 내용에 언급하였기에 그 필사 시기가 한국국학진흥원 소장본 보다 더 뒤일 것으로 추정된다. 『蕉窓錄』 [한국국학진흥원 06447]; 안춘근 편, 앞의 책, pp.157-174; 남도순 편, 『南蕉窓訣』; 『蕉窓錄』 (刊寫地未詳: 刊寫者未詳, 1961) 참조.

록집성』의 『초창결(蕉蒼訣)』은 '儒之凡節'을 '儒之風節'로 표기하고 있다는 점에서 김탁은 증산이나 종도들이 풍(風)을 범(凡)으로 잘못 옮겼다고 주장했다.[58] 하지만 필사시기가 더 오래되었다고 판단되는 판본은 대부분 유지범절로 필사되어 있다. 따라서 오히려 이 비결서 필사와 전승과정에서 '유지범절'이 '유지풍절'로 오기되었다고 보는 것이 합리적이다.[59]

비결의 서두에 반계공, 즉 실학자인 반계 류형원(柳馨遠, 1622~1673)의 아들이 반계가 은거한 옹정 4년, 반계를 시종하며 미래에 대해 문답한 것을 기록했음을 밝히고 있기에 '초창'은 류형원의 외아들인 류하(柳壆, 1642~1699)의 호로 봐야 한다. 하지만 판본중에 자신들의 성을 남씨라고 하거나 초창을 격암 남사고의 후손이라 한 판본이 있기 때문에 이 역시 모순된다. 이 비결을 실제 류형원과 아들 류하나 남사고 후손의 문답으로는 생각할 수는 없다. 문답이 이루어진 시점인 옹정 4년은 1726년으로, 류형원과 류하 모두 사망한 후다.[60] 사후인 영조 시대 크게 이름을 떨친 반계의 명성에 기대어 가탁한 비결로 보인다.

이에 근거하여 『초창결』의 성립연도를 옹정 4년, 또는 반계가 명성을 일은 영조시내 이후인 18세기 초중반으로 주론할 수도 있다. 하지만 그 내용상 18세기에 이루어진 문답으로 보기 어려운 용어와 역사적 사실이 많이 등장한다. 18세기의 예언으로는 믿기 어려울 정

---

58 안춘근 편, 앞의 책, p.171; 김탁, 앞의 글, p.22 참조.
59 『초창록』, 『남초창록』은 대부분 유지범절로 표기되어 있으며 한국국학진흥원 소장본은 절(節)자가 누락되어 있다.
60 안춘근 편, 앞의 책, p.157 참조.

도로 19세기 후반부터 1950년대까지의 역사적 사실들과 고유명사
및 개념들을 매우 정확하고 구체적으로 기술하고 있는 것이다. 대표
적으로 19세기 말 20세기 초에 등장하는 동학(東學), 광무(光武), 선통
(宣統) 등의 고유명사를 비결서 특유의 은유나 암시 없이 밝히고, 양
요(洋擾), 외척의 전횡과 군란, 고종의 칭제와 관제개혁, 외국과의 조
약에 따른 국채 증가와 국고 고갈, 의병의 발호와 실패, 이토 히로부
미의 국권 찬탈, 고종의 선위, 융희(隆熙) 4년의 국권 침탈[일한연합], 오
백 년 종사(宗祀)의 종말, 구학문 철폐 신학문 수립, 동북 천 리의 철마
왕래와 성시와 도회지의 전등 연결, 비대면 만국 통신과 비행기의
등장, 선통제 폐위와 청의 종말, 만주국 건립과 선통제 복위, 중일 전
쟁, 남북 수도의 철수와 폐허, 국부(國府) 이전 등의 역사적 사실들이
정확히 예언되고 있는 것이다.[61]

실제 역사를 기록했다고 할 만큼의 정확성을 지닌 비결서 『초창결』
이 19세기 말 20세기 초에 나타났다면 아마도 시대의 화제가 되었을
것이다. 하지만 그런 일은 발생하지 않았다. 그 예언의 정확성을 확인
할 수 있었던 한계 시점인 1950년 이전에 『초창결』은 공개된 적이 없
었기 때문이다.[62] 결국, 『초창결』은 빨라도 1950년대 이후에 기존 저
본이나 다른 비결서를 창작 수준으로 재편집하면서 탄생했을 가능성

---

61 같은 책, pp.158-162 참조. 증산이 『초창결』을 인용하였다고 주장한 김탁 역시 초
  창결의 이러한 문제점을 상세히 지적하고 있다. 김탁, 『일제강점기의 예언사상』,
  pp.35-37 참조.
62 처음 『초창결』이 알려진 시기는 1960년대라고 보아야 할 것이다. 『초창결』의 다
  른 판본이라 할 수 있는 『초창록』 중에는 1961년 필사된 것이 존재한다. 『蕉窓錄』
  (刊寫地未詳: 刊寫者未詳, 1961) 참조.

이 큰 것이다.[63] 100% 적중에 가까운 1950년 이전의 예언과는 달리 그 이후의 예언은 대부분 실현되지 않았다는 사실과[64] 『초창록』에서 진경(眞經)의 소재를 기재한 책으로 지칭된 『격암록』이 일러야 1950년 을 전후로 그 존재와 내용이 공개된 것도 이를 뒷받침한다.[65]

『초창결』이 기존의 비결서나 저본을 토대로 재편집 된 연유는 무엇일까?『초창결』에 나타나는 다음의 몇 가지 예언이 이에 대한 해답을 제시해 줄 수 있을 것이다.

① 진주(眞主)는 하늘이 내린 성인(聖人)이다.

② 말년에 하늘에서 내린 질병은 큰 나라도 그 명을 보존하기 어렵다. 병명이 없는 급질은 산사태와 해일처럼 세계를 휩쓴다.

---

63 김탁은 초창결의 필사 시기를 1930년대 이후로 보고 있다. 김탁, 앞의 책, p.37.

64 국부(國府), 즉 국가 기관의 부산 이동[국부이산(國府移山)] 이후 예언은 급질의 발생, 2차 중일 전쟁, 천안 이북 호병 점령, 세계대란 발생, 팔정지란(八鄭之亂)[정씨 8명, 이씨 7명, 조씨 2명 간의 쟁투], 생존한 3명 호걸의 집권과 전횡, 정씨 진주의 남해안 상륙, 금산사 도량 설치, 세 호걸 제거, 계룡산 도읍, 800년 왕조 등등이다. 안춘근 편, 앞의 책, pp.166-174 참조.

65 『초창록』에는 "참된 경이 어디에 존재하는가?" 하는 물음에 "『격암록』이라." 답하는 내용이 있다. 『蕉窓錄』 참조. 따라서 논리적으로는 『격암록』이 『초창결』 보다는 앞서 존재해야 한다. 『격암록』은 그 성립 시기를 정확히 알 수 없다. 최중현의 연구에 따르면 증언들이 모두 진실되다고 하더라도 『격암록』은 일러도 1940년대가 뇌어야 그 존재가 확인된다. 최중현, 「『격암유록』 이용세본의 저본(底本)들에 관한 소고」, 『신종교연구』 10 (2004), pp.113-121 참조. 『격암유록』의 경우는 시기가 더 늦다. 김하원에 따르면 『격암유록』은 전체가 조작된 것이기에 그 쓰인 시기를 증산이 활동하던 시대 이전으로 보는 것은 어렵다. 김하원, 『격암유록: 위대한 가짜 예언서』 (서울: 도서출판 만다라, 1995) 참조. 『격암유록』 전체가 조작되었다 단정할 수 없음을 주장한 최중현에 따르더라도 현 『격암유록』은 1960년 이후 여러 비결서 저본들을 재편집해 등장한 것이다. 인터뷰와 문헌분석을 통해 『격암유록』을 분석한 최중현은 『초창결』과 『격암유록』 중 어느 것이 앞서 존재했는지에 관해서는 유보적 견해를 표한다. 최중현, 「저본들과의 비교에서 드러나는 『격암유록』 편집내역」, 『신종교연구』, 19 (2008), pp.268-309 참조.

③2차 일중간의 전쟁으로 천안 이북은 호병이 가득하게 된다.

④ 진주가 출세하여 금산사에 도량을 펴 창생이 요순세계를 만나도록 한다.

⑤ 성인이며 신도 알지 못하는 신술을 사용하는 진주를 2존사, 12신인, 800법사가 따른다.[66]

위의 예언들을 통해서 본다면 일제 강점기까지도 풍수도참에 기반하여 역성 혁명의 정치적 이데올로기로 기능했던 정씨 계룡산 도읍설은 『초창결』에 이르러서는 질병과 전쟁에서 창생을 구제하여 지상 낙원으로 인도하는 신과 같은 권능을 지닌 진주의 출현이라는 종교적 담론으로 진화하고 있다. 이것은 동학에서 시작되어 증산 종단으로 이어진 개벽설과 지상천국 실현의 종교적 구원신앙이 『정감록』의 혁세 담론과 융합된 결과로 볼 수 있다. 동학과 증산 종단의 종교 운동에 의해 구원신앙이 광범위하게 공유되었고 이는 민중들에게 큰 영향을 주었던 정감 비결과 상호 작용을 한 것이다.[67] 특히 1910년대부터 1930년대 중반까지 한국 사회에서 민중들의 지지를 얻던 증산 종단들의 교리와 예언들도 이후 비결서들과 융합되었음을 추측할 수 있다.[68]

---

66 안춘근 편, 앞의 책, pp.163-174 참조.

67 김탁, 앞의 책, pp.248-504 참조.

68 최중현의 연구에 따르면 1955년 태극도의 오경석이라는 인물이 포교를 위해 소지하고 다니던 필사 자료가 『격암유록』의 중요 저본 중 하나가 되었다. 그에 따르면 이 자료는 현재 대순진리회의 류 모 씨가 소장하고 있다고 한다. 이러한 사실은 『초창결』과 깊은 관련을 지닌 『격암유록』의 편집에 증산으로부터 기원된 문헌이 사용되었을 개연성을 잘 보여주므로 초창결의 편집에도 증산이 남긴 교리나 예언이

위에 나열한 『초창결』 내용이 증산의 예언과 큰 틀에서 유사성을 보여줌은 이를 뒷받침한다. 진법을 세우고 도통을 행하는 진주의 출현, 피하기 어려운 병겁인 급살병의 도래, 두 번의 청일 전쟁과 한수 이북 호병 침입, 금산사에서 시작되는 조화 세상과 다시금 출현하는 요순의 도, 무소불능의 경지에 이른 12,000의 도통군자의 출현과 지상 낙원 건설 등은 이미 증산이 생전에 예언한 것들로 위에 나열한 초창결의 예언과 궤를 같이하는 것이다.[69]

이러한 관점에서 본다면 빨라도 1950년대에 재편집되었다고 볼 수 있는 비결서인 『초창결』에 증산의 "불지형체선지조화유지범절(佛之形體仙之造化儒之凡節)"이 수록되어 있는 것은 증산이 『정감록』에 영향을 받았다는 증거라기보다는 오히려 증산의 사상이 『초창결』에 영향을 주었다는 증거이다. 이 외에도 증산이 쓴 글귀인 "귀신세계(鬼神世界)"나 "시유기시 인유기인[時有其時 人有其時]"이라는 시가 초창결에도 나타나는 것은 우연은 아닐 것이다.[70] 결국 "불지형체선지조화유지범절(佛之形體仙之造化儒之凡節)"의 어구는 대순사상이 새로운 정감 비결 구축에 영향을 미치는 역방향 관계를 우리에게 보여준다.

직간접으로 활용되었을 것이다. 최중현, 앞의 글, pp.281-283; 최중현,「『격암유록』 이용세본의 저본(底本)들에 관한 소고」, pp.114-115 참조. 동학의 경전과 비결서의 융합에 대해서는 최중현이 밝힌 바 있다. 최중현은 『초창결』과 깊은 관련을 지닌 『격암유록』의 편집에 동학의 경전인 『용담유사』의〈교훈가〉가 저본으로 사용되었음을 밝혔다. 최중현,「저본들과의 비교에서 드러나는 『격암유록』 편집내역」, p.283 참조.

69 『전경』, 행록 2장 16절; 5장 29절; 공사 1장 36절; 교운 1장 9절; 34절; 38절; 41절; 42절; 46절; 권지 1장 11절; 예시 1절; 14절; 15절; 17절; 43절; 45절 참조.

70 같은 책, 예시 46절; 대순종교문화연구소, 『증산의 생애와 사상』, (서울: 대순진리회 출판부, 1979), pp.103-104; 안춘근 편, 앞의 책, p.163, p.171 참조.

증산이 일관되게 『정감록』에 대해 부정적이었음은 정씨의 계룡산 도읍 비결에 대한 일화로도 명확히 알 수 있다.[71] 증산은 '계룡산(鷄龍山)에 정씨가 도읍하는 비결', 즉 『정감록』이 현실성이 없는 허황한 비결이며 미래에 대한 식견이 부족한 담론임을 지적한 것이다. 이와 같은 직접적인 비판 외에도 은유로써 『정감록』의 실패를 예언하기도 한다. 바로 "속담에 짚으로 만든 계룡(鷄龍)이라고 하는데 세상 사람은 올바로 일러 주는 것을 깨닫지 못하는도다."는 언설이다.[72] 증산은 시속의 유행어인 '짚으로 만든 계룡(鷄龍)'을 '계룡산(鷄龍山)에 정씨가 도읍하는 비결'의 허망함으로 해석하고 『정감록』의 비결이 실현되지 못할 것을 암시한다. 하지만 대중들의 『정감록』에 대한 맹신이 사라지지 않을 것 또한 예상하면서 이를 안타까워한 것이다.

증산에게 정감의 노래, 『정감록』은 '이(李)씨가 정(鄭)씨의 화를 받는' 역성(易姓)혁명과 같은 상극을 초래하고, 더 나아가 후천의 정사를 어지럽힐 수 있는 역도(逆度)를 의미했기에 공사를 통해 그 기운을 풀어 소멸시켜야 하는 매우 중대한 문제였다.[73] 따라서 『정감록』의 예언을 활용하여 자신의 사상을 구축하거나 설파할 이유는 없었다. 재민 혁세(災民革世)를 비판하고 상생(相生)의 도를 통한 화민 정세(化民靖世)를 지향한 증산이 역성(易姓)혁명의 중심 이데올로기로 활용되던 『정감록』의 비결에 대해 표리부동의 모순된 입장을 가졌다고는 생각하기 어렵다.[74] 이는 당시 통치 이데올로기를 제공했던 경전 『맹자』

---

71 『전경』, 교법 3장 39절; 40절 참조.
72 같은 책, 예시 65절.
73 같은 책, 행록 5장 33절; 공사 2장 19절; 공사 3장 19절 참조.
74 같은 책, 교운 1장 16절 참조.

조차도 가차 없이 비판한 증산의 언행을 본다면 수긍하기 어려운 것이다.[75]

Ⅳ. 맺음말

이상에서 증산이 『정감록』에 심취하고 그 담론을 활용하여 자신의 사상을 전개하였다는 주장을 원점에서 재검토한 결과는 명확하다. 문헌의 맥락에 대한 종합적이고 심도 있는 연구 없이 기계적인 비교 만을 통해 사실관계를 오인했다는 것이다. 연구 결과를 다시 정리하는 대신 유사한 연구에 있어서 어떠한 관점과 방법이 더욱 종합적인 대순사상 이해에 도움이 될 것인지에 대해서 본 연구에서 검토된 증산의 비결시를 통해 시론적인 논의를 하는 것으로 결론을 대신하고자 한다.

『전경』 예시 84절의 한시 원형이 서계 이득윤의 저작인지는 충분히 명확하지 않다. 그렇다면 원래 한시의 의미와 맥락을 서계를 통해 추론하고 이를 기반으로 증산의 은유가 무엇인지를 추론하는 것은 큰 의미가 없다고 주장할 수 있을 것이다. 하지만 증산은 역사적 서사와 설화적 서사가 공존하는 경우 원의 서사, 즉 원한을 지닌 약자에 의해 전승된 서사를 채택하고 이를 기반으로 천지공사를 전개한다. 대표적으로 진묵의 일화가 이를 잘 보여준다. 역사적 서사와

---

75 같은 책, 행록 3장 50절 참조. 증산이 맹자의 사상에 부정적이던 것은 최초로 역성혁명을 정당화한 맹자의 사상에도 기인할 것이다.

는 정반대인 설화적 서사를 기반으로 진묵을 해원하는 것이다.[76]

이러한 관점에서 본다면 증산에게 한시와 관계된 역사적 서사는 중요하지 않은 것이다. 증산은 한시에 얽힌 당대의 담론을 활용할 뿐이다. 조선 시대 대부분 비결은 비주류나 약자의 것이었고 따라서 비결시의 저자가 이들에 의해 서계로 믿어졌다면 증산은 이 믿음을 선택하고 관련 서사를 공사에 활용했을 것이다. 따라서 예시 84절의 한시가 지닌 의미와 그 사상적 특징을 밝히기 위한 사전 작업으로 서계가 지닌 서사를 대순사상의 관점에서 종합적으로 검토하는 것이 증산의 문헌을 통해 그 사상을 연구하는 하나의 방법이 될 수 있을 것이다. 이에 대한 많은 후속 논의가 이루어지길 바란다.

참고문헌

『전경』, 여주: 대순진리회 출판부, 2010.
대순종교문화연구소, 『증산의 생애와 사상』, 서울: 대순진리회 출판부, 1979.
『南師古秘訣』
『南蕉窓訣』
『道宣秘訣』
『杜師聰秘訣』
『無學秘記』
『北窓秘訣』
『秘訣輯錄』
『備邊司謄錄』

---

76 이병욱은 진묵에 관하여 역사적 서사와는 다른 신화적 서사를 대순사상이 활용하고 있음을 주장한다. 이병욱, 「불교와 대순사상에 나타난 진묵설화의 차이점」, 『대순사상논총』 29 (2017), pp.141-170 참조.

『西溪家藏訣』

『西溪先生文集』

『西山大師秘訣』

『承政院日記』

『英祖實錄』

『仁祖實錄』

『鄭鑑錄』

『鄭鑑錄』(1913)

『鄭鑑錄解題』

『蕉窓錄』

『蕉窓錄』(1961)

『土亭家藏訣』

細井肇 編著, 『鄭鑑錄』, 東京: 自由討究社, 1923.

김방룡, 「증산사상의 연구 동향과 대순사상의 학문적 과제」, 『대순사상논총』 20, 2009. http://uci.or.kr/G704-SER000013278.2009.20..005

김성환, 「한국 선도의 맥락에서 보는 증산사상」, 『대순사상논총』 20, 2009. http://uci.or.kr/G704-SER000013278.2009.20..008

김신회, 「'정감록' 기억의 형성과 예언서 출현: 1739년 이빈(李濱) 사건을 중심으로」, 『한국문화』 84, 2018. https://doi.org/10.22943/han.2018..84.007

김용주 편, 『鄭鑑錄』, 京城: 漢城圖書株式會社, 1923.

김진영 외 역주, 『명창 장자백 창본 춘향가』 서울: 박이정, 1996.

김탁, 「증산 강일순이 인용한 한시 연구」, 『한국종교』 19, 1994.

____, 「한국종교사에서의 증산교와 민간신앙의 만남 – 비결신앙」, 『월간천지공사』 68, 1995.

____, 「한국종교사에서의 증산교와 민간신앙의 만남」, 『신종교연구』 2, 2000.

____, 『조선의 예언사상』, 성남: 북코리아, 2016.

____, 「정감록 출현의 역사적 과정과 의의」, 『충청문화연구』 20, 2018.

____, 『일제강점기의 예언사상』, 성남: 북코리아, 2019.

백승종, 「백승종의 정감록 산책 (19) 1923년 일본인들의 정감록 처형」, 《서울신문》, 2005.5.19.

____, 「백승종의 정감록 산책 (20) 현대판 정본 정감록의 배후를 찾아라」, 《서울신문》, 2005.5.26.

____, 「백승종의 정감록 산책 (29) 이득윤과 '서계이선생가장결」, 《서울신

문》, 2005.7.28.

_____, 『한국의 예언 문화사』, 서울: 푸른역사, 2006.

안춘근 편, 『정감록집성』 서울: 아세아문화사, 1981.

윌리엄 페이든, 『비교의 시선으로 바라본 종교의 세계』, 이진구 옮김, 파주: 청년사, 2004.

이병욱, 「불교와 대순사상에 나타난 진묵설화의 차이점」, 『대순사상논총』 29, 2017. https://doi.org/10.25050/jdaos.2017.29.0.141

이종관, 「청주 사림의 학맥과 서계 이득윤과의 관계에 대한 연구」, 『Journal of the Korea Academia-Industrial cooperation Society』 16-2, 2015. https://doi.org/10.5762/KAIS.2015.16.2.1092

최중현, 「『격암유록』 이용세본의 저본(底本)들에 관한 소고」, 『신종교연구』 10, 2004.

_____, 「저본들과의 비교에서 드러나는 『격암유록』 편집내역」, 『신종교연구』 19, 2008. https://doi.org/10.22245/jkanr.2008.19.19.268

한승훈, 「조선후기 변란의 종교사 연구: 추국 자료로 본 반란과 혁세 종교」, 서울대학교 박사학위 논문, 2019.

현병주 편, 『批難鄭鑑錄眞本』, 京城: 槿花社, 1923.

《한국민족문화대백과사전》 http://encykorea.aks.ac.kr

제2장

증산과 『영보국정정편(靈寶局定靜篇)』

Ⅰ. 머리말

대순진리회의 신앙과 사상, 즉 대순신앙과 대순사상 연구에 『영보국정정편(靈寶局定靜篇)』은 지금까지 주목되거나 참조된 바가 없는 문헌이다. 하지만 2000년을 전후로 일부 증산 종단에서 『영보국정정편』이라는 문헌을 중요시하는 경향이 강하게 나타나고 있다는 점에서[1] 대순종학 차원에서 이 문헌에 관한 해제 작업의 필요성은 높아지고 있다. 특히 증산이 구축한 주문 수행법과 『영보국정정편』이 깊은 관련을 지니고 있다는 주장이 전개되고 있다는 사실에 주목할 필요가 있다.

이러한 주장은 대표적으로 안동준과 일부 원불교 교학자, 그리고

---

1 가장 대표적인 종단으로는 증산도를 들 수 있다. 증산도는 2001년 『주문 · 영보국정정지법』을 출판하면서 『영보국정정편』을 영보국정정지법으로 명칭하면서 전수내력, 본문, 해설을 수록하였다. 또한 2016년에는 별개로 『영보국정정지법』을 발행하면서 영문으로 번역까지 했다. 세종출판기획 편, 『주문 · 영보국정정지법』 (서울: 대원출판, 2001); 상생출판 편, 『영보국정정지법』 (대전: 상생출판, 2016) 참조.

교단으로는 증산도가 전개하고 있다.[2] 안동준은 증산 종단의 하나인 삼덕교의 교주 허욱이 『영보국정정편』으로 도통하였다는 사실을 기반으로 증산이 모악산 대원사에서 행한 수련의 법문이 『영보국정정편』이라 추측했다.[3] 또한 그는 증산이 "항상 종도들을 돌려 앉치고 몸을 요동하지 못하게 하고 잡념을 떼고 정심할 것을 일렀고', '종도들이 태좌(胎座) 법으로 둘러앉아 있을 때는 언제나 조금도 움직이지 못하도록 하였다"는 전승을 근거로 증산의 수련법이 『영보국정정편』의 법문과 맥락이 통한다고 주장했다.[4] 안동준의 추론을 기반으로 일부 원불교 교학자는 증산이 『영보국정정편』의 저자인 이옥포로부터 이를 전해 받아 도통했다고 추측했으며, 증산이 비장한 『영보국정정편』이 강순임을 통해 정산 송규에게 전해져 원불교에 유입되었다고 주장했다.[5] 한편 증산도는 증산이 이옥포나 그 제자 이치복을 통해 이를 전해 받아 보관하였으므로 그 가치를 인정했다고 추론하고 '영보국정정지법(靈寶局定靜之法)'이 태을주 주문과 만나면 새로운 수행문화가 창출될 것이라는 주장을 전개하고 있다.[6]

　만약 증산의 수행법과 『영보국정정편』이 밀접한 관계가 있다는 추론의 신빙성이 높다면 『영보국정정편』은 대순신앙과 사상 연구에도 중요한 문헌으로 인정되어야 하며 심도 있게 연구될 필요가 있을

---

2 원불교 교학자 중 대표적인 이는 박용덕이다.
3 안동준, 「수심정경의 연원에 대해서」, 『원보』 44 (익산: 원불교사상연구원, 1998), pp.108-109 참조.
4 안동준, 「수심정경의 도교적 연원」, 『원불교학』 8 (2002), p.132 참조.
5 박용덕, 「정산종사 성적을 따라서 (7)」, 《원불교신문》 976, 1998.7.31 참조.
6 세종출판기획 편, 앞의 책, pp.91-93; 상생출판 편, 앞의 책, p.9 참조.

것이다. 하지만, 이 추론이 개연성이 없거나 사실로 보기 어렵다는 것이 밝혀질 경우 증산과 『영보국정정편』의 연관성을 기반으로 하는 기존의 주장이나 연구는 전면적으로 재검토되어야 하며, 『영보국정정편』이 대순종학 연구에 활용될 근거는 사라지게 된다.

따라서 대순종학의 연구 기반을 보다 확고히 하고 기초 자료의 범위를 보다 엄밀하게 규정하기 위해서는 증산의 수련법과 『영보국정정편』, 더 나아가 증산과 『영보국정정편』이 실제 직접적이고 밀접한 관련이 있는지를 명확히 할 필요가 있다. 이러한 필요에서 본 연구는 위 주장이 기반하고 있는 추측이나 전승의 사실관계에 대해 고증하여 그 진위를 밝히고자 한다. 또한 그 진위를 기반으로 어떠한 맥락과 의도에서 증산과 『영보국정정편』이 밀접하게 관련되었다는 주장이 전개되었는지를 살펴볼 것이다. 종교현상을 비교 분석할 때 엄밀한 역사적 사실과 맥락에 근거하지 않을 때 나타나는 문제점에 대한 하나의 중요한 사례이고, 20세기 초 한반도에서 발생한 종교 전통 간의 관계를 잘 보여주는 구체적인 실례일 수 있기 때문이다.

이 글은 『영보국정정편』이라는 문헌이 어떠한 문헌인지를 밝힌 후, 증산이 실제 이 문헌을 접했고 활용했다는 주장이 근거가 있는지를 여러 문헌과 전승을 통해 확인하는 순서로 전개될 것이다. 이 과정에서 『영보국정정편』과 관련된 기존의 전승이나 주장이 지니는 문제점이 자연스럽게 드러날 것이다.

II. 『영보국정정편』의 기원과 성격

1. 기원

『영보국정정편(靈寶局定靜篇)』은 증산 사후에 일어난 여러 증산 종 단 중 삼덕교에서 활용된 문헌이다.[7] 삼덕교는 1920년 허욱에 의해 조직된 삼동도방(三棟道房)에서 시작되었다.[8] 허욱은 1914년 이치복 과 김형국으로부터 『영보국정정편』과 증산의 주문(태을주, 칠성주, 서전 서문)을 전해 받았고, 1920년 이치복을 청빙하여 연원법방을 받아 정 식으로 사제의 연을 맺었다고 한다.[9] 『영보국정정편』은 삼덕교의 경 전인 『생화정경(生化正經)』의 말미에 수련법문으로 수록되어 있는데, 마지막에 "道門小子玉圃는 敢發天師之秘하야 記述定靜一部하노 니"라 기재되어 있다.[10] "도문소자 옥포가 감히 천사(天師)의 비밀을 발설하여, 정정(定靜)의 한 부분을 기술한다."는 뜻으로 지은이의 이 름이 옥포임을 알 수 있다.

옥포에 대해서는 삼덕교 내에서 전해지는 바를 통해 추정할 수 있 는데 삼덕교의 창립자인 남송(南松) 허욱(許昱, 1887~1939)이 월암(月岩)

---

7 『영보국정정편』은 1948년 발행된 『남송선생실기』에는 수록되어 있지 않다. 하지 만 1955년 발행된 『생화정경』에는 수록되어 있다. 서상범, 『남송선생실기』(서울: 대법사편찬국, 1948); 서상범, 『생화정경』(전북: 삼덕교교화부, 1955), pp.118- 124.

8 서상범, 『남송선생실기』, p.12; 허환, 『삼덕교사상』(전북: 삼덕교교화부, 1973), p.50 참조.

9 서상범, 『남송선생실기』, p.4, p.11 참조.

10 서상범, 『생화정경』, p.124.

김요관(金堯觀, 김형국, ?~1917)으로부터『영보국정정편』을 받을 당시 전해졌던 이야기가 다음과 같이 전승되고 있다.[11]

先生이 二十八歲인 甲寅年 十二月에 姜甑山 門人 扶安 李石城先生
致福氏와 그 聯臂 長城 金月巖先生 堯觀氏가 來하야 … 月岩 石城 兩丈
은 原來 道士 李石蜂의 門人이라 侍從時에 修道法路를 請問한대 石峰
日 我는 諸君의 指路者而已오 眞法을 傳授하실 이는 後日에 逢하리라
하심으로 臨終時에 다시 請問하니 日日後姜先生이 卽是也라 할 뿐임
으로 己酉年에 李石城이 비로소 全州銅谷 金亨烈家에서 曾山大聖師
를 承顔하시고 卽時 金月岩의게 相通하야 다시 同門之交가 된지라 大
聖師化天하신 後 辛亥年까지 單獨修煉하시다가 癸丑年에 至하야 傳
道運을 보시고 唐神의 道德은 先天工夫法度와 달너 個人으로는 成功
치 못할 것을 思惟하고 廣濟蒼生의 大義를 效則하샤 傳道에 留意하고
各地를 巡歷하심이러라[12]

此靜定篇은 石城李先生과 月岩金先生이 先天陰陽學術에 精通하신
扶安郡 李玉圃先生 門下에 修業할 때에 玉圃先生말삼이 君等이 事師
할 先生은 將次 出世할 姜聖人이시오 나난 그대들의 指路者에 不過라
… 대개 神人合德의 鍊成法度는 … 所入門戶가 多岐하므로 … 靈寶局
을 鍊成하난 捷勁을 指示함이니 君等 誠心修讀하라 하심으로 兩先生

---

11 『삼덕교사 상』에는 김형국이 김요관이 아니라 김요석으로 표기되어 있다. 허환,
   앞의 책, p.7 참조.
12 서상범,『남송선생실기』, p.4.

께서 特別이 先師의게 傳授하신 것임으로 親히 修鍊體得하신 結果 三德敎鍊士의 修鍊法文으로 定하심이시니라[13]

위의 내용을 통해 본다면 『영보국정정편』은 음양학을 공부하고 부안에서 활동한 석봉(石蜂) 이옥포(李玉圃)라는 도사가 쓴 수련법문이며, 자신의 제자였던 이치복, 김형국 등에게 전한 문헌임을 알 수 있다. 이옥포가 평소 제자들에게 자신은 길을 알려주는 사람일 뿐 진법을 줄 사람은 후에 만날 것이라 했으며, 임종 시에 '강선생'이 곧 진법을 줄 사람이라는 말을 남겼다는 일화도 기술되어 있다. 이후 기유년(1909)에 이치복이 증산을 만났다고 기록하고 있는데 이치복은 증산이 화천하기 3개월 전인 기유년(1909) 3월 증산의 문하에 들어갔으므로,[14] 이옥포는 1909년 3월 이전에 별세했음을 알 수 있다. 결국 이옥포는 1900년을 전후로 부안을 중심으로 활동했던 음양술객이자 도사로 조선 도교의 전통을 계승한 이로 볼 수 있다.

이치복과 그의 연비(聯臂)인 김형국이 『영보국정정편』을 유포한 시점은 그들이 대흥리 교단에서 포교 활동을 적극적으로 펼치기 시작하는 1914년이다.[15] 그렇다면 그 이전에 『영보국정정편』이 세간

---

13 서상범, 『생화정경』, pp.2-3.

14 이치복이 증산의 문하에 간 시기는 기록에 따라 차이가 있지만 『증산천사공사기』와 『전경』에 따르면 1909년 3월(음)이다. 이상호, 『증산천사공사기』(경성: 상생사, 1926), p.312; 『전경』 초판, (서울: 서울대학교출판부, 1974), 행록 5장 8절 참조.

15 이치복과 김형국이 삼덕교의 창설자인 허욱을 포교한 시기는 『남송선생실기』, 『생화정경』에는 1914년 12월, 『삼덕교사』에는 동년 7월로 기록되어 있다. 이치복은 1920년 태을교를 경성에서 창립할 때 1.6수의 이치에 따라 증산 사후 6년째인 1914년에 포교를 시작했다고 한 바가 있다. 허환, 앞의 책, p.7; 서상범, 『남송선생실기』, p.4; 서상범, 『생화정경』, p.2; 「甑山先生의 太乙敎가 쏘다시싱겨」, 《매일신

에 유포된 적은 없었을까? 지금까지『영보국정정편』은 이치복을 통해 1914년 허욱의 교단인 삼덕교 전통으로, 정산 송규를 통해 1918년 원불교 전통으로 전해졌다고 주로 알려져 왔다.[16] 하지만 안동준은 이옥포가 활동했던 부안 변산에 문헌이 존재했을 가능성을 제기한 바 있다.[17] 실제로 이러한 추측을 방증하는 필사본이 존재한다. 2022년 국립중앙도서관에 비치된 필사본『영보국정정편』이 바로 그것이다.[18]

[그림 1] 국립중앙도서관 소장『영보국정정편』

필자가 직접 열람한 바, 대부분의 내용이 기존의『영보국정정편』과 동일하다.[19] 하지만 위의 [그림 1]에서 볼 수 있듯이 필사년도가 기축년(1889, 1949)이며, 한문에 구결(口訣)로 토가 달려있고, 전통적인 선장 제본 형식을 갖추고 있어 1949년의 필사본으로 보기는 어렵다. 즉 19세기 말인 1889년의 필사본일 가능성이 크다. 설혹 1949년

보》1920.5.28 참조. 보천교 측에는 김형국이 1915년 차경석을 만났으며, 1916년 이치복, 채사윤과 함께 교에서 자퇴했다는 기록이 있다. 이영호,『보천교연혁사상』(보천교중앙총정원, 1948), p.3b 참조.

16 『영보국정정편』이 정산 송규를 통해 불법연구회로 전해지는 과정에 대해서는 후술할 것이다.

17 안동준,「정정요론의 성립과정과 그 성격」,『한국도교문화의 위상』(서울: 아세아문화사, 1993), pp.375-376 참조.

18 부록에 전체를 수록했다.『영보국정정편』(국립중앙도서관, 古3649-400) 참조.

19 저자 옥포에 대한 부분은 훼손되어 있다.『영보국정정편』(국립중앙도서관, 古3649-400) 참조.

의 필사본이라 하더라도 그 원본은 구결이 사용된 19세기 말의 것임은 명확하다. 따라서『영보국정정편』은 이옥포에 의해 여러 경로로 유포되었을 가능성이 크다. 즉 증산과는 전혀 관계없는 전승 경로가 존재했다고 볼 수 있다.

2. 성격

그렇다면『영보국정정편』은 어떠한 성격의 문헌이기에 19세기 말부터 여러 경로로 세간에 유포되었을까? 이 문헌의 성격에 대해서는 이미 1980년대부터 연구되었지만, 그 원문이 아니라 편집본이라 할 수 있는 원불교의『수심정경(修心正經)』을 통해 분석되었다.[20] 즉 원불교의 수련법문이라 할 수 있는『수심정경』의 기원과 성격을 규명하기 위한 차원의 연구가 먼저 이루어진 것이다.『수심정경』은『정심요결(正心要訣)』로 알려진 문헌에서 기원했다는 것이 전해졌지만,『정심요결』원본은 전해지지 않았고 실제 그 서명도 불명확했다.[21]『정심요결』이『영보국정정편』과 같은 계열의 필사본이라는 사

---

20 김락필,「수심정경의 선가적 성격」,『원불교사상』8 (1984), pp.95-118; 김락필,「초기교단의 도교사상수용」,『원불교사상』10-11 (1987), pp.703-705; 안동준,「정정요론의 성립과정과 그 성격」, pp.371-372; 박용덕,「정심요결 유입과정」,『원광』217 (1992), p.72 참조.

21 순 한문으로 된 책이었다고 알려져 있는데 원본은 전해지지 않는다. 현재는 그 서명이 원래『정심요결』은 아니었던 것으로 추정한다.『정심요결』은 한문으로 된 문헌을 번역하면서 붙여진 서명이며 이후에는『정정요론』으로 불렸다는 것이다. 이공전,「수심정경에 대하여」,『원광』137 (1986), p.63; 박용덕,「통만법명일심의 수양교재《정정요론》」,『원광』216 (1992), p.77; 박용덕,「정심요결 유입과정」, pp.71-72 참조.

실은 1980년대까지 전혀 알려지지 않았다.[22] 따라서 원불교 연구자들이『정심요결』의 번역본인『정정요론(定靜要論)』상권과 편집본인『수심정경』의 성격을 규명하면서 의도하지 않게『영보국정정편』을 간접적으로 연구하게 되었다고 할 수 있다.

『영보국정정편』에 대한 본격적 연구는 1991년 안동준이『정심요결』이『영보국정정편』과 같은 계열의 필사본이라는 사실을 입증하면서 이루어졌다.[23] 이전 원불교에서는『수심정경』의 원본인『정심요결』의 저자로 알려진 옥포가 누구인지를 알지 못했다. 그래서 증산일 수도 있다는 추측까지 하고 있었다.[24] 안동준의 고증으로 옥포는 증산이 아니라 이치복의 스승이었던 이옥포임이 명확해졌다. 이는 원불교 연구자에게는 중요한 전환점이 되었다. 원불교에서 경전적인 지위를 지녔던 문헌이 증산의 것일 수 있다는 가능성에서 해방될 수 있었기 때문이다.[25] 아울러『수심정경』이 선가(仙家)적 성격을 지니고 있었던 이유도 자연스럽게 밝혀졌다.[26]

『수심정경』에 대한 연구는『영보국정정편』에 대한 연구로 전환되었고 그 기원과 성격에 대한 세밀한 분석으로 이어졌다. 1998년에 안동준이 송말 원초의 영보파 도사인 정사초(鄭思肖, 1241~1318)가 남

---

22 김락필,「수심정경의 선가적 성격」, p.96; 이공전, 앞의 글, pp.62-63 참조.

23 안동준,「수심정경의 연원에 대해서」, p.110 참조.

24 이공전, 앞의 글, p.63 참조.

25 이에 대해 안동준은 증산의 수련법문을 원불교에서 차용한다는 시비거리가 해결 국면을 맞이했다고 표현하고 있다. 안동준,「수심정경의 연원에 대해서」, p.108 참조.

26 『수심정경』의 선가(仙家)적 성격에 대해 밝힌 가장 대표적인 연구로는 김락필,「수심정경의 선가적 성격」, pp.95-118 참조.

긴 『태극제련내법의략(太極祭鍊內法議略)』이 『영보국정정편』의 모본(母本)이라 주장한 것이 대표적이다. 그의 주장은 이옥포가 『태극제련내법의략(太極祭鍊內法議略)』을 발췌하면서 영보파 수련법에 관련된 장황한 부분을 대폭 축약하고 『중용』의 지성(至誠)을 서두에 내세워 솔성명덕(率性明德)하는 새로운 수련법문으로 개편하여 『영보국정정편』을 지었다는 것이다.[27] 이 이후의 『영보국정정편』 연구는 대부분 안동준의 주장을 기반으로 전개되었다.[28]

안동준의 분석은 『영보국정정편』의 성격에 대한 탁월한 연구이다. 하지만 『영보국정정편』의 대부분이 『태극제련내법의략』을 발췌한 것이기에 『영보국정정편』이 『태극제련내법의략』을 모본(母本)으로 한 개편본이라는 그의 설명은 오해의 소지가 있어 보인다. 실제 발췌된 부분은 『태극제련내법의략』의 극히 일부분으로, 『영보국정정편』의 20% 정도를 조금 넘는 정도에 불과하다. 『태극제련내법의략』에 없는 유불선 관련 내용도 많다. 또한 『중용』의 지성(至誠)을 서두에 내세웠다는 설명도 『영보국정정편』이 『중용』을 중심으로 집필된 것처럼 여기도록 만든다는 점에서 문제가 있다. 『영보국정정편』의 서두에 나타난 지성지신(至誠至信)은 『중용』의 지성(至誠)과는 결이 다르고, 중심이 되는 개념인 명덕(明德)과 정정(定靜)은 『대학』을 차용

---

27 안동준, 「수심정경의 연원에 대해서」, p.110; 안동준, 「수심정경의 도교적 연원」, pp.134-135 참고.

28 정권주, 「『영보국정정편』의 유가적 수용과 실천」, 『동방한문학』 40 (2009), p.137; 김수인, 「한국 신종교의 선가적 요소」, 『종교연구』 57 (2009), pp.292-294; 김수인, 「소남 정사초의 『태극제련내법』 수행론 연구」 (원광대학교 박사학위 논문, 2011), pp.213-214 참조.

한 것이기 때문이다.[29] 실제『태극제련내법의략』에는 명덕(明德)이나 정정(定淨)의 개념이 나타나지 않는다.[30]

따라서 이옥포가『태극제련내법의략』을 발췌, 개편하여『영보국 정정편』을 지었다는 안동준의 설명은『영보국정정편』집필 목적을 『태극제련내법의략』의 유가적 개편으로 한정할 위험성을 지니고 있다. 즉『영보국정정편』에 대한 연구를『태극제련내법의략』으로만 제한하여『영보국정정편』이 지닌 다양한 면모를 밝히는 데는 오히려 장애가 될 수 있는 것이다. 안동준의『태극제련내법의략』개편 주장 이후『영보국정정편』은『태극제련내법의략』에서 기원한 문헌으로 여겨져『영보국정정편』과 관련이 없는『태극제련내법의략』의 내용까지 관련 연구에 활용되고 있다.[31] 그러므로 문헌 자체에 근거하여『영보국정정편』에 관한 보다 엄밀한 분석이 필요하다고 판단된다.

필자가 분석한 바에 따른다면『영보국정정편』은『대학』의 정(定)과 정(靜), 명덕(明德)을 수용하여 본성(本性)인 영보(靈寶)의 명덕(明德)을 밝히는 것을 수도의 궁극적 지향점으로 세우고,[32] 이를 위해 정정(定

---

29 『大學集註』經文一章, "大學之道는 在明明德하며 在親民하며 在止於至善이니라 … 明德者는 人之所得乎天而虛靈不昧히어 以具衆理而應萬事者也라 … 知止而后 有定이니 定而后能靜하고 靜而后能安하고 安而后能慮하고 慮而后能得이니라 … 止者는 所當止之地니 卽至善之所在也니 知之면 則志有定向이라 靜은 謂心不 妄動이요 安은 謂所處而安이요 慮는 謂處事精詳이요 得은 謂得其所止라."

30 『태극제련내법의략』에 '명덕(明德)', '정정(定靜)'은 나타나지 않는다. 정정(靜定)이 보이기는 하지만 의미는 다르다.

31 대표적으로는 김수인의 연구를 들 수 있다. 김수인,「소남 정사초의『태극제련내법』수행론 연구」, pp.212-219 참조.

32 서상범,『생화정경』, pp.118-124, "定者는 一定於此 … 靜者는 歸於一定而不復動 於他 … 一志立定하고 五心이 不動 … 此皆自明其明德之事也 我旣有此明德하니

淨)을 도달점이자 심법으로 삼고, '태극제련내법' 중 수승화강(水昇火降)의 단전(丹田) 수행을 구체적인 수련 방법으로 제시하면서,[33] 선(禪) 수행의 요체 또한 정정 수행의 심법으로 종합한 수련서다.[34] 따라서 『영보국정정편』은 『태극제련내법의략』을 개편한 수련서라기보다는 유불선의 수행 심법을 유가적 개념인 정정(定靜)으로 종합하면서 『태극제련내법의략』의 연도법(鍊度法)의 일부를 구체적 수련법으로 채택한 수련서라고 설명해야 적절하다.

Ⅲ. 증산과 『영보국정정편』의 관계

『영보국정정편』의 저자인 이옥포가 증산을 알았거나 만났다는 전승은 어디에서도 확인할 수 없다. 이는 제자였던 이치복이 스승인 이옥포가 임종할 때에 가서야 '강선생'에 대해 들었고, 그의 사후인 1909년 3월, 증산이 화천하기 3개월 전 증산의 제자가 된 사실로도 방증된다. 이치복을 증산에게 인도했던 신원일 또한 이옥포의 제자

豈不修煉而明之乎아 此一段事는 自修明德也나 … 靈寶之局은 人人이 各有稟賦
於身內而天素命之니 卽我之本性이라 率性修道하면 明德이 發揮하야 …."

33　같은 책, pp.118-124, "大抵定靜煉度之法은 乃煉自己造化之道니 苟力行之면 心
火下降하고 腎水上昇 … 先行定靜之法은 盖由此事而已니 非定靜이면 水火不昇
降故 … 煉此靈寶者以陰符로 爲定靜之元經하야 …."

34　같은 책, pp.118-124, "禪要에云 大要有三하니 一日大信根이오 二日大愼志오 三
日大疑情이니 疑者는 以信爲体하고 悟者는 以疑爲用이라 信有十分이면 疑有十
分하고 疑得十分하면 悟得十分이라하니 此說은 卽定靜之捷法이라 … 禪要에 日
信有十分하면 疑有十分하고 悟亦十分이라하니指此謂也로다 信可信矣며 誠可
誠矣니 以信定靜하고 以信愼疑하니 非大信이면 誠何久長이리오 一定不變하야
始終如一을 是謂誠也라."

였으나 1905년 초 증산의 종도였던 이환구의 인도로 증산의 문하에 들었다.[35] 하지만 동문이었던 이치복을 1909년에야 증산에게 인도했다. 이 사실도 이옥포가 1905년 이전에는 증산에 대해서 제자들에게 말하지 않았다는 것을 방증한다. 안동준은『영보국정정편』의 유포에 있어서 가장 중심적인 역할을 했던 김형국이 증산의 제자라는 근거에서『영보국정정편』이 증산에게도 전해졌으리라 추론한다.[36] 그러나 김형국이 이치복과 동문인 것은 사실이지만 증산이 화천한 이후 이치복을 통해 증산을 신앙하게 되었기에 그의 추론은 개연성이 없다.[37] 1980년대 이전까지의 증산 관련 전승에서 이옥포에 대한 내용이 전혀 없다는 것도 그와 증산 사이의 직간접적인 접점이 전혀 없음을 잘 보여준다.

증산이『영보국정정편』을 이옥포로부터 직접 전해 받았다는 추측은 원불교 측에서 시작되었다. 원불교의 2대 종법사인 정산(鼎山) 송규(宋奎, 1900~1961, 이하 송규)의 시자였던 이공전이 1986년『정심요결』이 증산이 을축년에 한 노인으로부터 전해 받았다는 책일 수 있다고

---

35 이치복의 전도인인 신원일은 1905년 초에 증산이 김형렬의 매제인 부안 성근리 이환구(1879~1952)의 집에 머물 때 환구에 의해 증산에게 천거되었다.『전경』, 제생 16절 참조. 신원일과 이치복은 본래 이옥포를 스승으로 했던 동문이었다. 신원일의 경우『삼덕교사』에, 이치복의 경우『생화정경(生化正經)』과『삼덕교사』에 이옥포의 문하였다는 기록이 있다. 허환, 앞의 책, pp.9-10; 서상범,『생화정경』, p.2 참조. 신원일이 증산을 따르기 전 이옥포의 가르침을 좇아 부안의 산속에서 공부를 했다는 전승이 증산도에서 수집되어 전해지고 있어 신원일이 이옥포의 제자였다는 삼덕교의 기록은 신빙성이 높다. 증산도도전편찬위원회,『증산도 도전』개정신판 (대전: 대원출판사, 2003), p.282 참조.

36 안동준,「정정요론의 성립과정과 그 성격」, p.378; 안동준,「수심정경의 도교적 연원」, p.132 참조.

37 허환, 앞의 책, p.9 참조.

주장한 것이다.[38] 이공전 자신도 이것이 자신의 영감이며 확인할 근거가 아무것도 없음을 인정했다. 하지만 『정심요결』이 증산의 생가 천정에 보관되어 있었다는 전승과 연계되면서 이 추측은 계속 유포되기 시작하였고 결국 이옥포의 『영보국정정편』이 증산에게 전해졌다는 추론으로 발전했다.[39] 『영보국정정편』을 중요시했던 증산 종단인 삼덕교에서조차 저자 이옥포가 임종시에 가서야 제자들에게 강선생을 언급했다는 정도로 그 간접적인 관계를 주장했다는 점에서 원불교 교학자측의 주장은 이례적이다.

증산이 『영보국정정편』을 전해 받았다는 추론은 증산의 수련법이 『영보국정정편』과 관련되어 있다는 담론의 중요한 근거로 활용되었다. 1990년대 말부터는 증산이 『정심요결』을 활용하여 득도했고, 『정심요결』이 송규를 통해 불법연구회로 전해졌기에 증산의 수행법이 불법연구회로 전해졌다는 주장으로까지 발전한 것이다.[40] 증산이 대원사에서 공부한 지 거의 한 세기가 지난 1990년대 말에서야 증산의 수행법에 대한 새로운 가설이 등장했다는 점에서 본다면 그 개연성에 문제가 있다는 것은 자명하다. 하지만 이를 차치하더라도 '『정심요결』이 증산의 생가 천정에 보관되어 있었다'는 이야기가 사

---

38 이공전, 앞의 글, p.63 참조.

39 안동준, 「수심정경의 연원에 대해서」, pp.108-109; 안동준, 「수심정경의 도교적 연원」, pp.131-132; 박용덕, 『정산종사 성적을 따라』 (익산: 원불교출판사, 2003), pp.58-61 참조. 증산도에서는 『정심요결』이 증산의 생가 천정에 보관되어 있었다는 원불교 측의 주장을 수용하면서 이옥포에 의해 직접, 또는 이치복을 통해 『영보국정정편』이 증산에게 전해졌다고 추론하고 있다. 상생출판 편, 앞의 책, p.31 참조.

40 박용덕, 『정산종사 성적을 따라』, pp.59-64; 정귀원 역해, 『수심정경』 (익산: 원불교출판사, 2021), pp.30-32 참조.

실로 입증되기 어렵다면 이 가설은 기반을 상실하게 된다.

"『정심요결』이 증산의 생가 천정에 보관되어 있었다"는 이야기의 시작은 송규의 시자였던 이공전의 진술이다. 이공전은 1986년, 송규가 1916년경 증산의 생가에서 증산의 누이동생, 딸 강순임과 함께 살았으며, 이때 강순임으로부터 생가 천정에 증산이 비장한 비서가 있다는 이야기를 듣고 『정심요결』을 입수하였다고 전했다.[41] 1987년에 발간된 송규의 일대기인 『정산 송규 종사』의 편집후기에는 이공전의 진술을 반영했다는 내용이 있지만 강순임을 통해 『정심요결』을 입수했다는 일화는 없다.[42] 이는 1980년대까지 이 전승이 교단 내에서 알려지지 않았거나 사실로서 인정받지 못했음을 보여준다.[43]

하지만 『정심요결』이 증산의 저작이 아닌 것이 명확히 확인된 1992년부터 이공전의 진술은 일부 원불교 교학자에 의해 역사적 사실로 구체화 되었다.[44] 그러나 이 작업은 객관성에 적지 않은 문제점을 지니고 있다.[45] 이를 면밀히 확인하기 위해 먼저 이들의 주장을

---

41 1917년을 1916년으로 진술한 것으로 본다면 이공전의 기억이 정확하다고 볼 수는 없다. 이공전, 앞의 글, p.64 참조.

42 김일상, 『정산 송규 종사』(이리: 월간원광, 1987), pp.49-52, p.223 참조.

43 이는 소태산이나 정산 송규가 증산의 저작일지도 모르는 문헌이 원불교에서 수행 법문으로 활용되었다는 사실이 알려지는 것을 바라지 않았기 때문일 수도 있다.

44 박정훈·손정윤, 『개벽계성정산송규종사』(익산: 원불교출판사, 1992), pp.311-312; 손정윤 편저, 『원불교대계』(익산: 원불교출판사, 2000), pp.481-482; 박정훈, 『정산종사전』(익산: 원불교출판사, 2002), pp.72-73; 박용덕, 「만덕산 성지 5: 손바래기에서 비서입수, 가슴에 품고 대원사에 가 독공」, 《원불교신문》 2013.5.3 참조.

45 강순임으로부터 비서를 받았다는 시기를 특정하지도 못하고 여러 기록 간에 차이를 보인다는 점도 그 신빙성을 떨어트리고 있다. 박용덕, 「만덕산 성지 5: 손바래기에서 비서입수, 가슴에 품고 대원사에 가 독공」, 《원불교신문》 2013.5.3; 박용덕, 『구도과정과 도덕공동체 설립준비』, (익산: 여시아문, 2021), p.442-443 참조.

종합해 본다면 대략 다음과 같다.

송규는 18세였던 1917년 2월경 가야산에서 증산을 신앙하는 이들을 만났는데 이들을 통해 태을주 치성에 몰입하게 되었고, 전라도로 가서 증산의 부인을 모셔 올 것을 결심하고 전라도로 향했다.[46] 1917년 5~6월, 송규는 정읍 대흥리로 가서 고부인을 만나려 하였지만, 차경석의 방해로 만나지 못하자, 대신해서 객망리의 상제님 유족인 양친, 정씨부인, 누이 선돌부인(이하 선돌부인), 딸 강순임 등을 찾았다.[47] 이때 송규는 선돌부인을 스승으로 모시겠다고 청하였고[48] 이후 1917년 6월경 함께 고향인 경북 성주의 본가로 가 100일간 태을주 치성을 드렸다.[49] 백일치성 후에는 다시 객망리로 가서 머물렀는데[50] 이때 생가의 증산이 쓰던 별실(서재)에 비장되어 있던 『정심요결』이라는 책을 강순임을 통해 전해 받았다.[51] 이후 고부인을 만난 후 11월 대원사로 가서 주문 공부를 하다가 1918년 1월 김기부의 모

---

46 교화부편찬과, 「저 맑은 구름처럼」, 『원광』 99 (1979), p.72; 박용덕, 『정산종사 성적을 따라』, pp.41-44 참조. 송규의 전기인 『개벽계성정산송규종사』에는 이때를 1917년 4월로 기록하고 있다. 박정훈·손정윤, 『개벽계성정산송규종사』, p.62 참조.

47 송규의 전기에는 이때가 1917년 5월이며 차경석을 만난 후 선돌부인을 만났다고 기록하고 있다. 같은 책, p.62; 박용덕, 『정산종사 성적을 따라』, pp.50-51; 박용덕, 「만덕산 성지 4: 정산종사와 선돌댁-만덕산 가는 길」, 《원불교신문》 2013.4.5 참조.

48 같은 글 참조. 김기부에 따르면 선돌부인은 송규를 조카라고 부를 정도로 가까운 사이였다. 박용덕, 「정산종사와 화해리 인연」, 『원광』 175 (1989), p.59 참조.

49 박용덕, 『정산종사 성적을 따라』, pp.50-54; 박정훈·손정윤, 앞의 책, p.311; 박용덕, 「만덕산 성지 4: 정산종사와 선돌댁 - 만덕산 가는 길」 참조.

50 당시 증산의 친척 집에서 유숙했다는 전승도 있다. 이경선, 「정산종사 출가전후의 이모저모」, 『원광』 54 (1967), p.80 참조.

51 이공전, 앞의 글, p.64; 박용덕, 『정산종사 성적을 따라』, pp.57-59; 박정훈·손정윤, 앞의 책, pp.311-312 참조.

친인 김해운의 청으로 그 집으로 거처를 옮기고 7월까지 머물면서 주문 공부를 계속했다.[52] 소태산은 1918년 4월경 송규를 김기부의 집에서 만났고 결의형제(結義兄弟)를 제안하여 형제의 연을 맺었다. 소태산은 이후 며칠간 그를 데려가기 위해 노력했으나 김기부 모친 김해운의 반대로 뜻을 이루지 못하고 7월에 다시 만날 것을 약속했으며 이후 송규는 7월 김기부의 집을 떠나 소태산이 있던 영광으로 갔다.[53]

이상의 내용은 김기부와 그 모친(김해운), 그리고 송규 주변인의 증언에 추측을 더하여 기술되었는데[54] 몇 가지 중요한 오류를 지적하면 다음과 같다.

첫째, 1917년 5~6월경 송규가 객망리에 왔을 때 증산의 양친, 정씨부인, 선돌부인, 강순임이 생가에 함께 살고 있었다는 주장이다. 증산의 가족은 1903년 말부터 생가를 떠나 여러 곳을 옮겨 다니다가 종도가 구해준 객망리의 가옥에 기거하고 있었는데,[55] 1916년 12월 증산의 부친(강문회, 1846~1916)이 별세하였다. 따라서 1917년 5~6월에 송규가 생가에서 돌아가신 상제님의 부친을 만났다는 것은 있을 수

---

52 박정훈·손정윤, 앞의 책, p.35, pp.69-70; 박용덕, 『정산종사 성적을 따라』, pp. 55-75 참조.

53 같은 책, pp.90-92 참조.

54 김기부의 가족은 보천교 활동을 했다고 전해지는데 보천교가 일제의 탄압으로 1936년 해산된 이후인 1938년 불법연구회에 입교했다. 따라서 김기부 가족의 진술이나 기록은 대부분 원불교에 남아있다. 김기부는 불법연구회에 입교한 후 김도일로 불렸다. 원불교 화해교당 50주년기념위원회, 『화해교당 50년』(정읍: 화해교당 50주년 기념위원회, 1988), p.46, p.60, p.66, p.70; 손정윤 편저, 『원불교대계』, p.850; 박용덕, 「정산종사와 화해리 인연」, pp.57-59 참조.

55 이에 관해서는 후술한다.

없는 일이다.

이에 더하여 송규가 상중(喪中)에 여인만이 있는 집에서 머물렀다는 주장은 상식에 어긋난다. 또한 강순임의 경우 증산의 부친 별세 후인 1917년 초 혼약을 한 양씨 집으로 떠났다. 집안의 곤궁함으로 인해 민며느리로 정읍에 갔던 것으로 보이는데, 조부가 별세한 1916년 12월 이후 정읍 양덕진의 집에 보내졌고 억류되어 있다가 1918년 8월 그 집을 나올 수 있었다고 기록하고 있다.[56]

정씨부인도 객망리를 떠나 군산 등 여러 지역을 전전하고 있었기에 객망리에는 없었다. 정씨부인이 1917~18년에 객망리에 있지 않았다는 사실은 강순임 측의 기록에서 확인할 수 있다.[57] 강순임은 정씨부인이 객망리를 떠난 이유를 선돌부인 때문이라 진술하고 있지만 실제는 증산 모친과의 불화 때문이었다. 정씨부인은 증산 모친의 뜻을 자주 거역하였다고 전해진다.[58] 정씨부인이 불미한 일로 1918년

---

56 강순임의 진술에 근거한 기록인 『화은당실기』에는 무진년(1928)에 강순임이 24세였다고 기록되어 있다. 강순임의 생년이 1904년이므로 한국식 나이가 아니라 만 나이로 기록된 것임을 알 수 있다. 이는 장기동이 객망리를 찾아온 1912년에 강순임이 8세였다고 기록하고 있다는 사실로도 방증된다. 『화은당실기』(김제군: 증산선불교본부, 1960), p.6, p.10; 『순천교연혁사』, p.2 참조. 따라서 14세 되던 해 8월 정읍의 양씨 집에서 나올 수 있었다는 기록은 1918년 8월이라고 보아야 한다. 강순임이 양씨 집으로 보내진 때는 조부 별세(1916년 12월) 후로 1917년 초이기에 1917년부터 1918년 8월까지 강순임은 객망리에 없었다. 박용덕은 강순임이 13세(1917)에 양씨와 결혼하고 바로 헤어져 정산 조철제(이하 정산)에게 의탁했다고 주장하고 있지만 이는 강순임의 진술과는 차이가 있다. 정산이 안면도에서 원평으로 온 시기는 1918년 가을이라는 사실도 박용덕의 주장에 오류가 있음을 잘 보여준다. 『화은당실기』, pp.7-8; 홍범초, 『범증산교사』(서울: 도서출판한누리, 1988), pp.630-631; 박용덕, 『구도과정과 도덕공동체 설립준비』, p.443; 박용덕, 『정산종사 성적을 따라』, p.73; 『전경』, 교운 2장 10절 참조.

57 『화은당실기』, p.7 참조.

58 이와 관련해서는 이상호, 『대순전경』 6판 (김제군: 동도교증산교회본부, 1965),

화해리로 옮겨갔다는 이야기도 이러한 불화에서 기원한 것으로 보인다.[59] 하지만 김기부의 증언에 따르면 1918년 초 마동으로 옮긴 이는 증산의 모친이었다.[60] 정씨부인이 마동에 있었다는 주장은 근거가 없는 것이다.

앞서 밝혔듯이 선돌부인도 마동에 있었으므로 1917년 5~6월경에는 모친만이 객망리에 있었다.[61] 따라서 당시 송규가 객망리에 왔다면 유족 중에서 만날 수 있었던 이는 모친뿐이었다. 결국 송규가 선돌부인을 만난 곳은 객망리가 아니라 정읍 마동이었을 가능성이 크다. 설혹 송규가 객망리에 온 선돌부인을 만났다고 하더라도 이미 별세한 부친이나 정읍으로 간 강순임을 만날 수는 없었다. 모든 유족을 만났다는 주장은 당시의 상황을 정확하게 파악하지 못한 상태에서 추측한 것에 불과하다. 즉 송규가 당시 선돌부인과 같이 성주에 온 것은 분명하니 객망리에서 증산의 양친, 정씨부인, 강순임도 대면했

---

　　pp.191-192; 이정립, 『증산교사』 (전북: 증산교본부, 1977), pp.38-39 참조. 두 사람 간의 불화에 대해서는 다른 원인이 있을 수도 있다. 1913년 김형렬은 정씨부인을 데려가 수련을 행하도록 했는데 이때 정씨부인이 실진하였고 이후 실성한 것처럼 여러 곳을 전전했다는 전승이 있다. 홍범초, 앞의 책, p.630 참조.

59　박용덕, 「정심요결 유입과정」, p.75; 박용덕, 『정산종사 성적을 따라』, pp.55-56, p.78; 박용덕, 「만덕산 성지 5: 손바래기에서 비서입수, 가슴에 품고 대원사에 가 독공」 참조.

60　박용덕, 「정산종사와 화해리 인연」, p.59 참조.

61　선돌부인은 두승산 서남쪽에 있는 입석리의 박창국에게 출가하였으나 소생이 없다는 이유로 소박당하였고 1908년 말 증산이 마동에 거처를 마련해 주었다고 전해진다. 이러한 전승에 따라서 1980년대 초 촬영 개봉된 영화 '화평의 길'에는 홀로 있는 선돌부인을 증산이 찾아가 봉서를 전하는 장면이 있다. 증산은 1908년 가을 마동 동북 방향으로 5km 정도 떨어진 고부 학동(學洞)에 있었는데 그곳에서 며칠을 머물고 떠날 때 마동으로 와 집 한 채를 마련했다고 추측된다. 이정만, 「정읍 마동」, 『대순회보』 208 (2018), p.89 참조.

을 것이라 추론한 것으로 보인다.

둘째, 송규가 강순임을 통해『정심요결』이란 비서(秘書)를 찾아낸 곳이 증산 생가의 별실(서재) 천정이었다는 주장이다. 당시 유족이 거처하던 집은 생가가 아니므로 증산의 별실(서재)이 존재할 수 없었다. 잘 알려지지 않은 사실인데 증산 생존 때인 1904년부터 가족은 객망리의 생가를 떠났고 이후 생가로 돌아오지 않았다. 또한 가족들이 생가를 떠난 이후로 증산이 객망리에 머문 일은 거의 없었으므로 가족이 거주하던 집이라도 증산의 별실이나 서재는 없었다.

『전경』등 증산의 행적에 관한 기록에는 1904년 1월 증산의 가족이 전주 화전면 화정리의 이경오의 좁은 방에 이사하여 살고 있었다는 기사가 있다.[62] 이는 가족이 늦어도 1903년 말 생가를 떠나 남의 집에 살고 있었다는 것을 보여준다. 1904년 증산이 가족들에게 이사한다고 하면서 길을 나서게 하였다가 재물을 주변에 나눠주고 가족을 셋집에서 지내게 하는 공사를 보았다는 전승도 있다.[63] 이 전승은 신빙성이 크다. 왜냐하면 1904년 초에 증산의 가족이 객망리 생가가 아니라 이경오의 집에 살고 있었다는 사실 외에도 7월 일진회와 관련된 공사를 보면서 본댁의 살림살이와 전답까지 팔아서 걸인들에게 나누어 준 일이 있기 때문이다.[64] 증산 생존 시였던 1904년, 이미 가족이 생가를 떠난 상황이었음은 분명하다.

증산 화천 후에도 종도 중 유족의 생계를 살폈던 이들은 거의 없

---

62 『전경』, 행록 3장 4절 참조.
63 보화교교화부,『보화교지』3 (전북: 동도교보화교회본부, 1965), p.16 참조.
64 『전경』, 교운 1장 15절.

었다. 생계를 책임지던 부친이 별세하자 유족은 14세의 강순임을 양씨 집에 민며느리로 보낼 정도로 궁핍했다. 1914년 일제의 토지조사를 통해 만들어진 토지대장에 따르면 부친은 생가인 신기리 436번지가 아닌 신기리 433-1번지의 소유자로 되어 있다. 1914년 당시 생가(신기리 436번지)가 이화백이라는 사람 명의로 되어 있었음을 본다면[65] 이미 증산 생존 시에 처분되었다고 보아야 한다. 어느 종도가 증산의 부친에게 집을 사드렸다는 일화는 433-1번지가 그 종도에 의해 마련된 집임을 뜻한다.[66] 1904년부터 증산의 가족은 생가를 떠나 여러 곳을 전전하다가 종도가 마련해 준 신기리 433-1번지에 살고 있었다는 사실을 기억할 필요가 있다.

또 다른 문제점은 증산이 화천한 해 강순임의 나이가 만 5세에 불과했기에 그녀에게 유언으로 비서를 전했다는 이야기는 논리적으로나 상식적으로나 개연성이 없다는 사실이다. 즉 비장한 문서에 대해서 누군가에게 전했다고 하더라도 증산이 화천하던 해(1909년)에 만 5세에 불과했던 딸은 아니었을 것이라는 뜻이다. 이에 더하여 유아였던 딸에게 숨겨진 장소를 알려주면서 전해 줄 사람의 특징에 대해서도 말한 바가 없었다는 것도 이 주장의 신빙성을 떨어뜨린다.[67]

강순임 측의 기록에도 송규를 만났다는 이야기는 전혀 나타나지

---

65 박인규, 「상제님 생가터의 고증과 종교문화적 의의」, 『대순회보』 223 (2019), pp. 73-76 참조.
66 『전경』, 교운 1장 43절; 박인규, 앞의 글, pp.73-76.
67 강순임에게 전했다는 증산의 유언은 비서를 찾아갈 사람이 주인이라는 것으로 전해야 하는 사람의 특징에 대한 어떠한 암시나 은유조차 없었다. 이공전, 앞의 글, p.64; 박용덕, 『정산종사 성적을 따라』, p.58 참조.

않는다. 객망리에 찾아와 유족을 살폈던 이들에 대해 강순임이 구체적인 진술을 남긴 사실로 본다면 송규가 집에 와 머물렀다는 이야기를 의도적으로 배제할 이유는 전혀 없다.[68] 송규가 강순임으로부터 비서를 전해 받았다는 1917년 9월 이후의 시점에 그녀는 혼약했던 양씨 집에 가 있었기에 강순임 측의 기록에 송규와의 만남이 기술되어 있지 않은 것은 당연하다. 이를 통해 본다면 송규가 자신에게『정심요결』을 전해 준 이를 명확하게 강순임이라고 특정했는지도 의문이다. 송규는 1962년까지 생존해 있었는데 그 이전이나 1986년까지는 관련된 전승이 전혀 나타나지 않기 때문이다.[69] 송규가 강순임을 만날 수 있었던 시기는 강순임이 양씨 집에서 나온 1918년 8월 이후이지만 송규는 이미 7월에 정읍을 떠나 영광으로 갔다. 객망리든 마동이든 우연히 마주쳤다고 하더라도 당시 강순임이 혼약을 한 상황에서 송규와 한 집에 머물렀을 가능성은 전혀 없다.

결국 송규가 강순임을 통해 증산이 비장한 책을 찾았다는 이야기는 유족을 통해 입수했다는 이야기의 와전일 가능성이 크다. 즉 증산의 유족으로부터『정심요결』을 입수했다는 송규의 이야기가 후대에 강순임으로 윤색되었을 가능성을 배제할 수 없다. 1917년 9월 성

---

68 강순임은 8세 시(1912년)에 객망리로 찾아와 유족을 도와준 장기동(1868~1952)에 대해서도 진술하고 있다. 이는『순천교연혁사』의 기록과 유사하다. 장기동은 순천교(순천도)의 창시자인 장기준의 육촌형으로 주로 김형렬과 함께 활동했는데 장기동, 장기준 형제가 상제님의 부친을 찾았다는 기록이 있다.『증산교사』는 이 시기를 1913년 가을로 기록하고 있지만『순천교연혁사』에는 1912년 10월로 되어 있다.『화은당실기』, p.6;『순천교연혁사』, p.2; 이정립,『증산교사』, p.54 참조.
69 송규의 시자였던 이공전은 송규에게 들은 바를 토대로『정심요결』의 유입 경로를 송규 사후 약 25년이 지난 1986년에 최초로 공개했다. 이공전, 앞의 글, p.64; 박용덕,『정산종사 성적을 따라』, p.59 참조.

주에서 정읍으로 돌아온 송규는 대흥리에 있었던 고부인을 찾아가 얼마 동안 머물렀고 11월쯤에는 대원사로 들어갔다. 따라서 송규가 『징심요결』을 유족으로부터 입수했다면 선돌부인을 통해서였거나 이후에 만난 고부인을 통해서라고 보는 것이 오히려 논리적이다.

셋째 오류는 『정심요결』이라는 문헌을 증산이 중요하게 여겼다는 주장이다. 증산을 신앙하는 종단 중에서 『정심요결』이라 불려진 『영보국정정편』을 교단 초기부터 중요하게 여겼던 곳은 삼덕교가 유일하다.[70] 하지만 삼덕교가 이를 중요하게 여겼던 것은 증산이 이를 중요시 했기 때문이 아니다. 삼덕교의 교주였던 허욱의 연원이 되는 이치복이 이를 중요시했기 때문이다. 이치복이 이 문헌을 수행의 기초로 삼아야 한다고 가르친 것도 증산이 중요시했기 때문이 아니라 저자 이옥포가 증산을 성인으로 인정했고 자신에게 증산을 따르라고 했다고 믿었기 때문이었다.[71] 결국 이 문헌을 증산이 중요시하여 비장했다고 주장하기 시작한 종단은 원불교다. 원불교 측의 주장 외에는 증산이 『영보국정정편』을 중요하게 여겨 비장하였다고 말할 수 있는 근거는 없다.

---

70 2000년을 전후로 증산도에서도 『영보국정정편』을 중요시하고 있지만, 교단 초기부터 이를 중요시한 것은 아니다.

71 허환, 앞의 책, pp.10-11 참조. 이에 따라 이치복을 기원으로 하는 교단의 경우 경전에 이치복의 스승으로 이옥포의 존재를 명시하고, 경전에 『영보국정정편(靈寶局定靜篇)』을 부록으로 수록하고 있다. 서상범, 앞의 책, pp.2-3, pp.118-124 참조. 이치복이 증산의 도를 전하면서 적극적으로 자신의 스승이었던 이옥포를 내세운 것은 종도 중에서 상대적으로 낮았던 자신의 위상을 극복하려는 방법으로도 볼 수 있다. 증산을 모신 기간은 짧지만, 이미 증산이 성인(聖人)임을 알고 있었던 이옥포라는 도인에게 첩경(捷徑)의 수행법을 전수받아 오래 수행하였으므로 다른 종도들과 차이가 없다는 논리라고 볼 수 있다.

증산도에서 증산이『영보국정정편』의 가치를 인정했다고 추론하고 있는 것은『영보국정정편』이 증산의 생가에 보관되어 있었다는 원불교 측의 주장에 근거한 것이다.[72] 증산도 설립자인 안운산에게는 부친인 안병욱이 지녔던『영보국정정편』을 필사한 판본이 있었지만,[73] 그 중요성을 주장하기 시작한 시점은 원불교 측의 주장이 명확해지는 1990년대 말이라는 사실도 이를 잘 보여준다. 안병욱은 이치복의 연비였지만 이치복이 보천교에서 분립한 이후로도 보천교 활동을 계속했고, 안운산 또한 해방 후 대법사 활동을 하였다.[74] 따라서『영보국정정편』을 이치복과 관련된 문헌으로 인지했을 뿐 증산과 관련시킬 이유는 없었다. 송규가『영보국정정편』을 훔쳤다는 증산도의 주장은 원불교 측의 주장을 계기로『영보국정정편』에 대한 기존의 관점이 전환되었다는 것을 잘 보여준다.[75]

이상의 분석을 통해 증산이『영보국정정편』을 자신의 생가에 비장했고 딸인 강순임을 통해 송규에게 전해졌다는 주장은 사실관계에 부합하지 않는 전승에 근거하고 있다는 것을 확인할 수 있었다. 결국『영보국정정편』에 대해 명확하게 입증되는 사실은 이치복이 증산 문하에 온 1909년 3월 이전에 이옥포로부터 받았다는 사실 뿐이다.

따라서 송규가 이를 얻은 경로도 이치복과 관련하여 살펴볼 필요

---

72 세종출판기획 편, 앞의 책, pp.91-93; 상생출판 편, 앞의 책, p.31 참조.
73 세종출판기획 편, 앞의 책, p.109; 상생출판 편, 앞의 책, p.32 참조.
74 편집부, 「증산도의 연혁으로부터 도맥까지」, 『월간 천지공사』 26 (1990), pp.25-32 참조.
75 세종출판기획 편, 앞의 책, pp.104-108 참조.

가 있다. 이치복은 차경석 수하에서 1914년 포교를 시작하면서 증산의 주문과 함께 『영보국정정편』을 유포했다.[76] 그러므로 1915년 이후에는 이치복은 자신과 교류했던 이들에게는 이를 유포했을 것이다. 선돌부인과 고부인 모두 이치복과 교류했으므로 이치복으로부터 이 문헌을 전해 받았을 가능성이 크다. 송규가 유족으로부터 이 문헌을 입수했다면 '[이옥포]→[이치복]→[선돌부인 또는 고부인]'이라는 경로를 통했다고 보아야 개연성이 있다.

증산은 『영보국정정편』에 대해서 말한 바도, 그 내용 일부를 인용한 바도 없다. 이치복에서 기원한 삼덕교 외에 친자 종도에서 기원한 증산 종단 중 이 문헌과 관련된 전승이나 자료가 전혀 없다는 사실은 증산의 사상과 이 문헌이 연관성이 없다는 것을 잘 보여준다. 단적으로 『영보국정정편』에서 자주 염(念)하라고 하는 육자성호(六字聖號)는 '태을구고천존(太乙救苦天尊)'인데, 이 신격은 증산의 공사나 주문에 전혀 나타나는 바가 없다.

그런데도 이 문헌이 증산과 직접적인 관계가 있다는 주장이 나타난 것은 유족으로부터 이를 입수했다는 송규의 전언에 근거하여 이 문헌이 생가에 비장되어 있었고, 문헌의 저자인 옥포가 증산이거나, 그것이 아니라면 증산이 1895년 한 노인에게 받아 통독한 것이 이 문헌일 수 있다고 추측했기 때문이다.[77] 즉 『영보국정정편』이 증산 주변에서 유입되었다는 것은 명확했지만 그 기원에 대해 정확히 알 수 없자 증산의 저작이거나 통독한 책이라는 추측이 시작되었는데,

---

76 서상범, 『생화정경』, pp.2-3; 허환, 앞의 책, pp.10-11 참조.
77 이공전, 앞의 글, p.63 참조.

1990년대 초에 이르러 옥포가 증산이 아님이 확실해지자 증산이 비장한 책을 증산의 주변에서 입수했다는 전승을 근거로 증산이 이 책을 중요시했다는 추론이 강력하게 주장된 것이다.

1895년 증산에게 전해진 서책이 이옥포의 『영보국정정편』이라는 추측은 처음 제기한 이들조차 입증할 수 있는 근거가 전혀 없다고 고백한 바 있다.[78] 하지만 1990년대 말에 이르자 이 추측을 배경으로 새로운 주장이 시작되었다. 즉 증산이 '종도들이 태좌(胎座) 법으로 둘러앉아 있을 때는 언제나 조금도 움직이지 못하도록 하시고', '정심할 것을 이르셨다'라는 것과 『영보국정정편』에 나타난 정좌(靜坐) 수행이 관련되어 있으니 증산이 『영보국정정편』으로 도통을 했으며, 따라서 이것이 곧 증산의 수행법이라는 주장이 전개된 것이다.[79]

하지만 이러한 논리라면 근대의 한국 종교나 수행 단체의 모든 정좌 수행은 『영보국정정편』과 관련된 것이 된다. 맥락에 따른 비교를 통해 『영보국정정편』과 증산의 사상 및 수행법을 분석해 보지 않고 비약을 한 것이다. 또한 『영보국정정편』이 증산의 수행법이며 『태극제련내법의략』을 모본으로 했다는 주장을 근거로 『태극제련내법의략』에 나타나는 '태일천존'이나 '태일구고천존'이 태을주의 '태을천상원군'이라는 주장도 등장했다.[80] 이와 더불어 『태극제련내법의

---

78 같은 글, p.63; 박용덕 「정심요결의 유행에 관한 연구」, 『한국 도교문화의 위상』 (서울: 아세아 문화사, 1993), p.415 참조.

79 박용덕, 「정산종사 성적을 따라서(7)」, 《원불교신문》 976, 1998.7.31; 안동준, 「수심정경의 도교적 연원」, pp.131-133 참조.

80 김수인, 「소남 정사초의 『태극제련내법』 수행론 연구」, pp.214-216 참조. 증산도에서는 태을구고천존이 곧 원시천존이기에 태을천상원군이라는 주장을 하고 있다. 하지만 도교에서 태을구고천존은 천화궁에 거주하는 동극청화제군(東極青華

략』에 있는 옴훔타리(唵吽吒喇)의 주문련도(呪文錬度)와 태을주의 '훔치'를 연결하는 해석도 나타났다.[81] 하지만 태을천상원군과 태을구고천존을 동일한 신격으로 볼 수 있는 근거는 전혀 없고,[82] 옴훔타리의 주문도 태을주만이 아니라 많은 주문에 나타난다. 피상적으로 나타나는 몇 가지 공통점을 근거로 유사성과 동일성을 강조하는 비교연구의 문제점은 현대 종교학에서 익히 비판된 바 있는데 이상의 『영보국정정편』과 증산 사상의 비교가 그 전형을 보여준다.

Ⅳ. 맺음말

증산이 한국 근대의 종교 지형에서 차지하는 위상은 적지 않기에

帝君)의 화신으로 동극태을구고천존으로도 불리는 존재로 원시천존과는 다르다. 일설에는 삼계의 중생을 구하러 가고 싶다고 한 태상노군에게 원시천존이 그를 대신해 지명한 이가 구고천존이었다고 한다. 증산도의 주장은 근거가 부족하다. 상생출판 편, 앞의 책, pp.16-17; 이시다 겐지, 「태을구고천존」, 사가데 요시노부 편, 『도교백과』, 이봉호・최수빈・박용철 옮김 (서울: 파라북스, 2018). pp.315-316 참조.

81 김수인, 「소남 정사초의 『태극제련내법』 수행론 연구」, p.217 참조.

82 도교 전통에서 태을구고천존이 태을천상원군으로 불린 적은 없다. 태일구고천존(太一救苦天尊) 또는 태을구고천존(太乙救苦天尊)은 동극청화제군(東極靑華帝君)의 화신으로, 시방(十方)에 나타나서 중생을 구제하는 신으로 시방영보구고천존(十方靈寶救苦天尊)이라고도 불린다. 하늘에서는 태을복신(太乙福神), 현세에서는 대자인자(大慈仁者), 지옥에서는 일요제군(日曜帝君), 외도에서는 사자명왕(獅子明王), 수부에서는 동연제군(洞淵帝君)이라고 불린다고 전한다. 글자 그대로 사람들을 괴로움으로부터 구하는 신이지만 지옥으로 떨어진 자들을 전문적으로 구제하는 신으로 도교의 사자공양(死者供養)에 빠지지 않는 신이다. 이시다 겐지, 「태을구고천존」, 사가데 요시노부 편, 『도교백과』, 이봉호・최수빈・박용철 옮김 (서울: 파라북스, 2018). pp.315-316 참조.

증산에 관한 기존 연구에서 논의되지 않았거나 결이 다른 주장은 한국 근대 종교 지형 전반에 대한 이해에 큰 변동을 야기할 수 있다. 따라서 증산과 관련된 연구에 있어서 기초가 되는 문헌에 대해서는 엄밀한 분석이 필요하다. 그런데도 철저한 고증이나 분석 없이 몇몇 학자들의 추측에 근거하여『영보국정정편』이라는 문헌이 증산의 사유에 중요한 영향을 미쳤다는 주장이 2,000년을 전후한 시기에 나타났고 이후 확산되고 있다.

『영보국정정편』을 증산이 중요시했고 비전했다는 불확실한 전승이 일부 학자들에 의해 역사적인 사실로 주장되게 된 것은 이 문헌이 소태산의 저작이 아님에도 불구하고 불법연구회, 즉 원불교에서 상당히 중요한 위상을 지녔었다는 점과 관련되어 있다고 보인다. 소태산은 불법연구회 시작 전에 증산을 신앙하는 교단에서 활동하였고,[83] 증산 종단의 신도를 자신의 초기교단 조직 구성에 중요하게 활용했으며,[84] 증산을 신인이자 소태산 자신을 예언한 선지자로 평가했다.[85] 그래서인지 송규가 지니고 간『영보국정정편』은 소태산에 의해『정정요론(定靜要論)』으로 명명되어 1923년부터 수행 교재로 사용되고 번역을 거쳐 1927년에는 최초의 교서인『수양연구요론』의 핵심적 내용이 되었다.[86] 하지만 1986년까지『영보국정정편』이 증

---

83 원불교정화사,『원불교교사』(이리: 원불교중앙총부, 1975), p.33; 박용덕,『구도과정과 도덕공동체 설립준비』, pp.230-231 참조.
84 김탁,『증산교학』(서울: 도서출판 미래향문화, 1992), pp.366-368 참조.
85 『대종경』(원불교, 1962), 변의품, 31절.
86 정귀원 역해, 앞의 책, pp.18-19; 박용덕,『정산종사 성적을 따라』(익산: 원불교출판사, 2003) p.64 참조.

산의 주변에서 유입되었다는 사실조차 어떠한 이유에서인지 공식적으로 공개되거나 밝혀지지 않았다. 따라서 소태산과 원불교 연구에 있어서 이 문헌의 기원을 확인하여 사상적 연원과 정통성을 확인하려는 움직임은 자연스럽게 나타날 수밖에 없었다. 결국 이 문헌이 증산의 주변에서 기원했다는 전승이 1986년 공개되었다. 이후 여러 가능한 경로 중 증산이 소태산을 예언한 선지자는 원불교의 교리적 관점에 가장 부합하면서 송규의 정통성을 확보하기에 유리한 이옥포→증산→강순임→송규라는 전승 경로가 원불교 연구자들에 의해 선택되고 정확한 고증 없이 사실로 주장되고 유포되었다고 볼 수 있다.

본론에서 살펴보았듯이 이 입수 경로를 사실로 보기에는 문제점이 많다. 또한 이 입수 경로를 근거로『영보국정정편』을 증산의 사상과 관련시키기는 시도 역시 근거가 희박하며 또한 그 비교 연구의 방법도 학문적인 엄밀성을 결여하고 있다고 보여진다. 따라서 대순종학의 영역에서『영보국정정편』은 기초 문헌으로서 평가되거나 활용될 이유를 찾기 어렵다. 이후『영보국정정편』에 대한 보다 세밀한 이해와 분석을 통해 증산의 사유와의 동일성보다는 차이점이 명확히 드러나는 연구를 기대해 본다.

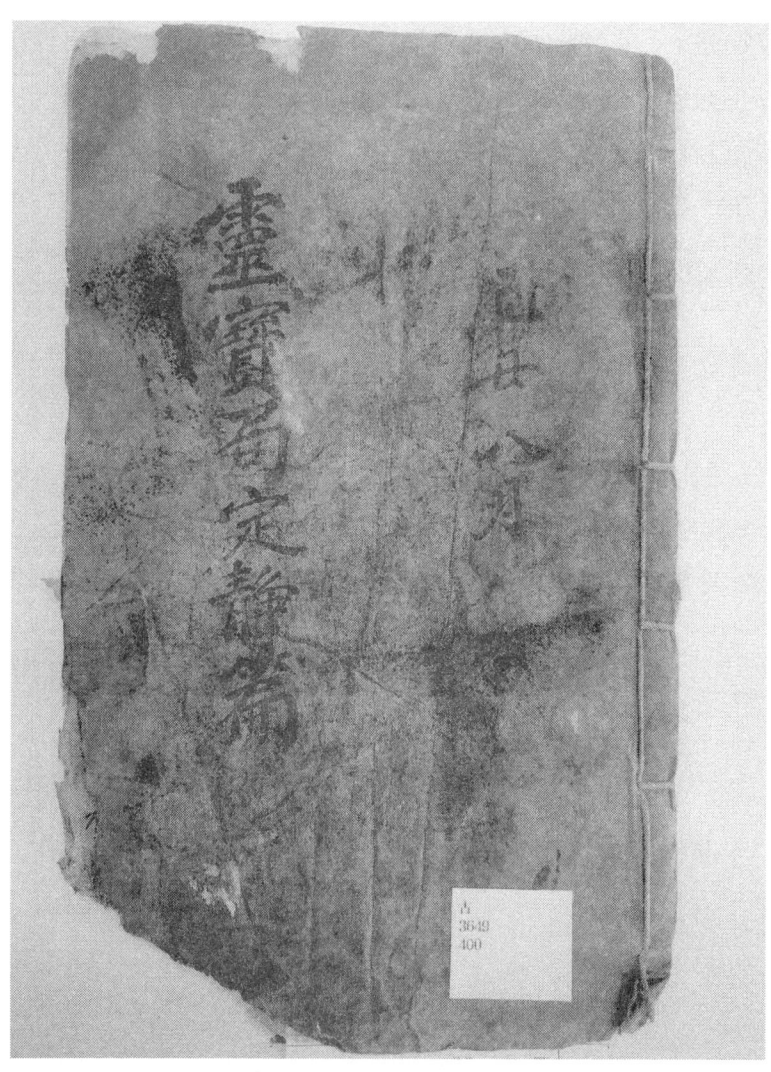

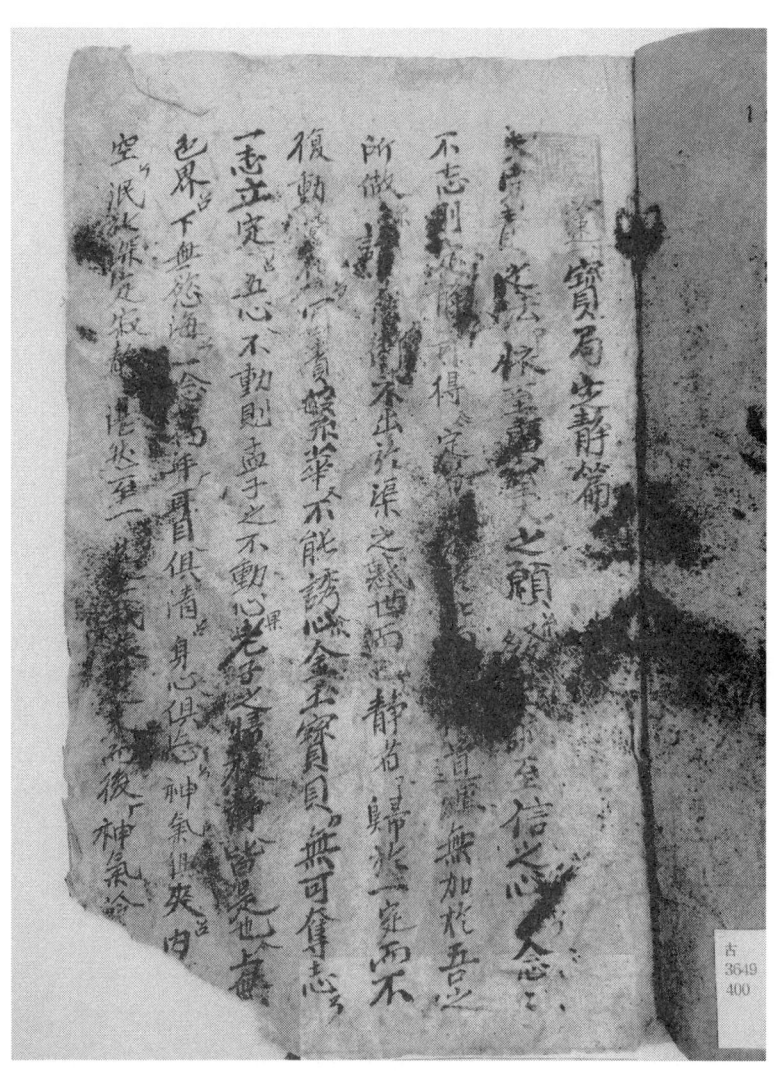

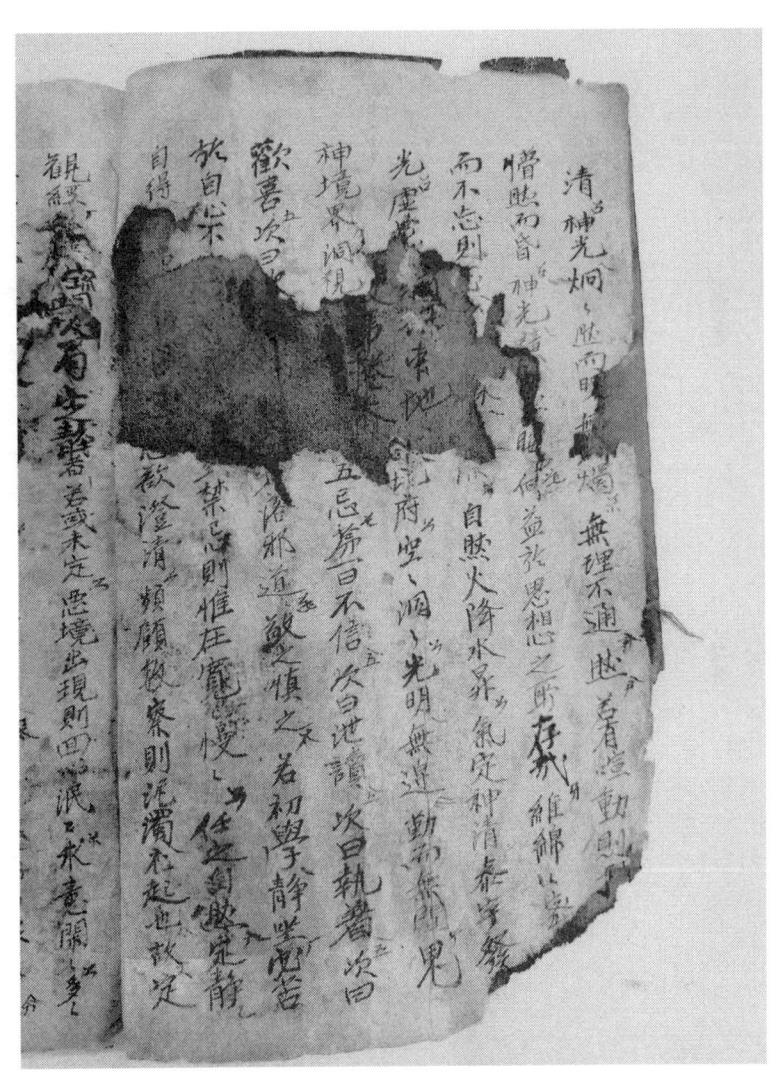

蓋大至道深窈　不在其□人能私道之　不遠人朱子曰道豈□不可斯□
子思曰率性之道　□曾□自知此而后有定　而后能靜　而后能□
而后能慮□□□□皆自明其明德之事也我既有此明德
豈不修之□□□□事之修明德也若不知水火亥妙之理存
先之道則從□□□大抵定靜鍊慶之法為□□□進化
之道當力行之□火下　真昇真之水滴曰甘閟香味者閁醫
真水上昇□□□□□水火既濟之后進化□□□沉
我一点□□□□昌上居上達於沉九鷹頂門微動因
誠付此□□次□宣馨城會集之像甚癢庠□順仍劍磨啄雅軍

真水上昇⋯⋯
我一点⋯⋯
⋯⋯昌上高上遶於泥丸廳頂門微動因

誠付⋯⋯會集之像甚癢痒⋯順⋯刻磨眾隨會
神于頂上則忽然遍⋯⋯門如巨石列開一身萬灵出入門形頭窟
如望夕光⋯三界天真⋯⋯⋯欲喜和脫如同氣之親也此為默朝
帝法寶同⋯⋯出⋯法意⋯下丹田湛然良久水火交溝玉池水
生滿口唾⋯⋯媛宗頫泥丸頂門若不運玉池下則但以火燃薰蒸
之西己是⋯⋯⋯更半清晨常行內錬而以進眼噇熟
前抵手于臍下使⋯后高松頂頭心思火降水昇意存坎離
則自然水火商環轉久純氣精神會朝於泥丸火鈴權出松

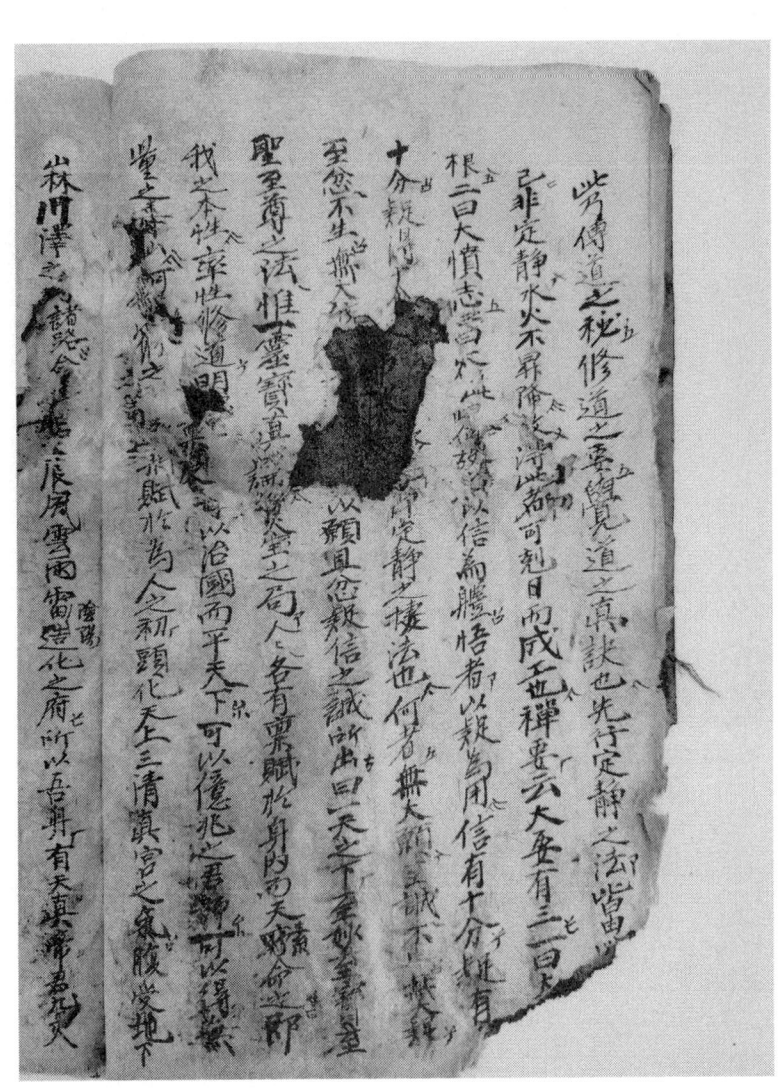

此傳道之秘修道之要覽道之真訣也先守定靜之御當明

非定靜水火不昇降陰陽不調和卻可刻日而成五禪要云大要有三百大

根二曰大憤志當如此地⋯⋯修道以信爲體悟者以疑爲用信有十分疑有

十分親切⋯⋯⋯定靜之捷法也何者無大憤志識不帳神

至愈不出此地⋯⋯以顧見念親信之誠所出曰一天之下至于萬物皆受道

聖皇尊之法惟靈寶局定靜之旨人各有秉賦於身的而天賦命之卽

我之本性率性修道明⋯⋯以治國而平天下可以億兆之善卿可以得善報

當之⋯⋯赋於爲念初頭化天上三清眞宮之氣腹受地下

山門澤諸發會晨開雲風當化之府所以吾鼎有天真帝
稍五神真君內外諸雷及八萬乃各是乃
道有修而明之為炒為煙故之部為敬修而明之非人網何
念各有何為出此為萬程但於我萬法備此惟一而
何果門里復求惟一也我何復疑思則疑
疑若疑未疑此是真疑是疑之下万疑寂靜
如要君真空寂天地一疑而已大疑而何盖疑者之最難得之若無人信
疑不生故禪要曰信有十分疑有十分悟得十分措此謂也

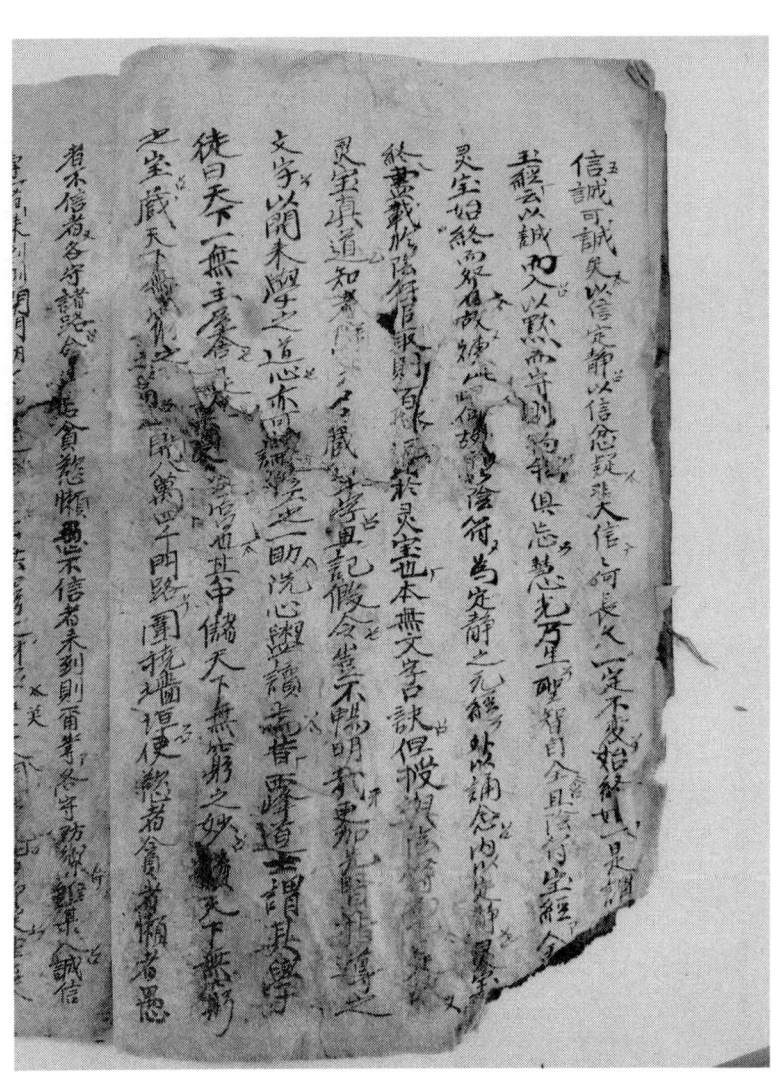

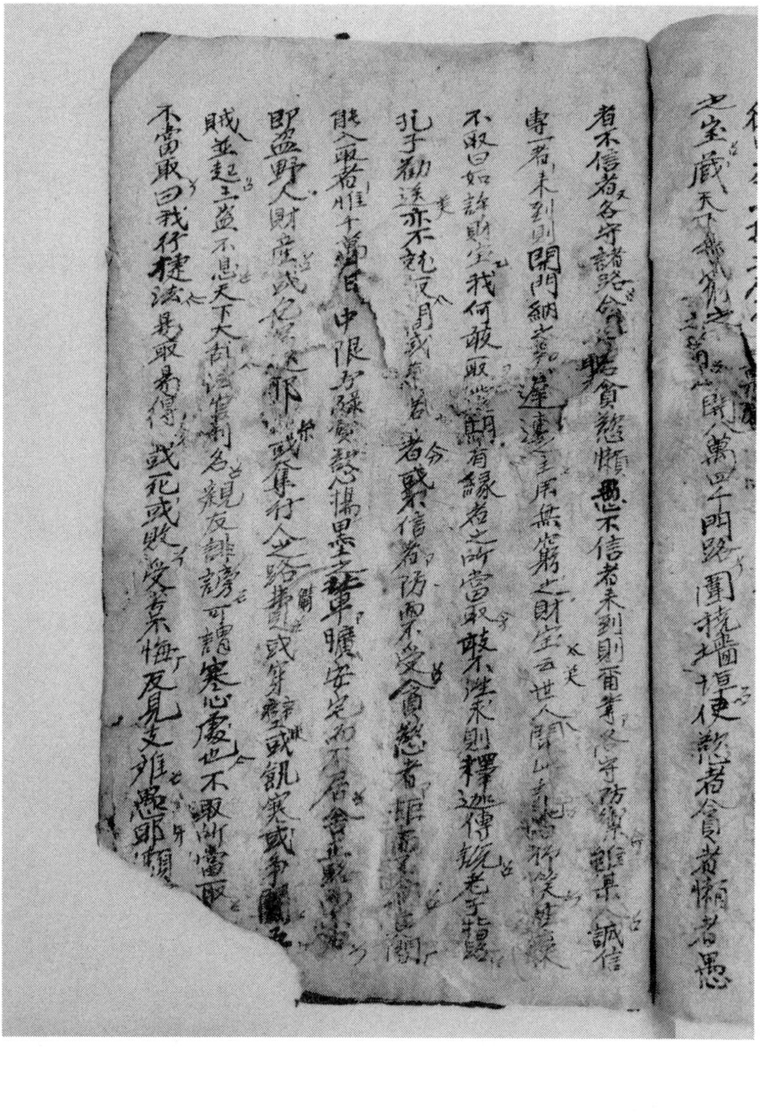

夜寂寥乃扣枇杷鎖越樾脫身不分東西郎逃出境之際毒蛇猛

恨郎向當前矢志剛戰亦無怖畏衆被斧鉞崎嶇險路如登平地

蘇蘇茶視名章茶此憤懣世寧死促龍不死此死是為極功之心用工工條有

恐起日之工盈官眠酣百發百中眹此剝日之工非初行之流蠢蠢喘之惰也

初行之印危心安之定靜可得微心暢之火鈴發輝性精惺一死藝滅也

中山庸中庸學大人學論道括理論元辜利貞正利禮賁頤識

感視或罩或賢即風土重鼎邃自異氣質不奇方世眹此戰竇黨業夷大心命花

入着也多誦定靜之篇存念陰符之義嘰哇津嘍氣進我狀火胤香秋

感視我聖或賢即風土
人若多誦定靜之存念淺符義曬洋煉氣運我水火風土可移

氣質即朝真體聖容三才出萬化舜我相似我如天無二學之
皆欲修之相同別無遲速且無先後故定靜之期大限九旬小
限九旬世大道之元限何近期日十年定限無不貫通限期速耶
十年昏迷脫身萬里之樹城三日曲鈍投穿半危之纖介況此劉日
限期大限三日中限百五小限七旦至道下剋日何晚白上時海
正覺圓聖剋期速耶戒手我頗覺夫人真忿意怡異邁一然
我灵宣焉中自惟有明可仙可佛為聖為真于道門求之
聚斂天師之枕記述定靜一部初學者多誦此篇氣

참고문헌

『전경』 초판, 서울: 서울대학교출판부, 1974.

『大學集註』

『대종경』, 원불교, 1962.

『순천교연혁사』, 순천교, 1973.

『영보국정정편』(국립중앙도서관, 古3649-400), 1889.

『화은당실기』, 김제군: 증산선불교본부, 1960.

교화부편찬과, 「저 맑은 구름처럼」, 『원광』 99, 1979.

김락필, 「수심정경의 선가적 성격」, 『원불교사상』 8, 1984.

_____, 「초기교단의 도교사상수용」, 『원불교사상』 10-11, 1987.

김수인, 「소남 정사초의 『태극제련내법』 수행론 연구」, 원광대학교 박사학위
        논문, 2011.

_____, 「한국 신종교의 선가적 요소」, 『종교연구』 57, 2009.

김일상, 『정산 송규 종사』, 이리: 월간원광, 1987.

김탁, 『증산교학』, 서울: 도서출판 미래향문화, 1992.

박용덕, 「정산종사와 화해리 인연」, 『원광』 175, 1989.

_____, 「통만법명일심의 수양교재《정정요론》」, 『원광』 216, 1992.

_____, 「정심요결 유입과정」, 『원광』 217, 1992.

_____, 「정심요결의 유행에 관한 연구」, 『한국 도교문화의 위상』, 서울: 아세
        아 문화사, 1993.

_____, 『정산종사 성적을 따라』, 익산: 원불교출판사, 2003.

_____, 『구도과정과 도덕공동체 설립 준비』, 익산: 여시아문, 2021.

박인규, 「상제님 생가터의 고증과 종교문화적 의의」, 『대순회보』 223, 2019.

박정훈, 『정산종사전』, 익산: 원불교출판사, 2002.

_____ · 손정윤, 『개벽계성정산송규종사』, 익산: 원불교출판사, 1992.

보화교교화부, 『보화교지』 3, 전북: 동도교보화교회본부, 1965.

사가데 요시노부 편, 『도교백과』, 이봉호 · 최수빈 · 박용철 옮김, 서울: 파라북
        스, 2018.

서상범, 『남송선생실기』, 서울: 대법사편찬국, 1948.

_____, 『생화정경』, 전북: 삼덕교교화부, 1955.

세종출판기획 편, 『주문 · 영보국정정지법』, 서울: 대원출판, 2001.

상생출판 편, 『영보국정정지법』, 대전: 상생출판, 2016.

손정윤 편저, 『원불교대계』, 익산: 원불교출판사, 2000.

안동준, 「수심정경의 도교적 연원」, 『원불교학』 8, 2002.

_____, 「수심정경의 연원에 대해서」, 『원보』 44, 익산: 원불교사상연구원, 1998.

_____, 「정정요론의 성립과정과 그 성격」, 『한국도교문화의 위상』, 서울: 아세아 문화사, 1993.

원불교정화사, 『원불교교사』, 이리: 원불교중앙총부, 1975.

원불교 화해교당 50주년기념위원회, 『화해교당 50년』, 정읍: 화해교당 50주년 기념위원회, 1988.

이경선, 「정산종사 출가전후의 이모저모」, 『원광』 54, 1967.

이공전, 「수심정경에 대하여」, 『원광』 137, 1986.

이상호, 『대순전경』 6판, 김제군: 동도교증산교회본부, 1965.

_____, 『증산천사공사기』, 경성: 상생사, 1926.

이영호, 『보천교연혁사 상』, 보천교중앙총정원, 1948.

이정립, 『증산교사』, 전북: 증산교본부, 1977.

이정만, 「정읍 마동」, 『대순회보』 208, 2018.

정권주, 「『영보국정정편』의 유가적 수용과 실천」, 『동방한문학』 40, 2009.

정귀원 역해, 『수심정경』, 익산: 원불교출판사, 2021.

증산도도전편찬위원회, 『증산도 도전』 개정신판, 대전: 대원출판사, 2003.

편집부, 「증산도의 연혁으로부터 도맥까지」, 『월간 천지공사』 26, 1990.

허환, 『삼덕교사 상』, 전북: 삼덕교교화부, 1973.

홍범초, 『범증산교사』, 서울: 도서출판한누리, 1988.

박용덕, 「만덕산 성지 4: 정산종사와 선돌댁－만덕산 가는 길」, 《원불교신문》 2013.4.5.

_____, 「만덕산 성지 5: 손바래기에서 비서입수, 가슴에 품고 대원사에 가 독공」, 《원불교신문》 2013.5.3.

_____, 「정산종사 성적을 따라서(7)」, 《원불교신문》 976, 1998.7.31.

「甑山先生의 太乙敎가 쏘다시싱겨」, 《매일신보》 1920.5.28.

찾아보기

찾아보기의 단어는 처음 사용되거나 중요한 쪽 한 곳만을 표기하였다.

출처

* 아래는 본서에 수록된 저자 글들의 출처를 표시한 것으로, 이글들은 수정 보완 후 본서에 수록되었다.

1. 「무극도 관련 문헌 연구: 비교 및 고증을 중심으로」, 『대순사상논총』 41 호, 2022년

2. 「무극도 창도와 해산 시기: 대순진리회의 관점을 중심으로」, 『대순종학』 3호, 2022년

3. 「태극도통감 수서본 고증: 팔괘도와 해설을 중심으로」, 『대순종학』 7호, 2024년

4. 「무극도 주문 연구: 의성김씨 천전파 소장 필사본 고증을 중심으로」, 『대순종학』 2호, 2022년

5. 「대순 신앙의 주문 변화: 고증을 중심으로」, 『대순사상논총』 44호, 2023년

6. 「대순신앙의 천계(天界) 관념: 무극도를 중심으로」, 『종교연구』 82집 2 호, 2022년

7. 「대순사상과 정감록의 관계: 증산이 변용한 한시 전거(典據)를 중심으로」, 『대순사상논총』 36호, 2020년

8. 「증산과 『영보국정정편』: 연관성 고찰을 중심으로」, 『대순종학』 4호, 2023년

저자 약력

박상규

1967년생. 대구출신. 서울고 졸업. 연세대 생화학과 졸업. 한국학중앙연구원 한국학대학원 종교학과에서 석사와 박사 학위를 취득했다. 2007년부터 대순종교문화연구소 소장으로 재직하면서 여러 학술지에 한국 신종교, 특히 대순진리회 관련 논문을 발표해 왔다. 2018년부터 아시아종교연구원의 선임연구원을 겸하고 있으며 2023년부터는 대진대학교 대순종학과 초빙교수로도 일하고 있다. 공저로는 『한국 종교교단의 조직』(2013)이 있으며, 단독 저서로는 『근대 한국 신종교 조직과 연원제』(2024)가 있다.

아시아종교연구원 총서 07
무극도 연구
대순진리회로의 연속과 변용

초 판 인 쇄	2025년 10월 20일
초 판 발 행	2025년 10월 29일
저　　　자	박상규
발 행 인	윤석현
발 행 처	박문사
책 임 편 집	최인노
등 록 번 호	제2009-11호
우 편 주 소	서울시 도봉구 우이천로 353
대 표 전 화	02) 992 / 3253
전　　　송	02) 991 / 1285
전 자 우 편	bakmunsa@hanmail.net

ⓒ 박상규, 2025 Printed in KOREA.

ISBN 979-11-7390-020-4 93200　　　　　　　정가 27,000원